JN436938

유순호 문학선집 1

창녀예찬

유순호 문학선집 1 · 수필

창녀예찬

초판 1쇄 발행 2009년 9월 29일
저 자 | 유순호
발행인 | 윤관백
펴낸곳 |

편 집 | 이수정
표 지 | 정안태
교정교열 | 이수정
제 작 | 김지학
영 업 | 이주하

인 쇄 | GM프린테크(주)
제 본 | 바다제책

등록 | 제5-77호(1998.11.4)
주소 | 서울시 마포구 마포동 324-1 곶마루 B/D 1층
전화 | 02)718-6252 / 6257 팩스 | 02)718-6253
E-mail | sunin72@chol.com
Homepage | www.suninbook.com

정가 18,000원
ISBN 978-89-5933-200-7 04810
ISBN 978-89-5933-199-4 (세트)

· 잘못된 책은 바꿔 드립니다.

창녀예찬

유순호

선인
도서출판

이미옥
09.8.7. 서울대 캠퍼스에서

문학은 신이 우리에게 부여한 창조의 즐거움

어느 날 뉴욕에서 아주 재미있는 메시지가 하나 날아왔다. 아저씨라고 부르기도 선생님이라고 부르기도 아직은 낯선, 얼굴 한 번도 보지 못하고 목소리 한번 듣지 못한 중년의 작가가 그에 비해 한참 어린 나에게 이런 부탁을 해왔다.

"얘, 내 문집 서문 좀 써주라."

서문, 그리고 문집이라는 말에 가슴이 덜컥했다. 무슨 자격이 된다고 이십대인 내가 20여 년을 소설 써온 기성작가의 문집에 서문을 쓴단 말인가. 아직 문단에 등단도 하지 않았고, 또 아직까지 명함에 이름자도 새겨본 적 없는 앳된 문학도일 뿐인데 말이다. 評論의 評자를 이제 겨우 이해할까말까 한 석사과정의 문학 연구생에게 서문을 부탁하는 이 작가는 대체 무슨 심사에서였을까.

청설 아저씨를 알게 된 건, 오롯이 그의 작품을 통해서이다. 처음에는 기괴하다 싶을 정도로 "性"에 천착하는 작가로, 그리고는 그 기괴한 표층을 뚫고 날카로운 문제의식을 가진 작가로, 어느 순간 그가 가진 문제의식이 세상을 관통하는 하나의 번뜩이는 진실임을 알게 되었다.

이런 아저씨의 글을 읽는 사람은 대개 두 부류로 나뉜다. 거침없는 솔직함에 찬사를 보내거나 그 솔직함에 돌을 던지는 사람이 바로 그것이다. 작품 속에서 다루어진 충격적인 일화나 에로스적인 묘사에 편견을 갖는 사람들은 아예 처음부터 외면하기도 한다. 모두들 자신이 살아온 세상에 맞춰 자신만의 기준으로 잣대를 들이댄다. 간혹 자신이 구축한 틀이 위협받는다는 생각이 들면 "도덕"이라는 기치를 내세워 그 정당성을 묻기도 한다. 그런데 청설 아저씨는 여지없이 그 틀을 부수거나 깨기를 멈추지 않는다. 조금 익숙해질 만하면 다시 새로운 걸 가지고 와서 충격을 준다.

이런 아저씨의 글과 만나고 많지 않은 몇 편의 평론을 쓰면서 내 삶도 불꽃 튀는 반전을 경험케 되었다. 문학이랍시고 전공도 하고 연구까지 하지만 정작 경험해 본 세계는 너무나 빈약하고 때론 초췌한 낱말과 권태로움으로, 생기 잃은 언어만 부유하고 있었다. 청설 아저씨의 문학세계는 한 마리의 팔딱이는 활어처럼 살아 있었고 뜨거웠다. 온실속의 뜨뜻미지근한 화초가 아니라 가장 낮고 춥고 거친 벌판에 피어난 야생화같이 잘 닦여진 아스팔트나 물기 머금은 잔디가 아닌 메마른 사막이나 숨막히는 고원을 달리는 야생마같이 치열했다. 그 치열함은 박제된 것 같이 건조한 삶을 진동시키는 역동성과 심금을 울리는 진정성으로 존재를 새롭게 부활시킨다.

이처럼 그는 大家이다. 뒤집고 역행하는 역설의 대가이다.

그의 삶의 행적을 보면 알 수 있듯이 그는 正道를 가는 사람이 아니었다. 중국 연변이라는 邊方에서 세계의 문화중심인 뉴욕에 흘러가기까지 그는 정상궤도를 곧잘 이탈한다. 작가로 서는 길, 문학을 하는 길에 있어서 그는 가진 게 하나 없이 단숨에 위로 껑충 뛰어 오르기도 하고 다시 또 가장 낮은 곳으로 흘러든다. 그가 가는 방향은 미리 정해져 있지도 않을뿐더러 일부러 중심축에서 이탈하여 초점을 상실한 무한한 지대로 뻗어갔다. 디아스포라 존재로서 어디에도 온전히 정착할 곳이 없는 경계적인 위치에 머물면서 처음 그가 지향했던 곳은 한국문학이었지만 지금 그가 발 딛고 있는 곳은 지향점을 상실한 곳이며, 아이러니하게도 뉴욕이라는 세계의 중심부에 가 닿았을 때 그는 오히려 정점에서 탈피하는 무한한 자유를 선택했다. '단선 복합식이 아닌 포말 식을 지향'하는 그의 창작 행보는 결국 더 큰 세계의 중심으로 서는 또 다른 길을 찾게 될 것이다. 경계의 바깥에서 늘 위태롭게 서 있는 자가 오히려 그 경계를 가볍게 뛰어넘어 어디에든 가 닿을 수 있기 때문이다.

그는 천상 小說家이며, 뛰어난 기량을 자랑하는 수필가이기도 하다. 그의 삶에서 만나는 작고 보잘것없는 사건조차도 그를 만나면 뭔가 개연성을 가진 특별한 것으로 변모한다. 그는 뽑아낸 이야기들은 허구에 그치는 것이 아니라 우리의 삶을 다시 의미 있게 재구성하게 하는 마법사 같은 손길을 가졌다. 무엇이 현실이고 무엇이 상상인지는 중요치 않다. 그의 소설은 지극히 허구로 가득 찬 것 같으면서도 너무나 진실하고, 슬픔과 어둠에서 길을 잃은 같지만 결국 희망과 위안을 던지고 있으며, 퇴폐적인 것 같지만 사실은 가장 본질적인 사랑을 이야기 하고 있다.

그는 천상 作家다. 문학 없이는 단 하루도 살아내기 어려운 天性으로 매 순간 문학과 호흡하고 문학 안에서 온전히 자신을 드러내고 지탱시킨다. 그의 글은 고요한 정적이 아니라 항상 흐르는 물처럼 더 깊은 사랑, 더 뜨거운 삶에 대한 꿈과 열정으로 요동치고 있으며 솔직한 고백과 내밀한 탐색으로 가득 차 있다. 그 모든 흔적은 자신의 삶의 기록이고 사랑의 기록이고 사색의 발전과정에 대한 기록이기도 했다.

얼마 뒤에 14시간을 뉴욕에서 날아온 청설 아저씨와 서울의 한 카페에서 만났다. 눈주름이 조금씩 잡히는 얼굴로 환하게 웃으면서 아직도 갈 길이 많은 자신의 작품과 꿈들에 대해이야기 한다. 7년의 세월동안 뉴욕의 한 이민자가 어떻게 문학이라는 것을 통해 세상과 조우했고, 그보다 더 긴 세월동안 가슴에서 지펴온 문학과 세상과 삶에 대한 열정이며 그리고 남아 있는 이야기들, 앞으로 아저씨가 가야 할 길은 여전히 흥미진진해 보인다.

이제 아저씨가 써온 글들이 세상 밖으로 쏟아져 나오기 시작했다. 꿈이 현실이 되고 현실이 역사가 되고 역사가 다시 미래가 된다. 마치 예측 불허인 우리의 삶처럼 말이다. 소설을 통해, 문학을 통해 삶의 퍼즐이 다시 맞추어지고 재구성된다면 그것이야말로 역사를 다시 쓰는 일이고 미래를 창조하는 길이다. 그것이 또한 우리를 인간으로 살아가게 하는 길이고 신이 우리한테 부여한 창조의 즐거움을 누리는 길이다.

청설 아저씨는 몸소 길을 만들어 감으로 그 가능성을 보여주었고, 이제 그것이 얼마나 매력적인 일인지 그의 눈빛과 몸짓의 전부인 그 작품을 통해 확인할 수 있을 것이다.

◆ 해설 · 발췌

유순호 작가의 수필에서 보여주는 여자와의 섹스로 이어지는 인간의 생명력이 바로 이와 같은 상징적인 의미를 내포하고 있다고 보면 틀림없을 것이다. 작품의 문맥에 의하면 과거라는 시대는 이러한 풀의 생명을 억누르는 어떤 악세력에 해당한다. 그 억누름은 과거에는 쉽게 성공했으나 지금은 아니다. 굳게 닫혔던 트로이의 성문처럼 비유되었으나 지금은 무너졌다.

주인공 애인은 애인을 찾아 질서없이 달린다. 그러나 왕성한 인간의 생명을 보여준다. 그리고 그 같은 여자를 아름답다고 노래하는 작가의 의도는 그 여자의 바람피우기로 인해 조선족 민족전체가 스스로의 삶을 지키고자 싸우면서 일어나려 하는 모습을 보여주고 있다. 이처럼 작품을 인간승리로 이끌어간 것은 이 작품의 매력이다.

이제 '풀 냄새'의 근본적 의미는 대략 드러난다. 풀 냄새와 애인과 섹스는 곧 이 세상에 무수히 존재하는 굳센 생명들과 그것을 일시적으로 억누르고 괴롭히는 힘과의 싸움이다. 이 싸움을 노래하면서 유순호 작가는 과거에 있어서는 바람피우기나 불륜으로 보였을 방탕스러움도 실제로는 모든 억압을 이겨내는 것임을 지극히 평범하고 지어는 불성스러워 보이기까지 한 바람피우기와 섹스, 불륜 등과 같은 질서없는 삶속에다가 조금도 흔들림 없이 당당하게 구사하고 있다.

그리하여 이와 같은 일반적 의미는 좀 더 구체적으로 해석할 수 있게 되었다. 즉 오랜 역사를 통하여 억세고 질긴 삶을 지켜 온 조선족 민족과 그들을 일시적으로 억압하는 사회 세력과의 관계를 암시하는 것으로도 이해될 수 있지 않을까.

- 박미현 (컬럼비아대학 국제대학원 / '민중의 끈질긴 생명력에 대한 찬가' 평론에서 발췌)

◆ 줄거리

유순호의 수필을 많이 읽었는데 그 어느 주제를 다루던 유순호의 수필에는 사랑과 섹스 그리고 여자에 대한 이야기가 많은 것이 사실이다. 그런데 유순호의 대부분 수필들이 작자의 어떤 이념이나 정신존재를 표현하는 상관물로 창조되었다는 결론을 내리였다. 이런 것들은 유순호 작가의 치열한 문학정신을 과시하는 데서 큰 구실을 하고 있다. 작가의 문학정신을 개괄하는 데는 여러 가지 시각과 언어가 있을 수 있는데 평자는 유순호의 문학정신을 자유정신에 대한 고양, 문학적인 개성에 대한 끈질긴 추구 그리고 천성적인 담략에 기초한 실험정신으로 개괄한다. 유순호의 수필에서 표현되고 있는 섹스와 사랑, 그리고 여자는 바로 이러한 자신만의 문학세계를 구축하는 반역정신, 혁신정신, 모험정신을 과시하는 하나의 돌파구로 되어있다는 것을 밝히고 싶다.

- 최삼룡 (평론가, 전 중국 연변 사회과학원 문학예술연구소 소장)

차례

평론 • 253

창녀예찬

수필

창녀예찬

풀 냄새나는 애인은 아름답다

1

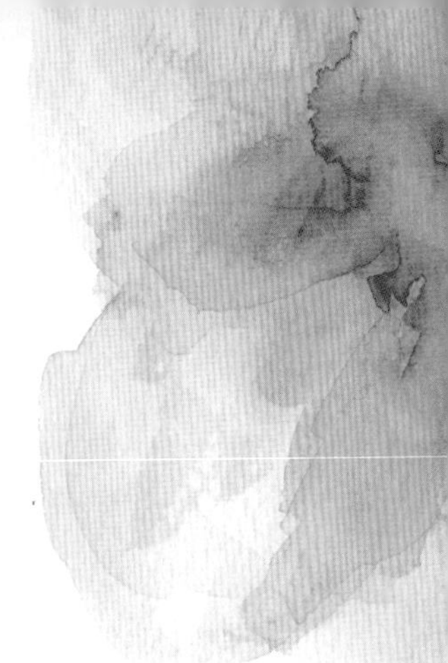

풀 냄새나는 애인은 아름답다

입에서 풀 냄새가 나는 애인(愛人)은 정말 아름답다. 과거(過去) 나와 만났던 애인의 입에서 풀 냄새가 났다. 그래서인지 지금도 풀 냄새가 나는 애인은 역시 아름답다. 한 겨울이지만 맨 바지에 양말 없는 구두를 신고 아름다운 대서양 기슭의 롱 아일랜드에서부터 기차를 타고 소음(騷音) 매캐한 동네 우두 사이드까지 와서, 다시 지하철로 바꿔 타고, 아스 토리아에 셋집 잡고 지냈던 나의 다락방까지 한달음에 달려왔다가, 일을 마치고 다시 롱 아일랜드로 허둥지둥 도망가며 언제 그런 일이 있었던 듯싶게 길을 걷는 도중에도 입술에 총총 립스틱을 바르다가 무심결에 뒤를 돌아보더니, 창문 열고 내다보는 나를 향하여 손을 흔들어보이는 풀 냄새나는 애인을 생각하면, 애인이란, 인생이란 바로 이렇듯이 미묘한 것이구나 하고 감탄하지 않을 수 없다.

뉴욕에서만 볼 수 있는 세계의 온갖 인종들은 섹스를 즐기는 나의 애인의 입술을 맛보지 않은 이상, 풀 냄새가 얼마나 향기롭고, 얼마나 감미(甘美)로운지, 나의 혼(魂)까지 다 빼먹을 지경이었다는 것을 모를 것이다. 그리고 역(驛) 층계를 한 단계도 아닌, 두 단계, 세 단계씩 훌쩍훌쩍 건너뛰며 역시 애인이었던 한 남자를 찾아 질서없이 달리는 젊은 여자의 건강한 몸맵시에서 목마름으로 불타고 있는 남자와의 갈망(渴望)을 결코 쉽게 발견(發見)하지는 못할 것이다. 그런 애인의 젊음의 육(肉)도 남편을 제외(除外)한 어떤 남자에게도 트로이의 성문처럼 굳게 닫혀 있었던 것인데, 갑자기 뉴욕이라는 이 세계 속의 심장으로 이민을 오게 되면서 그 성문 사이에서는 미소(媚笑)가 휘파람처럼 새나들기 시작했고, 미소가 새나들 때에 두 눈은 별같이 빛났다. 단연(斷然), 육의 성문만은 아니다. 풀 냄새를 풍기는 굳게 닫혀 있던 입술도 그때로부터 동그래져서 쏘아놓는 날카로운 비판의 언어를 이 세계의 인종들은 결코 상상치는 못할 것이다. 그리고 그 순간에 조상(早霜) 어린 긴 눈썹 아래의 동그란 눈알의 매운 의미(意味)도 알아낼 수도 없을 것이다.

또 애인(愛人)의 육과 정을 모두 포함한 사랑은 과거 이 세계를 알지 못하고 지냈던 날들의 한탄스러움과 그 과거에 대한 미움으로부터 시작하여 자기 희생(犧牲)에서 꽃핌을 마중하면서 이제는 섹스 그 자체를 사랑하기 시작한 여자들의, 포스트모던 세계(Postmodern World)를 이 세계 속의 다른 인종들, 여자들, 애인들은 알 수 없을 것이다.

이렇게 멋대로 세계를 도단(道斷)하고, 여자들을 도단하고, 성(性)을 도단하면, 내가 살고 있는 세계에서도 미국의 뉴욕은 남자와 여자 사이의 섹스가 엄청 활발하게, 그리고 엄청 자유스럽게 진행되고 있는 곳으로 생각될 수도 있겠으나 아직은 아니다. 우리 조선족 동포들이 많이 살고 있는 플러싱 주변은, 내가 이리로 이사를 올 때까지만해도 아직은 미소를 담은 여자들이 남아 있었더라도, 여기에서는 많은 생명들이, 여자들이, 애인들이 바람을 피우기가 가장 좋은 계절인 이 가을에도 물 한 방울과 흙 한 줌만 있어도 섹스는 가을꽃과 같이 피어나고 있지는 않았었다. 그리하여 나는 이미 풀 냄새를 잊은 지도 오래 되었다. 싫증 뒤 끝에 헌신짝같이 던져졌던 애인도 놀라울 것이지만 애인을 던져버린 나 자신도 놀란다. 아아, 오로지 섹스만을 위한 단순한 미소란 이렇게도 쉽게 사라져버릴 수도 있다는 것을 모르고 지냈다니! 그러나 올해 가을은 적이 경이롭다. 조금만 눈을 떠보면 우리는 주위에서 아름다운 자연의 미소들과 만날 수 있게 되었다. 매일과 같이 맨해튼으로 향하는 7호선 지하철 층계를 내리고 오르며 우리 주위의 모든 생명들은, 여자들은, 애인들은, 미소들은 우리들의 무관심과 학대 속에서도 우리에게 끝까지 그 아름다움을 보여주고 있음에 놀라지 않을 수가 없는 것이다.

생각보다 많이 망설이게 된다. 풀 냄새를 맡기 위하여 오늘부터는 내가 정신없는 몸짓을 하고 달릴 필요가 있겠는지 염려(念慮)한다. 하지만 롱아일랜드까지, 대서양까지 갈 필요는 없게 되었다. 플러싱에서 아름답게 피는 풀꽃을 이 세계의 온갖 인종들에 보여주고 싶고 훼손된 육의 모든 요소처처(要所處處)에서도 서로 눈 맞아 생명을 장식하는 미소는 이리도 아름답고 저리도 매력적인 것이라고 외치고 싶어진다. 설사 세계 속의 온갖 인종들이 이 아름다움과 저 매력을 모른다고 해도 좋다. 몸속을 휘파람처럼 새나드는 미소 때문에 벌써 몇 개월씩, 몇 년씩 섹스를 모르고 지냈던 우리 조선족(朝鮮族)의 애인들은 손에 맥(脈)이 뽑혀 침상(寢牀)에 쓰러져야 하고 마법에 풀려가는 옆구리를 지켜낼 손 힘도, 다리 힘도, 몸부림도 다 잃게 된다. 고향에 두고 온 남편과 아내들이 알았으면 정말 피가 끓고,

끓다 못해 혈압이 폭발할 노릇이지만, 나는 애인들의 과거 모르고 지냈던 섹스로 불타는 생활에의 의욕을 생각한다.

그럴 때 나 역시 과거의 풀 냄새는 아주 깨끗하게 버려야겠다고 생각한다. 버리지 않고 싶어도 이 가을은 온갖 싱싱스런 또 다른 새로운 풀 냄새를 안고 오고 있다. 봄에 싹틀 때, 여름에 꽃필 때, 가을에 열매 맺을 때, 다시 내일은 서리 밭에서 하얗게 시들어갈 때, 그리고 겨울바람에 휘날리는 마른 풀이 될 때, 삶은 물론 죽음까지 언제나 아름다웠다고 말하고 싶은, 좋고 건강한 풀 냄새를 다시 찾아 나서며 나는 벌레에 먹히고 있는 풀꽃을 발견한다. 그러나 이제는 다만 빙그레 웃을 뿐이다. 풀꽃은 벌레를 먹이고 그 둘은 힘을 합해 열매를 만들고 그 곁을 날아가던 새는 아무런 미련도 없이 열매를 먹어버린다. 그리고 내년 봄이면 또 새 풀꽃들이 돋아나게 될 것이다. 그 아름다움과 그 상생(相生)과 그 순환(循環)을 보면서 기쁘고 행복하지 않을 사람이 어디 있겠는가, 넘쳐흐르는 왕성한 생명을 말도 되지 않는 윤리와 도덕 속에 썩히는 것과, 이 세계로 와서 천부(天賦)의 생명과, 생명 속의 섹스를 마음껏 즐기며 생을 사는 것과, 풀 냄새를 풍기는 여자들의, 애인들의 필야(必也)의 길은 구경 어느 대안(對岸)까지 길게 뻗어있는지 아직은 그 끝을 알 수 없지만!

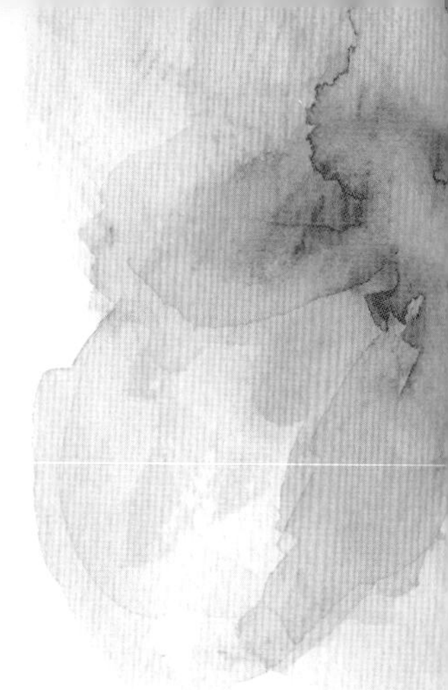

내가 사랑하는 조선족의 정조

언제부터 내가 바람둥이가 되었는지 모르겠고, 요조숙녀(窈窕淑女)보다 바람피우는 자유(自由)로운 여자를 더 좋아하게 되었는지 모르겠다. 이젠 나를 아는 사람들마다 모두 나의 눈에 비쳐있는 여자들은 인류(人類)의 남자들과, 남자들이 사는 세상의 모든 생명들과 자유롭게 살을 섞고 함께 숨쉬어가면서 주어진 자기 분수에 만족하여 살아가는 바람피우는 조선족의 여자들이라고 말한다.

실제로 지난여름에 나는 그 같은 여자들과 바람피우고 지내면서 그런 여자들이 가져다주는 바람에, 자유에 만취(滿醉)했던 적이 있었다. 그리고 그렇게 바람을 주고 자유를 주는 우리 조선족의 정조(情調)가 나를 두고 별로 다를 게 없어, 나는 바람과 자유와 그리고 빵까지도 함께 만포식하며 지냈을 때도 즐거웠거니와, 이보다도 나의 인생을 이렇게 운행(運行)해가고 있는, 내가 사랑하는 여자들의 바람피우는 정조를 대할 때 진심으로 눈물겹도록 고맙다.

정조가 그 의젓하고 너그러운 품에 있어서도 그러하려니와 더욱 왕성(旺盛)한 성욕(性慾)에 있어서, 종래로 내가 좋아하는 여자들은 따로 바람을 사랑할 줄도 모르고 자유를 흠상(欽賞)할 줄도 모르고, 넘치는 몸이 성적 욕망을 몰라서가 아니라 조석(朝夕)을 다투어 피고 지고 움트고 시들고 하는 못내 허황한 남자들과 살을 섞는 일을 즐겨볼 겨를이 근본 없었던 성싶다.

그런데 실제로는 어떠한가, 조선족은 다만 주어진 분수에 만족할 줄 알았을 따름이었다. 즉 그 정도의 분수와 정조밖에 모르는 여자로 태어난 것을 탓하지 아니하고, 왜 이 남편이랑 같이 살다가, 저 남자랑 함께 장난질해야 하는지, 왜 저기 있지 못하고 여기 와서 있게 되었는가를 말하지 아니한다. 장대(壯大)한 한족(漢族) 남자를 받아들이면서 짓눌려 숨가쁘지 않을까, 왜소한 일본 남자의 닦달을 받으면서 재미가 대단하지 않을까 하여, 새로운 멋진 남자가 어디에 없나 하고 두리번거리는 일도 없다. 물과 흙과 태양의 딸로, 물과 흙과 태양이 주는 대로 받고, 달라는 대로 주고, 결과에 있어서 득박(得薄)과 불만족을 말하지 아니하는 그런 여자들이었다.

그래서 나는 고독한 여자들의 정조를 슬퍼했던 적도 있었다. 물론 여자들도 자신들이 겪어왔고, 오늘과 내일에도 무한정(無限定) 겪어가야 하는 모든 숙명(宿命)의 고독을 알고 있었다. 화대(花代) 한 푼어치 내지 않으면서도 초저녁부터 못살게 굴고 굴암퇘지처럼 쿨쿨 늘어지게 자다가 깨어나서 새벽녘에 툭 털고 달아나버린 뒤의, 안개에 잠긴 아침의 고독을 알고, 또 어쩌다가 정을 주고 정을 받았던 남자들이 약속을 깨고 두 번 다시 나타나주지 않는 구름에 덮인 저녁의 고독을 알았다. 부슬비 내리는 가을 저녁의 고독도 알고, 함박눈 펄펄 날리는 겨울 아침의 고독도 알았다. 이제 지치고 돈주머니가 말라버린 사내들이 그림자도 얼씬 않는 한 여름 대낮의 고독도 알고,

수사(搜査)하고, 잡아들이고, 내쫓고 하는 별 얼고 돌 우는 동짓날 한밤의 고독도 알고 있었다. 그러면서도 내가 사랑하는 여자들은 바람피우고 자유를 즐기면서 어디까지든지 고독에 견디고, 고독을 이겨내는 것이다.

그런데 정작 바람피우는 여자의 자유에는 고독만 있는 것이 아니다. 그리고 정조가 없는 것도 아니다. 적어도 남자인 이 세계가 있고, 내가 있고, 밤이 되면 달이 있고, 새벽녘이 되면 불어오는 바람이 있다. 물론 가운데서 바람피우기를 즐기고, 자유를 즐기는 나는 단 한번도 때를 어기지 아니하고 찾아주고, 고독한 여름밤, 겨울밤을 같이 지내고 가는, 의리 있고 다정한 바람둥이가 되고 싶다.

조선족에 대한 나의 앙가주망(engagement)은 말만 할 뿐만 아니라, 웃을 줄도 알고, 웃기만 할 뿐만 아니라 함께 성(性)의 정조로 밤을 보내주는 이심전심(以心傳心)의 의사가 잘 소통되는 아주 비위에 잘 맞는 바람둥이가 되어 함께 살고 싶은 것이다. 어떤 때에는 쏘삭쏘삭 알랑거리고, 어떤 때는 난데없이 휘갈기는, 또 어떤 때에는 공연히 뒤틀려 우악스럽게 남의 몸과 마음에까지 생채기를 내놓고 달아나는 바람과 같은 바람둥이가 아니다. 마음 상하고, 상한 상처자리에서는 고름까지 흐르고 있지만 한번도 내색내지 않고, 내키는 때에 찾아와도 반기지만, 내키는 때 달아나버려도 마냥 배웅하며, 가다 믿고 와 둥지를 틀어도 너그럽게 맞아주고, 가다 지쳐 돌아와 푸념해도 자애롭게 품어 안아주는 여자와 바람피우고 자유를 즐긴다는 것은, 그야말로 훌륭한 견인주의자(堅忍主義者)가 되는 길이고, 고독의 철인(哲人)이 되는 길이고, 안분지족(安分知足)의 현인(賢人)이 되는 길이 아닐 수 없다.

이제 나 같은 바람둥이 앞에서 누구라서 감히, 자유란 영원한 아포리아(aporia)라고, 거기에다가 신비주의(神秘主義) 베일을 덮어씌울 것인가, 또 누구라서 자유란 상대적이며 사회적인 한계를 가진 것이라고 공리주의적(功利主義的) 허황한 이론만을 장황하게 펼칠 것인가, 또 누구라서 자유란 절대적(絶對的)이며, 존재 그 자체라고 순수한 철학적(哲學的), 실존적(實存的) 입장에서만 말할 것인가, 또 누구라서 자유란 곧 빵이며 빵이 없는 자유란 한낱 관념의 유희(遊戲)에 불과하다고 고집할 것인가.

적어도 나에게서, 나의 진정한 자유란 내가 좋아하는 여자와 맘껏 바람피우는 것이다. 바람피우는 여자에게 복종(服從)하고 싶고, 자유보다 더 행복한 복종을 선택하고 싶다. 나의 자유는 오로지 나와 바람피우는 여자를 위한 가치추구가 될 것이고 창조정신이 될 것이고, 바람피우기를 확인하는 내 인생의 자유로운 투기가 되고, 그 투기 속에서 불확실한 미래를 향하여 던져지는 나만의 도박(賭博)이 될 것이다!

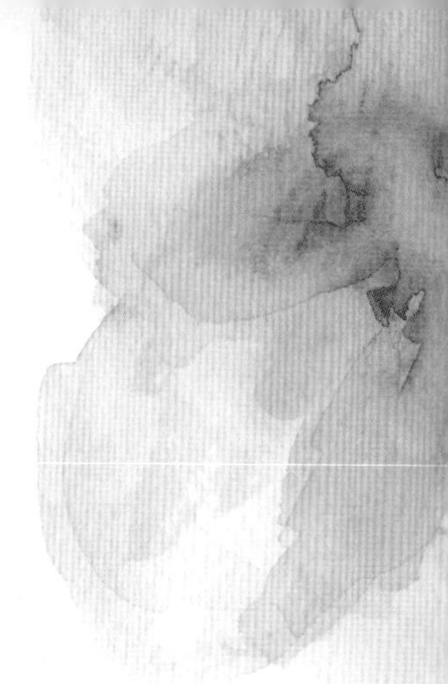

내 여자의 얼굴은 '일일사계절'이랍니다

아니, 제가 바람둥이라고요, 제가 어떻게 바람둥이가 됩니까, 제 여자가 얼마나 어리고, 예쁘고, 또 예쁘다 못해 요염한지도 모르면서, 저를 바람둥이라고 하다니요, 그렇지만 글쎄 저란 사람을 잘 모르니 바람둥이라고 할 수도 있겠지요. 급해마요. 이제 다 알려드릴게요, 알고나면 제 여자랑 살면서 저는 평생가도 바람은 못 핀다는 것을 알게 될 거랍니다. 왜냐고요, 방금 말했잖아요, 제 여자가 얼마나 요염하게 예쁜지 감히 손을 댈 수도 없을 만큼, 말을 붙일 수도 없을 만큼 깜찍하게 예쁜 초생달 같은 여자인 동시에, 잠깐만이라도 주의치 않고 다른 데로 곁눈길 한번 팔다가 들키는 날이면, 저는 그냥 죽어야 하는 그런 여자이기 때문이지요.

하긴 지금은 많이 단련되었습니다. 화낼 때 새파랗게 질려 잔뜩 앵돌아진 모습으로 눈을 뜨는 봄날의 아침이면, 봄빛은 잠깐만이라도 곁눈길 한번 잘못 파는 새에, 제 여자는 어느새에 세상을 후려삼키려는 독부 같은 쌀쌀맞은 봄바람이 된다는 것을 잘 알아야 합니다. 그 봄바람 앞에서는 여우도 눈물 흘려야 합니다. 그러나 봄볕은 정말 따스합니다. 봄볕과 같은 어린 제 여자의 가슴부터 만져보는 재미로 매일매일의 아침을 맞습니다.

어떻든지, 봄볕은 이렇게 희한할 줄 몰랐습니다. 하늘을 쳐다보며 찌푸린 눈으로 빛과 햇살로만 알아왔던 봄볕을 글쎄 손바닥 온도로 감지할 수 있을 줄 생각이나 했겠습니까. 크지는 않으나 그래도 넘칠 듯 말듯, 제 손바닥 안에서 영그는 봄볕을 글쎄 육감으로 느낄 수 있다는 기분이 얼마나 흐뭇한지 아십니까, 겨울 내내 얼어붙었던 제 어린 여자의 탱탱한 가슴을 녹이기 위하여 봄 아침녘에 막 입술로부터 훈풍을 타고 봄이 가슴으로 올라올 때에, 저는 어쩔 수 없이 떠꺼머리에, 체신머리에, 주책바가지가 되어버리는 것입니다.

그래서 몸도 마음도 움츠렸던 겨울, 봄 햇살에 젖고 싶어, 언제부터 가슴뿐만 아니라 몸 옆구리와 발끝에 이르기까지의 분홍빛으로 수놓은 막 피어나는 벚꽃 같은 어린 제 여자의 봄 가슴은 벌써 저를 혼자 타는 여름의 뙤약볕 속으로 허둥지둥 달려가게 만들고, 그때까지도 아직은 상춘객으로 머물러있는 제 어린 여자의 봄볕 위에서 뚝뚝 떨어지는 땀의 의미를 느끼게 만드는 것이 바로 제가 죽었다 다시 깨어나도 바람둥이가 될 수 없는 제 인생의 묘미(妙味)라는 것입니다.

벌써 봄볕은 탱탱하던 가슴에서 몸의 구석구석 알알 샅샅이 신음과 함께 여름을 바라고 질주해옵니다. 신음할 줄 아냐고요. 제가 여름이라고 하지 않았나요. 여름의 타는 신음은 그대로 푸른 산과 맑은 계곡, 그리고 시원한 바다가 모두 그립지 않지요. 바다에 가면 산이 보고 싶고 산에 가면 바다가 생각나는 바람둥이라도 제 어린 여자의 봄볕을 따라 걸으면서 봄볕 따라 뻗은 몸의 조화를 보게 만듭니다.

아름다운 계곡의 비경을 즐기며 더위도 식힐 수 있는 명산유곡과 같은 제 어린 여자의 몸을 넘고, 또 넘어 하늘 따사로운 여름 햇살아래 은빛꿈 너울대는 가을 억새의 너울거림 속으로 달빛보다 희고, 어린 여자라는 이름으로 받는 느낌보다 수척하고, 하얀 망아지의 혼같은, 하얀 억새가 되어 한줌 바람에 하늘거립니다. 실바람이라도 스치면 파르르 몸살을 앓듯 밑동부터 머리까지 서로의 몸을 붙잡고 흔들리는 억새가 되어버린 저의 어린 여자는 어느새 억새풀 평전에 하오의 햇살이 엷게 비칠 때마다 바람따라 흑흑 흐느껴 우는 가을의 여자가 되어 나를 보고 자기 전체를 다 잉태(孕胎)해버리라고 지지리도 못살게 굽니다.

그럴 때 내가 정말 천생 바람둥이로 태어난 사람이 되어서 그러한지는 모르되, 나의 눈에 더 이상 봄볕은 없습니다. 살을 에일 듯한 바람밖에 없습니다. 하도 눈보라가 매서워 눈에 얼어맞는 얼굴이 따갑기 그지없습니다. 눈 속에 봄볕이 묻혔는지 봄볕이 금세 찬서리로 화해 그 예쁘고 아름답고 탱탱하던 가슴 위에 눈이 덮였는지 모르겠습니다. 제가 그때도 만약 찬서리로 뒤덮여버린 제 어린 여자의 여린 몸에다가 눈을 날려 몸 여기저기에 설화를 피운다면, 설화와 함께 공기 중의 수분이 갑자기 찬공기를 만나 마른 나뭇가지에 얼어붙는 산호(山弧) 같은 모습을 하고 눈물만 그렁그렁한 얼굴을 대한다면, 과연 그대로 팽개치고 도망갈 수 있을는지 모르겠습니다.

우수가 오고 경칩이 와 대동강물은 풀릴지 몰라도 제 어린 여자의 겨울은 다시 봄으로 갈 것 같지 않습니다. 다시 양력 3월의 꽃샘추위같은 것은 상상하지도 못하겠습니다. 우수 입기일(入氣日)이라고, 달이 물고기를 잡아다 늘어놓고, 기러기가 북쪽으로 날아가고,

나중에 다시 초목에 싹이 트는 말후(末候)가 와도 풀과 나무가 싹이 틀 것 같지 않아, 어쩔 수 없이 바람둥이 본능이 시키는 대로 추운 바람과 눈을 피할 수 있는 다른 여자의 봄볕을 바라고 나가려는데, 아아, 어느새 서리발같던 제 어린 여자의 눈에는 눈물이 그렁그렁해지고 있군요.

방금까지도 몰아치던 찬바람과 눈바람은 다 어디로 갔습니까. 아무리 어른 나비가 될 준비를 하는 호랑나비 번데기라도. 어떻게 이럴 수가 있는 것입니까. 작지만 굳세게 버티는 제 어린 여자의 얼굴은 말그대로 일일 사계절이랍니다. 바람둥이었던 나를 붙잡기 위해 일년 사계절을 일일 사계절로 살아가는 것인가 봅니다. 다시 봄이 오면 서리로 덮였던 어린 번데기에서 아름다운 나비가 탄생할 것입니다.

봄에서 여름으로, 여름에서 가을로, 겨울로 오는 동안 나뭇가지나 바위 밑, 얼어붙은 땅 속 어딘가에서 제 어린 여자는 낮의 길이가 짧아지는 것으로 겨울이 다가오는 것을 느껴왔고, 그에 겨울이 왔을 때도 당황해하지 않습니다. 바람둥이야, 당신 어데 갈려고, 내가 굶어죽을 것 같으냐고, 내일 모레가 봄인데, 봄산에는 산나물이 지천이라고. 냉이도 있고, 쑥도 있고, 두릅도 있고, 취도 있고, 더덕도 있고, 고사리도 있는 세상에서도 너만 붙잡는 나의 얼굴을 한번만 들여다보고 가세요. 이럽니다.

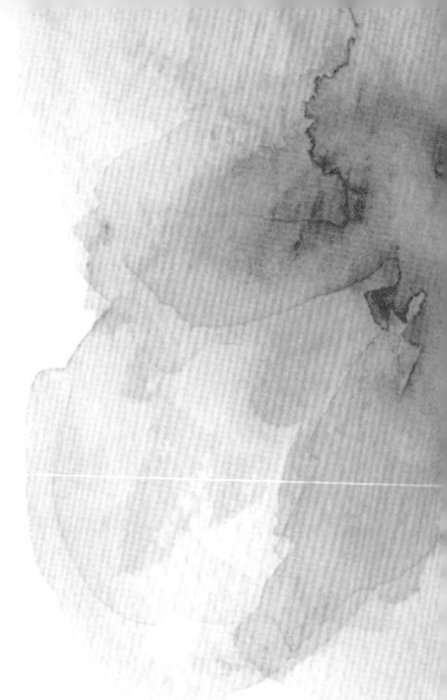

보름달 같은 여자가 좋다

나는 달에 대하여 퍽 애착심이 강하다. 내가 천태만상(千態萬象) 중에 가장 사랑하는 것이 달이다. 달이 지구를 공전하는 동안 위치에 따라 다르게 보이는 위상변화(位相變化)는 여러 가지 달 모양을 보여준다. 여자의 눈썹을 닮은 음력 3일경의 초승달에서 시작하여 달이 삭에서 망으로 가는 상현달과 달이 다시 망에서 삭으로 돌아가는 하현달에 이르기까지, 그리고 그 와중에 태양과 지구, 달이 한 줄로 나란히 놓이게 될 때에 둥글게 보여지는 아름다운 보름달을 사랑한다.

그렇다고 보름달만 사랑하고 다른 모양의 달들은 사랑하지 않는다는 것이 아니다. 다만 나의 눈에서 보다 더 정겹고 마음에 정다운 달을 고르라면 보름달이라 하겠으나, 그렇다고 굳이 사랑하는 이 달들의 모양만 가지고 다른 어떤 차별을 세우고 싶지 아니하다. 대체 이 여러 가지의 달들의 모양 가운데 다 저마다의 미점(美點)이 있어 서로 이 모양으로 저 모양을 대신할 수 없는 까닭이다.

내가 보름달을 사랑하게 된 원인이 무엇인가 하면 물론 나 개인의 성벽(性癖)도 되려니와 어렸을 때부터 보아왔던 아름답다는 여자들의 얼굴은 모두 보름달처럼 둥그스름하였기 때문이다. 그래서 총각시절부터 만나고 다녔던 몇몇 여자들의 얼굴은 모두 보름달처럼 둥그스름한 얼굴의 여자들이었고 결국 보름달처럼 환하다는 평(評)을 듣는 여자와 첫사랑을 시작한 것이 가장 유력한 원인이 된 듯하다.

그 후 연애(戀愛)라는 미명(美名)을 대고 몇몇 더 만나고 다니다가 종당에 가서 모두 달아나버렸던 여자들의 얼굴들도 대개 보름달처럼 둥그스름한 것이 사실이다. 낭패상이 되어 풀죽은 나를 보고 우리 할아버지가 빙그레 웃으면서 "다음번에도 또 보름달을 데리고 오너라."고 했고, 그 후 정말 보름달처럼 얼굴이 둥그스름한 여자를 만나 죽자살자하고 지내다가 내가 지쳐서 어질어질하는 꼬락서니를 지켜보시던 할아버지가, "네가 여지보다 기가 약하구나. 보름날을 만나기 잘했다."고 했다.

그래서 어찌해서 이 보름달 같은 여자와 만난 것을 잘했다고 칭찬하셨을까 하고 그 후에도 또 몇몇 여자들과 만나면서도 여러 번 의문을 가져보았던 적이 있었지만, 이러한 에피소드들은 어느 것이나 나의 보름달에 대한, 그리고 좋아하는 취향(趣向)의 여자에 대한 동경을 일으키지 않는 것이 없었다. 지금 생각해보면 할아버지의 말씀은 그나마 보름달은 기가 약한 달이라는 뜻이었다.

가설해서 내가 초승달이나 상현달, 또는 하현달과 같은 여자들과 만나서 죽자살자하고 지냈더라면 오늘이 없었을지도 모를 일이다. 뜻인즉 보름달은 태양과 지구, 그리고 달의 순서가 한 줄에 나란히 놓이게 되는 음력 15일을 경으로 태양이 질 때 동쪽 하늘에서 떠서 태양이 떠오를 때 서쪽 하늘로 지다보니 별로 찬기가 없고 또 날카롭지도 않다는 것이 정설(定說)인데, 아마도 초승달이나 하현달은 좀 다르나보다. 내가 미국으로 오기 전까지 연변에서 만난 여자들은 모두 보름달 같은 여자들이었다.

연변에서 소설을 쓸 때에 도통 보름달 같은 여자들만 좋아하고, 그래서 소설 속에 여자의 얼굴을 묘사해도 언제나 둥그스름하고 환한 모습만을 좋아하는 사랑스런 여자 주인공에게 아낌없이 부여하였던 것을 생각하면 우스운 일이다. 반대로 얼굴이 부쩍 마르고, 해바라기처럼 갈쭘하고, 턱은 뾰족하고, 콧날은 높은 초승달, 또는 상현달 같은 앙증스런 우물(尤物)들을 나쁜 배역의 여자들에게만 부여했던 것은 지금 보면 얼마나 불공평했던가 생각된다.

그런데 돌고 도는 세월의 무상함인가, 아니면 여자를 모르는 이 세상의 우매(愚昧)함인가. 어느 하루아침에 갑작스럽게도 보름달 같이 둥그스름한 얼굴의 여자들에게는 '얼큰이'라는 별명이 따라붙기 시작했다. 남자들은 보름달 같은 여자보다 초승달 같고, 그믐달 같은 요염한 여자들을 더 좋아하기 시작하는 것이다. 그놈의 성형붐이 둥그스름한 보름달까지도 막 칼질하여 초승달로 하현달로 만들어대는 어마어마한 세상이 됐다지만, 그래도 일년에 명심하고 두 번 보게 되는 정월 대보름과 추석의 하늘은 언제든지 하얀 여자의 웃는 듯한 얼굴이라서 좋다.

그리고 언제든지 하얀 여자의 웃는 얼굴을 보면서 안녕을 비는 멋이 좋다. 누군들 원한 품은 독부(毒婦) 같은 얼굴을 쳐다보며 악귀를 몰아내는 '지신밟기'를 할 것이고, 누군들 애처롭게 흐느껴 우는 원부(怨婦) 같은 얼굴을 쳐다보며 소원지를 담은 '달집태우기'를 할 것이겠는가, 내가 고향 연변을 떠날 때에 한(恨)이 있는 사람이 되어서 그러한지는 모르지만, 오랫동안 한을 해소(解消)하기 위해서도 보름달 같은 여자를 좋아한 것은 세상이 모두 보름달처럼 하얗고 둥그스름하고 평화롭기만을 바라서이다.

그래서 이제 다시 또 여자와 만날 수 있다면, 나는 보름달이 아니라 '얼큰이'라도 좋다. 나는 여전히 둥그스름하게 생긴 얼굴의 여자가 좋다.

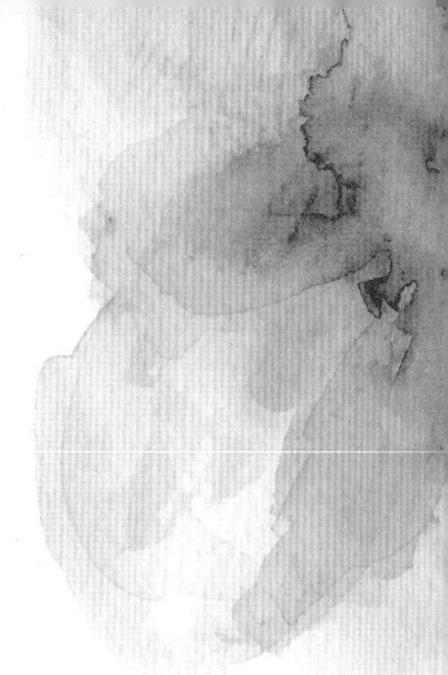

나의 순애보

나는 나를 버리고 간 여자 때문에 얼마나 웃기는 놈이 되어버렸는지 모른다. 지금은 그렇게 웃기던 놈으로부터 이제는 아주 이상한 놈으로 되어버렸다. 얼마나 이상하냐면, 헤어진 뒤에도 또 몇몇이나 되는 여자들이랑 만났는지 기억에 남지 않으나, 지금도 가만 앉아서 나를 버리고 간 여자들의 이름을 불러볼 때면, 여자들한테 스스로 채였다고 생각되는 때나, 아니면 나를 걷어찬 여자들이 다른 남자들이랑 행복하게 지낸다고 생각할 때나 나는 매양 '내가 이번에도 살아날 수 있을까'라고 걱정하는 것이 습관이 되었다.

내가 여자들한테 채였다고 생각되는 것은, 확실하게 내가 채였는지, 아님 내가 걷어찼던 것인지는 전혀 기억에 없고, 나중에 혼자서 낑낑대고 아프던 기억들만이 너무 머리 속에 새록새록해서 잘 잊혀지지 않는 까닭이다. 실제로 나는 여자들을 몇몇 만나보았고, 그때마다 자기기분에 도취되어 혼자 사랑했던 적이 몇 번 있었다. 우리 말 속담으로 비유할 것 같으면, '떡 줄 사람은 생각지도 않는데 혼자서 김칫국 펴마신다'는 것이 되겠다.

그러나 그것이 확실하게 적중하는 표현인지는 모르겠지만, 나는 내가 걷어찼다면 나쁜 놈으로 보여질까봐, 채였다면 재수없는 못난이로 비쳐질까봐, 두루뭉술하게 내 아픈 이야기에다가만 모를 박는 것이 아니다. 나는 채이었거나 걷어찼거나 상관없이 내 허물에는 심히 활발하다. 이미 남의 사람이 되어버렸으니 굳이 쫓아가서 결투를 요청할 담도 없고, 구질구질하게 여자 치맛자락을 붙잡고 눈물 콧물을 쏟을 비위도 없다. 그러나 나에게는 다만 혼자서 내 아픔을 흠상하는 강렬한 내적 향수를 가지고 있다. 이것은 이때까지도 내가 함부로 사랑하지 않는 나 자신의 특수한 이유이기도 하다.

벌써 이때쯤 되면 나는 누구로부터 허무에의 도망을 권고받은 사람처럼 망세월(忘歲月)하고 석상(石上)에 간강운(看江雲)하는 노승처럼 되어버리고 만다. 실제로 나는 담배도 피지 않고 술도 마시지 않고 마작도 포커도 할 줄 모르다보니, 그나마 여자와의 관계문제에서까지 아픔을 안고 집구석에 틀어박혀 시간을 보낸다면, 나는 전세계와 절연이 되고 만다. 봄풀과 사랑이 함께 파릇거리고 피던 작년 5월 '센트럴파크'에서 보던 책을 눈두덩에 덮고 잠깐 깜빡하고 졸다가 깬 것이 어느새 하늘에 별빛이 반짝이었던 때를 생각하면 내가 오늘 보내고 있는 밤들은 매시간이 고역이라고 하지 않을 수 없지만, 나는 그 자체를 즐기는 까닭에 마냥 행복한 것이다.

물론 갈 때에, 나를 차던지며 여자는 나의 몇 가지 허물을 곱씹었다. 왜서 키스를 한다는 것이 남의 혀를 깨무냐고, 왜서 사랑을 한다는 것이 남의 가슴 여기저기다가 흉터를 만들어 놓냐고, 왜서 첨 만날 때에 키만 크면 다 좋다고 해놓고서 지금은 그게 아니냐고, 그래서 나는, 혀를 깨물어본 거는 처음 하는 키스라서 할 줄 몰라 그리됐다고 사과했고, 내가 여자 가슴에 집착하는 것도 어려서 염소젖을 먹고 자란 탓이라고 실토했고, 그리고 키만 크면 좋다고 해놓고 그것을 번복한 것도, 그것은 정말 죄송하지만, 너무 크기만 하고 약하니까 갈비뼈가 아롱거려서 그냥 농말로 한마디 했던 것뿐인데, 만지는 내 손바닥이 트럭이 달리는 기분이라고 했다고 그것을 정말로 믿는가 하고 아닌보살을 놓기도 했다. 그런데 허물의 열배 이상을 보복으로 안겨놓고 가면서 나에게 기다리지 말라고 했지만, 나는 그냥 따라다니면서 괴롭히는 일은 없을 거라고 대답해놓고, 이렇게 나 자신을 괴롭히며 시간의 시간들을 보내고 있는 것이다.

내가 눈물이 핑 돌아 가까스로 눈길을 내리깔고 있는데, 바보야, 울기는 왜 울어, 하는데다 대고 나는 외롭지는 않을 거라고만 대답하고 집에 돌아와서 지금 기다리고 기다려야 내내 오지 않을 이 아픔을 기다리고 있는 것이다. 파릇거리고 피어나던 봄풀 위에 다리를 쫙 펼치고 앉아 나의 머리를 자기 허벅지에 얹게 하면서, 내 귀에 대고 맨날 자기 전화만 기다리고 발걸음소리를 기다렸단 말이야, 나를 애태운 자기한테 다 갚아줄 거라고 하더니, 그게 어느새 내 몫으로 이처럼 처참하게 돌아올 줄은 몰랐다.

그래도 좋았다. 너무 아파서 아픈 만큼은 싫지만 아픔의 내적 향수를 느낄 줄 아는 나의 이성은 나에게 간단없이 호소한다. 그래 나를 버리고 간 너라지만, 아마 지금쯤은 다른 새로운 사랑과 살을 섞고 있을 시간일지도 모를 이 밤중을 나는 그런 줄도 모르고 너를 기다리는 일마저 없다면, 지금쯤 나는 죽음처럼 깊은 잠에 빠져 있거나, 혹은 넋 나간 듯이 저 음산한 밤거리를 헤매고 다닐지 누가 알겠는가고 계속 사랑과 아픔의 쓰라린 고역을 겪고 있는 것이다.

벌써 내가 며칠 몇 밤을 그렇게 보냈는지는 아무도 모른다. 내가 사는 셋방 창문에 뿌연 새벽안개가 꽃을 그리며 서렸다가 녹아내린 지가 5년철을 잡고 있다. 작년에 '삼재'를 보냈다고 점쟁이가 하는 말을 믿고 무사태평하게 보내다가 막가는 이 5월의 봄풀이 피어나는 잔디에서 또 그때처럼 두 다리를 짝 펼치고 다른 남자의 머리를 자기 허벅지에 얹고 머리를 숙여 오래도록 키스하는 여자를 보는 순간 나는 휘청거리고 일어나서 창문에 내린 뿌연 새벽안개 속에다가 내가 그리는 나의 아픔의 주인공의 이름 석 자를 적어보게 된다. 정말 미쳐버릴 것만 같다. 창문 안개 속에 새겨진 이름 석 자가 이 새벽달을 걷어내고, 저 창백한 여명을 걷어내고 슬픈 별처럼 내 가슴에 쏟아져서는 나를 부둥켜안고 울어줄 수만 있다면, 나는 이렇게나 아프지는 않을 것이다.

아픈 것은 나의 의무이지, 나를 버리고 간 여자에게는 그 어떤 의무나 책임도 없다는 것을 나는 잘 알고 있다. 그래 가면서 다시는 사랑을 믿지 않는다고 거짓말 하지만 나는 그러는 그만을 믿겠다고 했던 것이고, 이 밤에도 별들고 지친 내 가슴에 불어오는 이 촉촉한 밤바람을 그는 알지 못해도 그가 모르게 알알이 영글어가는 내 사랑의 슬픈 열매를 내가 혼자서 키워가고 있는 것이다.

어제도, 그리고 오늘도 친구들은 나더러 바깥에 나오라고 부르지만, 나는 출퇴근을 제외하고 지하철에서 한뼘씩이나 침을 흘리며 조는 일을 제외하고, 나머지의 시간들은 오로지 슬픈 열매를 눈물로 헹구고 키워 설사 어느 돌틈 사이로 피어나는 자그마한 민들레 같은 풀로 윤회하더라도, 그 돌틈에서 바람을 피해가며 아픈 사랑만을 기다리고 있는 것이다.

설사 내가 풀보다도 더 가여운 새장 안의 새처럼 세상의 온갖 즐거움을 외면하고 오로지 한사람만을 기다리는 가여운 영혼이라면,

그런데도 끝내 그 여자의 돌아오는 날을 기다려내지 못하고 죽어가게 된다면, 정녕 어떻게 할 거냐고 묻는 물음에 나는 나의 사랑이 새 남자랑 팔짱 끼고 맘 놓고 지나다닐 수 있는 아슬아슬한 사거리의 푸른 신호등이 되어드릴 거라고 나는 지금 창문에 어린 슬픈 안개 속에다 나의 사랑을 천천히 죽여가고 있다.

창녀예찬

오빠는 바람피우러 간단다

2

오빠는 바람피우러 간단다

어서 다시 봄이 오소서

새해에도 풍류를 즐겨라

봄은 저 하늘을 달리며

이 가을에 붉게 익은 단풍처럼

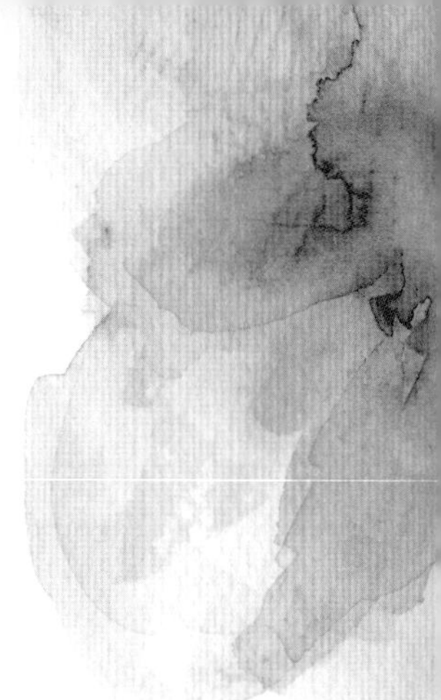

오빠는 바람피우러 간단다

아하. 요즘의 못난 남자들은 바람을 피우고 싶어도 연애 같은 시끄런 전주가 너무 길고, 귀찮고, 껄끄러워서 제기랄, 무작정 허리띠부터 끌어내리기를 한단다. 그런다고 쉽게 꼬여지는 여자가 어디 흔한가, 그래 하는 수 없이 옆구리 속에 돈을 꿰차고 무작정 색시집이나 룸살롱으로 달린다고 하는데, 남자가 바람 못펴도 병신 소리를 듣게 되는 요즘은 도통 그 같은 병신들만 오구작작 모여서 부르고 짖으며 살아가고 있는 세상을 찾아서 한국으로, 미국으로, 황해를 날아넘고, 태평양을 날아넘을 때, 나는 고향에서 이미 장마를 마쳤고 여름이 절정이었던, 그래서 내리쬐는 햇빛은 폭포수처럼 극성스럽고, 나무와 풀과 푸성귀는 내 인생 중에서도 가장 강렬한 푸르름으로 번들대고, 또 그래서 함빡 단물이 오른 여자의 속살깊은 곳에서부터 극채색으로 피어오른 몸과 한 몸뚱이로 붙어 뒹굴어가던 나의 몸은 이미 오래 전부터 끈적끈적하게 젖어 있었다.

허허, 그렇게 오늘까지 계속되어 온 섹스고, 오르가즘이고, 광환

(狂歡)이고, 그리고 내일의 충격적인 바람피우기는, 결국 나뿐만 아닌 오빠들, 아저씨들 모두의 인생에 있어서 마지막 섹스인양, 오르가즘인양 유감없이 즐기려는 조급한 갈망으로 너도 나도 한꺼번에 그 정상을 향하여 숨가쁜 백 미터 경주를 시작하고 있는 것이다. 얼마나 아름다운 인생이었던가, 섹스와 오르가즘도 내 멋이요, 여자와 바람피우기도 내 자유였었는데, 다시 싫증난 계집을 한켠에 밀어놓고 이번에는 또 지구 반대쪽에 있는 남의 나라 왕자의 장엄 우아한 결혼식을 보면서 동화 같은 꿈의 새로운 나래를 펼 수 있는 찬란한 내 인생의 모든 자유를 만끽하고도 싶었다.

그러나 결국은 그 찬란함으로 넘치는 빛 속의 또 다른 음지에서 찬란함의 너무나도 자연스런 현상으로 산생하는 강렬한 빛과 함께 어김없이 동반해오는 짙은 그늘 속의 어둠을 어둡다고 말할 수가 없을 때, 나는 바로 그날부터 사랑을 버릴지언정, 여자를 포기할지언정, 섹스를 모를지언정, 또는 오르가즘과 담 쌓고, 그냥 기계적으로 한다더라고 하는 세월 속에서 내 성(性)의 정열만 매일같이 소진(消盡)해버릴지언정, 종당에는 누가 시킨 일도 아닌데, 그리고 무엇이든지 힘으로 때려잡는 측에서 보면, 어쩌면 필설은 같잖은 자기지식의 과시로도 비치고, 또 뭘 믿고 까부느냐며, 손톱 끝으로만 톡 퉁겨놓아도 공권력에 있어서 하루아침 해정거리 지푸라기 정도로밖에 안비칠지도 모르나, 그렇게라도 나의 인생 주변에서 찬란하게 범람하는 섹스와 오르가즘의 밝디밝은 빛, 민중들을 현혹시키기에 정말 안성맞춤인 풍요의 구색(具色) 속에 오로지 검은 것도 검다고 말 못하고 검은 것을 희다고 말할 수밖에 없는 자유의 빛 속에서 열천 번의 오르가즘을 만끽한들 그런 자유란 얼마나 헛되고 헛된 것이냐고 호소했던 것이다.

그리고 그 와중에서도 꿈길 속처럼 흔들대는 젖가슴과 주홍빛의 유두(乳頭) 주변을 적시며 흐르고 있는 땀과 빛발이 내 인생의 그늘을 밝히는 데 아무런 쓸모가 없고 옳지 못한 것과 옳은 것을 분별하는 데 아무런 도움도 없다면, 내 인생 전체의 찬란한 빛이 결국은 새까만 어둠과 그 무엇이 다르냐고, 오늘도 섹스 중인, 오르가즘 중인 바보스런 조선족 전체에게 그 같은 찬란한 빛에 현혹되지 말아야 한다고 호소했던 것이다. 어차피 빛이 강렬할수록 그 그늘은 더욱 짙기 마련이고, 오랫동안 빛에만 익숙했던 눈이 그늘 속의 사물을 분간하기 위해선 눈조리개가 늘어날 때까지 참고 기다려야 하지만, 여기에 바람피우기를 즐기며 태평양을 날아넘은 유순호라는 한 인간의 자취가 있음을 보여주고 싶을 때, 단순한 생리적인 시력의 회복도 그렇거늘 양지 지향적으로만 길들여진 발바리와 같은 조선족 전체의 굴욕(屈辱)의 사고로 음지의 현상을 바로 보고 이해하기 위해서는 그 굴욕을 버리고 꿈속에서 깨어나야 하는 참을성과 자신을 꼬집는 고통스러운 각성의 시간을 나의 희생으로 마련해드리고 싶었던 것이다.

어쩌면 그 그늘의 어둠이 곧바로 우리 인생의 모든 섹스고 오르가즘이고 다 날려버리게 됐는데도 다만 벙벙한 채로 모든 것을 모르고 지낸다면, 그런 무감각은 천번 만번의 오르가즘을 느낄 줄 알아도 그것은 어차피 죽은 섹스요, 죽은 오르가즘이 아니고 무엇이겠는가, 그것이 싫어 아내고 아이고 다 팽개치는 한이 있더라도 자기 멋대로의 바람피우기를 떠나는 나의 뒤에서 계집애들이, 오빠 어디 가, 하고 소리쳐올 때, 나는 지금 당장이라도 이 붓대만 꺾어버리면 또다시 섹스와 오르가즘의 찬란함 속에서 나름대로의 인생을 즐길 수도 있으리라고 생각했던 적도 자주 있었다. 그러나 그토록 소심하고 섹스와 오르가즘밖에 모르는 선량한 사람도 어느 날 문득 쌓였던 울분이 목구멍까지 치미는 걸 억지로 참으면서, 분명 오르가즘을 한 번밖에 오르지 못했는데도, 열 번 올랐다고 거짓말을 하는 방법으로 마르크스주의에 충실해야 하고, 흑인 걸 백이라고 눈치껏 말해야 하는 참담한 삶을 살아가고 있는 자신을 발견하게 될 때는 그때야말로 나 한 사람만이 아닌, 민족 전체의 운명과 삶 자체가 그 얼마나 슬프고도 처참해질 것이겠는가고 생각했던 것이다.

바로 그 슬픔을 이겨내기 위하여, 그러면서도 이 험난한 세상에서 다치지 않고 잘 살아가기 위하여, 나는 허둥지둥 바람피우러 떠나는 길밖에 없었던 것이고, 또 그 와중에서도 내가 항상 나의 가슴을 때리며 어데고 당당하게 나설 수 있었던 것은, 이때까지 나는 단 한번이라도 검은 것을 희다고, 그리고 흰 것을 검다고 말했던 적이 없었기 때문이었다. 기화로 나는 나의 모든 사랑하는 겨레와 동포들이 자존심 없는 섹스와 오르가즘을 할 바에는 차라리 나같은 바보 모양을 하고 살아가더라도 산 섹스와 산 오르가즘을 즐기기 위하여 과감하게 새로운 바람피우기를 시작해보라고 권고하고 싶다!

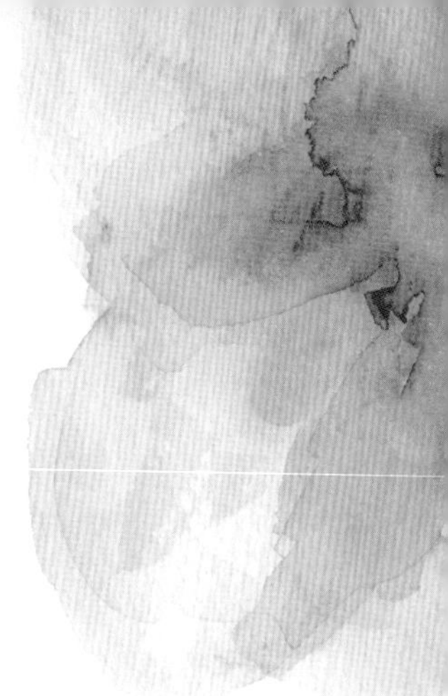

어서 다시 봄이 오소서

지금 돈 잘 버는 조선족의 여자들을 생각하고, 청도와 상해, 광주와 심수 등 중국의 남방과 연해지(沿海地)에서 더 나아가 한국의 서울과 일본의 동경, 그리고 미국의 뉴욕이라는 이 세기적(世紀的)인 큰 도시들에서 나타나고 있는 과도기적(過渡期的)의 요란스런 조선족 여자들을 볼진대, 하필 이런 여자들만이 오늘의 화제(話題)에 오르랴만, 오늘날 조선족 전체 민족의 모습자체가 그 무엇인가에 뒤를 쫓겨 초조스런 불안이 누구보다도 그 여자들에게서 가장 잘 나타나고 있음을 보게 된다.

이런 현실들을 부정해서는 안될 것이겠지만, 지금의 조선족 전체 민족의 운명과 그 진로에 대하여 고민하고자 하는 사람들은 그 요란스런 여자들의 웃음이라던가, 또는 쉽게 벌어온 돈 씀씀이며, 그 돈들을 차고 자정으로 나올 때에 모두들 '쐬주병' 한두 병은 게눈 감추듯이 밑굽을 내버리는 모습들을 보면 잘 알 수 있을 것이다.

성냥갑같은 자그마한 맛사지팔러의 칸칸막이 방들에 틀어박혀 한

며칠씩 살진 굴암퇘지를 뒤집어엎어놓은 듯한 엎드린 남자들의 등때기를 정신없이 주무르다가 던져주는 돈들을 챙기고는 렌트를 잡아놓은 거주동네로 허둥지둥 돌아올 때면, 그녀들의 마음속에서는 집에 두고 온 이 조선족의 돈 못 버는 못난 남정네들의 시시한 꼬락서니란 얼마나 싫으랴만, 그래도 집에서 집을 지키고 아이들을 학교 보내고, 간혹 보내주는 돈으로 몰래 바람피우고 다녀도 모른 척 눈 감고, 그래 나도 하니까, 너도 해라는 식의 코도 막히고 목구멍도 답답한, 어처구니에 없는 삶을 하루도 멈춤이 없이 어제도, 오늘도, 그리고 내일도 이어하고 있는 그녀들의 정신없는 생애를 '쐬주병'이 아니고는 도저히 도금(鍍金)이 안될지 모른다.

자, 미국에서도 그중 돈 많은 뉴욕의 경우를 보자. 남들은 레스토랑에서 하루 10시간씩 다리 부러지도록 접시를 들고 다니고, 눈구멍이 파이도록 흑인동네서 손톱여물을 후비고도 하루 1백 불에서 20~30불을 더 오르내릴 뿐인데 팔러의 여자들은 하루 2~3백 불은 뉘집 아이 이름이 되어버렸음을 알고 보면, 그녀들의 돈은 어떻게 난 것인가, 팔러에 다니는 남정네들은 등때기만 주무르는 여자들에게 어디 돈을 내놓아야 말이지. 그녀들의 애수(哀愁)는 꼭 집에 두고 온 보고 싶은 자식에게나, 그리고 못난 남편에게만 있는 것이 아니라 여기에도 있는 것이 틀림없으리라!

공부하러 나온, 학비를 마련하지 못해 오늘도 미간만 찌푸리고 다니는 나이 어린 유학생들과, 정말 자기 남편 내놓고는 다른 남정네는 죽어라고 싫은, 그래서 죽어라고 닫아매고 돈 버는 여자들한테는 가기 싫어서 별로 거들떠보지 않는 돈이라는 놈, 다만 나이 좀 젊고 얼굴이 반반하면 모든 게 그만인 세상, 그래서 바람피울 줄 모르는 여자의 한탄도 여기에 있는 것이다.

그런데 처음 한두 해는 모르겠던데, 이제는 정말 점점 돌아가기 싫어진단 말입니다! 이런다. 이것은 내가 어느 때 마사지 팔러에 다니는, 나는 별로 반갑지가 않은데, 그냥 나만 만나면 나를 오빠, 오빠하고 부르고 다니는 한 고향에서 온 여자에게서 들은 솔직한 고백이다. 그러나 고향에 가고는 싶은데, 고향에서 눌러앉아 다시 살고 싶은 마음은 꼬물만치도 없다.

그럴 수밖에 없을 것이다. 아무리 남편이 있고, 자식이 있어도, 남편이 있기 때문에, 그리고 자식이 있기 때문에, 그리고 나는 그래도 이때까지 지켜온 내 정절(貞節)이 있고 어디가도 떳떳하다고 간주되는 깨끗한 몸이 있기 때문에 감히 자포자기 못하는 여자들도 있지만, 이미 그녀들은, 우리가 얼마나 고민하는 줄 아세요? 하룻밤에도 열두 번씩 한숨을 내쉬고 있답니다, 이런다. 이것이 조선족의 여자들이다. 가장 날파람있고, 가장 눈을 많이 뜨고, 가장 세계인의 호흡을 먼저 호흡하고 달러라는 미국 돈을 많이 만져본 조선족의 여자들이다. 그 여자들을 조선족의 운명이라고 하자, 그러면 너무나 안타까운 우리 모두의 숙명이 아니랴.

가장 혁명 잘하고, 가장 공산당에 충성 잘하던 조선족의 여자들은 이렇게 돈을 만지면서 몸을 내놓고, 남자들을 만지면서, 돈을 벌고 있다. 얼마나 눈물겨운 조선족의 운명이랴! 그러나 나는 생각한다. 돈을 많이 버는 것은 결단코 나쁜 것은 아니다. 공산주의 혁명의 모든 성취물(成就物)들이 결국 중국이라는 이렇게 큰 나라의 이렇게 많은 백성들을 돈이 모든 것을 좌우하는 세상 속에서 살아가게끔 만들어놓은 이상, 우리 조선족들도 돈을 좋아하는 사람이 되지 않으면 아니된다.

물론 혁명하는 공산주의자들의 나쁜 단처(短處)만을 취하고 본뜨는 것은 바보스러운 인생이 될지라도 일단의 돈은 많이 벌어야 한다. 얼마든지 돈 버는 법을 배우고, 돈 버는 법을 본뜨고, 돈 버는 법을 이용하고 그리고 이렇게 받아들여 와야 할 것이다. 요사스럽게도 모든 낡은 인습과 옳지 못한 제도를 비판하는 데서 사상보다도 지금은 돈이 더 철저하게 총명한 재능을 보여주고 있다. 그런 생활과 그런 실천에 있어서 돈이 가리키는 바에 좇아서 용감하게 남의 멱줄이나 따는 혁명사상을 버리지 아니하면 아니된다. 이 얼마나 멋있는 세상인가!

그래서 오는 이 가을에도 또 한번 외쳐본다. 어서 봄이 다시 오소서! 그리하여 어서 다시 꽃이 피는 계절에서 조선족의 여자들을 살게 하시고, 그 곁에다가 조선족의 남자들을 세워주소서!

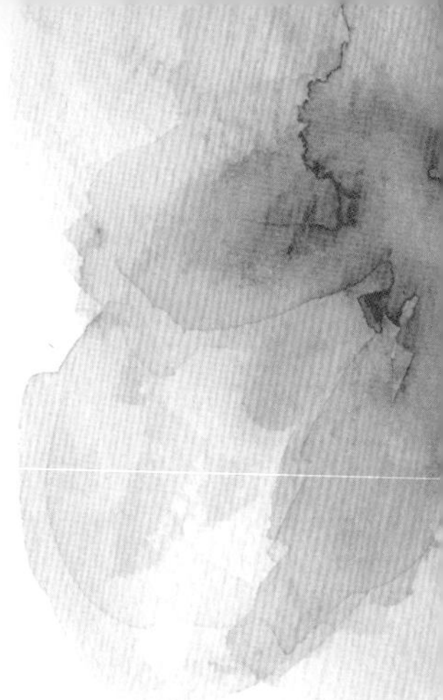

새해에도 풍류를 즐겨라

제씨들은 저 당조의 유명한 이태백(李太白)의 '춘야연도이원(春夜宴桃李園)'이라는 시를 읽은 적이 있는가? 거기 서시(序詩)에서 보면 다음과 같은 한 구절이 내 마음을 붙잡는다.

"부평초와 같은 인생 꿈만 같으니, 인간이 태어나 죽을 때까지 즐거운 날이 며칠이나 되리오."

옛날 사람들이 촛불을 켜 놓고 밤이 새도록 놀았던 것도 얼마나 인생이 짧았으면, '밤이 새는 것도 잊은 채' 즐겼던 것일까? 이것을 되돌아 생각해 보니, 이제는 나의 인생도 꿈속에서 이루어진 일들처럼 막 새삼스럽게 느껴진다. 낮에 있었던 일보다는 보다 밤에 있었던 추억들이 더욱 별빛처럼 되살아난다. 그리고 밤 가운데서도 특히 여자와 함께 보냈던 시간들이 더욱 잊어지지 않는 것이다.

"동짓달 기나긴 밤의 한 허리를 베어 내어, 봄바람처럼 향긋하고 따스한 이불 속에서 서리 서리 넣어 두었다가, 정든 님이 오시는 밤이면 굽이굽이 펼쳐 내어 그 밤이 더디 새게 길게 길게 이으리라."

이태백 말고도 정든 님을 만나 지냈던 밤의 덧없음을 한탄한 조선의 기생 황진이(黃眞伊)의 노래가 또 있으니, 이태백이 밤하늘에 떠 있는 달을 사랑하고 황진이가 밤을 읊조린 것처럼 나도 밤하늘의 아름다운 달을 바라보며 마음에 좋아하는 여자와 만나 사랑의 꽃을 피웠던 밤이 왜 그리 빠르게 지나가는지를 아쉬워했던 원인을 알 것 같다.

하여튼 마음에 드는 여자를 만날 때 즐거움을 주는 밤은 좋다. 대신 여자를 만날 수 없는 밤에는 더욱 외로워 고독함을 가져다주기도 하는 밤을 보내기 위하여 '포장마차'로 놀러가는 친구들을 자주 본다.

특히 크리스마스를 전후해서, 연말연시의 플러싱 '포장마차'들은 한번 가볼만하다. 아가씨들을 마련해두고 있는 술집에다가, 노래방, 그리고 카페까지 짬뽕시킨 종합형(綜合形) 포장마차, 여기에 다니는 대부분 사내들의 '애인유무(愛人有無)'를 척노로 삼는다면, 우리 뉴욕의 중국 출신 조선족 동포 남성들은 대부분이 '3등 남자(三等男人現用現遭)' 범주에 소속된다고나 볼까?

여기서 '1등 남자들은 집 밖에 집이 있다(一等男人家外有家)'고 했으니, 융자도 없는 순수 자기 집을 갖고 사는 부자 동포들은 아마도 거의 없는 까닭이고, 대신 '집 밖에 꽃을 갖고 있는 2등 남자(二等男人家外有花)'들은 좀 되는 줄 안다. 고정 직장을 가지고 높은 주급을 받으면서 잘 나가는 남자들이 바로 '포장마차'를 찾아다니고 있는 것이다. 그렇지만 대부분은 '당장에서 쓰기 위하여 당장에서 찾는(現用現遭)' '3등 남자'들이 주류를 이루고 있는 것을 보면서, 오늘은 바로 '3등 남자'들에게 들려주고 싶은 말이 있다.

비록 '포장마차'에서 만나는 여자들일지라도, 절대로 장난처럼 대하지 말아라! 촛불이 타면서 어둠을 밝혀 주듯이 돈을 주고 사는 짧은 밤에 여자를 만났을 때는 청춘을 생각하며 불꽃을 피우라! 그러면 그대는 곧 찌물쿠는 긴 여름의 가슴 허비는 고독을 화사한 봄날에 느끼는 밤의 환희로 바꿀 수도 있을 것이다. 사랑이 없는 고독한 밤은 지루하고도 긴데 비해, 술 마시고 여자를 만나고 노래 부르고 춤추는 밤은 야속하리 만큼 짧다. 더구나 피 땀 흘려 번 돈으로 사는 금싸락 같은 밤이다.

그러니 지루하고 긴 밤의 허리를 베어 두었다가 야속하리 만치 짧은 여자를 만나는 밤을 길게 길게 쓰기 바란다. 결국 밤을 어떻게 보내는가는 우리 모든 인간들에게 있어서 인생을 어떻게 살아갈 것인가는 문제로 귀착되기 때문에, 여자에 주린 사내들이 밤을 보내기 위하여 찾아가고 있는 '포장마차'나 그리고 우리 모든 동포들이 생활하고 있는 뉴욕의 공간공간들마다 결국 잠깐 잠깐씩 쉬었다가 가는 인생의 여관이라고 할 수도 있는 것이다.

당조(唐朝)가 이태백이 술 마시면서 노래 부르고 갔던 쉼터였다면, 황진이라는 기생은 조선이라는 공간에 잠시 쉬었다가 사랑의 꽃을 피우고 난 후에 바람처럼 사라져버린 여인숙이라고 할 수도 있는 것이다. 자, 이제는 제씨들에게 하고픈 말을 남긴다. 인생 수십 년이 한순간의 쉼터나 하룻밤의 여인숙에 불과한 것을 생각하라!

생각하면서 2009년 새해에도 우리는 저저마다 능력껏 풍류를 즐겨보는 것이 바람직하다고 해야겠다. 시시껄렁한 윤리니, 도덕이니, 정조니 하는 위선의 모든 가면구는 다 집어치우자. 모두 사랑의 꽃을 피우기 위해 긴 겨울밤의 허리를 잘라 짧은 봄날의 밤에 이으려는 마음으로, 낮에는 땀 흘려 일하고, 밤에는 또한 재간껏 여자도 만나가면서 앞에 놓여져 있는 하루하루를 최선을 다하며 살아야 할 것이다.

이태백이 그러하였고, 황진이가 그러하였듯이…….

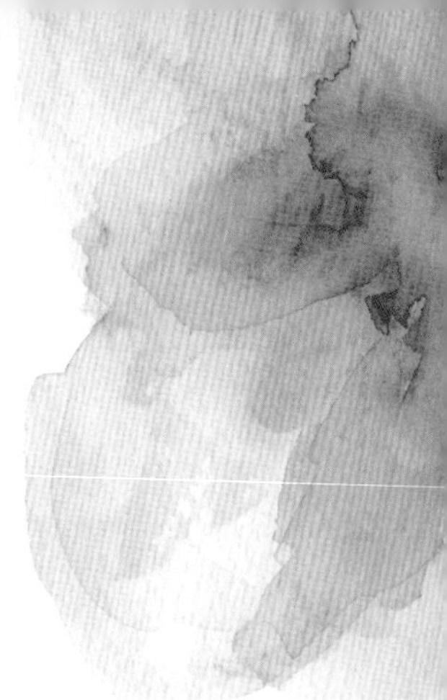

봄은 저 하늘을 달리며

어제 춘절을 쇠고나니 오늘은 벌써 봄이 오는 소리가 들려오고 있다. 해마다 들어오는 단단하던 겨울이 삐걱거리는 소리, 겨울 대숲이 흔들리고 얼음이 녹는 봄의 소리가 올해라고 달라진 게 하나도 없는데 그것을 겨울이 가는 소리라고 생각하면 그 소리는 이상하게도 깊어지고 잦아들고 쌓여가듯이 가슴 안으로만 드는 것 같지만, 그러지 않고 봄이 오는 소리라고 생각하니 어느새 훈훈해지고 따사로워지고, 이 아침에 얼굴을 적시는 빗물마저 기분 좋아진다.

그렇게 겨울이 가고 봄이 오는 것은 세월이 주고 가는 선물일지 모르지만, 겨울과 함께 만약 낡은 여자가 가고, 봄과 함께 또 새 여자가 온다면 그것은 꼭 생활이 주는 선물이라고만은 말할 수가 없을 것이다. 궁금해진다. 만약 성감(性感)에서 한물가고, 어느새 나이 들어 발랄함이 없어진 것이라면 그런 것은 누구에게 있어서나 쉽게 분간하기 어려운 삶 속에서 푹 찌들은 여간 보통스럽지 않은 자취가 되겠지만 그런 것이 아닌데도 이유 없이 낡은 여자는 떠나가고 새 여자는 또 봄과 함께 찾아온다.

그래서 그런지 봄과 함께 새 여자를 맞는 가슴은 늘 같지만은 않다. 가슴만 달라진 게 아니다. 먼저는 보내는 낡은 여자 때문에 애틋한 괴롬이 가슴의 문을 소리 없이 두드려서 견딜 수가 없을 지경까지 되고 만다. 하는 수 없이 오는 새 여자를 기다리며 가는 겨울 마감길에서 혼자 서성거린다. 그럴 때마다 이상하게 여자가 싫어진다. 여자란 왜 그처럼 남자의 가슴을 비틀어놓는지 이제 새삼스럽게 느끼는 것도 아니건만, 지금 보내는 작년의 저 낡은 여자도 재작년에는 새 여자가 되어 나를 찾아왔던 것이 아니었던가, 찾아와서 몇백 밤을 함께 보내며 그 얼마나 젊음과 건강함과 아름다움과 낭만과 열정과 사랑으로 환호했던가, 그것이 가는 겨울과 함께 오는 이 봄에 이렇게 괴로울 줄은 보내는 나뿐이 아니라 가는 여자도 누구도 생각지 못했을 것이다.

대서양기슭에 꽉 넘치는 운무(雲霧)나 출근길 맨해튼의 길가에서 뾰죽뾰죽 터 오르는 잔디들은 어느 것 하나 모두 새봄의 새 빛과 새 힘을 보여주는 것이 아닐 수가 없으나 이 새봄에 가는 낡은 여자를 생각하면 참으로 어느 것이나 괴로움 아닌 것이 없고 슬픔 아닌 것이 없고 추억 아닌 것이 없다.

봄이 왔다는 것은 이 봄 속에서 사는 사람들뿐만 아니라 이 봄 속의 인간을 포함한 모든 만물(萬物)들이 피어나는 희열에 방긋거림을 뜻하는데 유독 나만은 만물 밖의 외계인인 것처럼 혼자 이 사랑을 슬퍼하고 추억한다. 터지는 망울들을 감싼 엷은 아지랑이도 운무로밖에 안보이고 겨울에도 죽지 않고 끈질기게 살아남아 봄에 다시 피어나는 잔디들의 방긋거리는 희열을 보면서도 괴롭고 슬프고 추억으로만 보이니 내가 나이 얼만데 벌써 새싹과도 같은 생명의 의욕을 잃어버린 것이냐, 차라리 이 봄에 다시 올 여자가 그런 새싹과도 같은 여자가 아니라면 이 괴로움, 이 슬픔, 이 추억은 그다지 많지 않을지도 모른다.

그러나 나는 안다. 이 봄에 나를 바라고 오는 여자는 새 여자인 것은 물론이거니와 아지랑이와 같은 여자이고 잔디와 같은 여자일 것은 틀림없다. 그래서 나는 아직도 덜 철 든 속절없는 나그네마냥 20대의 감성과 30대의 이성 사이에서 살고 있다. 그리고 이렇게 나는 매년마다 가는 겨울과 함께 낡은 여자를 보내고 오는 봄과 함께 새 여자를 만난다. 오는 새 여자와 함께 가는 낡은 여자는 괴롭고 슬프지만 그것은 나의 마음에서뿐이다. 얼마나 얄팍하고 얄미운 인간의 교활함인가, 가는 낡은 여자를 슬퍼하고 괴로워하면서도 오는 새 여자를 기다리며 봄이 오는 소리에 귀를 강구는 나는 제발 이 봄이 슬픈 가을로 괴로운 겨울로 이어지지 말아주었음 하고 바라도 보는 것이다.

그런데 떠나가는 여자들은 정작 나를 돌아보며 픽픽거리고 웃는다. 별 웃기는 아저씨 다 보겠네. 걱정 좀 붙들어 매서! 또 다른 남자들을 만나면서 언제라도 낡은 여자였던 어제가 있었던가 싶게 다시 새 여자로 거듭나는 낡은 듯 새 것인 듯, 이 새봄과 함께 가는 겨울과 함께 사라지는 것이 아니라 내 앞에서 당당하게 달려가는 여자들이야말로 세월이 인간 남자들에게 주고 가는 선물인지 아니면 생활이 남자 인간들에게 주고 가는 선물인지 잘 분간이 안된다.

결국 오는 새 봄을 맞아 당당하게 가지 못하면서 맨 꼴찌에서 나보다 뒤에 떨어진 누가 있는가 하고 돌아보면서 슬퍼하고 괴로워하는 나만큼 어리석고 진짜로 슬픈 남자도 있을지 싶다. 알고 보니 겨울과 함께 사라지는 낡은 여자는 하나도 없다. 뒤늦게야 모두가 내 앞에서 먼저 뛰어가고 있음을 발견하고 당황해진다. 아니 내가 어느 때라고 아직도 가는 겨울의 슬픔을 더듬고 앉았단 말인가, 만약 내가 이 슬픔 속에서 푸근한 유쾌와 애틋한 느낌을 받는 것을 즐기는 시시껄렁한 남자라면 어림없이 새봄에 만나게 될 어린 새 여자도 불과 한해를 못 넘기고 나를 낡은 아저씨라고 싫어하며 떠나버릴 것은 틀림없다. 어쩌면 나를 버리고 달아나버린 낡은 여자들 모두 낡은 내가 싫어서 같이 낡아질까봐 혼자 새 것이 되자고 이 봄을 맞아 먼저 가고 있는 것일지도 모른다.

그런데도 그렇게 봄을 바라고 먼저 가버린 여자들을 겨울과 함께 사라진 낡은 여자로 착각하면서, 그 여자들과의 어제를 추억하는 것을 향락하며 보내는 멍청한 나의 겨울이 얼마나 시시했고 오는 나의 새봄이 얼마만큼의 찬란한 것인지는 오직 이 새봄과 함께 오는 새 여자만이 알 것이리라!

그래서 새 봄을 맞는 것은 나에게서 다만 한순간에 사라질 수도 있고 짓밟힐 수도 있는 운무나 잔디같은 것이 아닌 영원히 낡지 않고 계절계절을 새 여자로 살 수 있는 인간 여자들의 경이로움을 다시 한번 경험하는 순간들이 되기도 하는 것이다. 보라. 저 하늘을 달리며 땅 위의 녹음을 스쳐오는 맑고 향기로운 바람처럼 내 삶으로 다가오는 것이 있다. 비록 빈한하여 가진 것이 없다 할지라도 이러한 때 이 봄과 함께 오는 여자가 있으므로 하여 모든 것을 가진 듯하고 비록 마음이 가난하여 가는 겨울만 돌아보면서 오는 새봄을 감히 쳐다보지 못하더라도 지금 저 하늘을 달리며 녹음을 스쳐오는 새 여자는 다음 순간에라도 모든 것을 다 가져다줄 듯하지 아니한가!

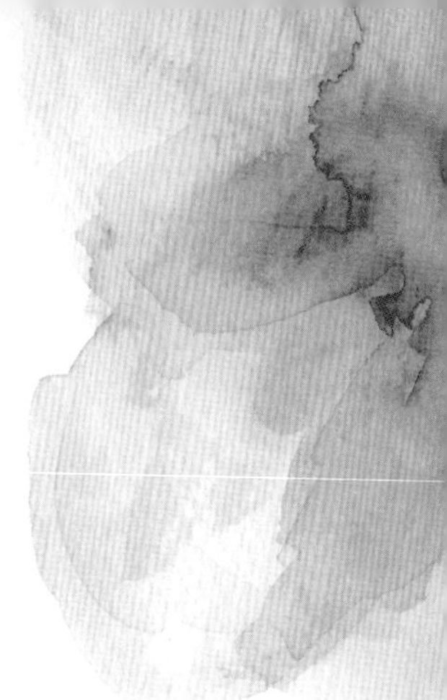

이 가을에 붉게 익는 단풍처럼

이제 조금만 있으면 봄에 피어났던 만산편야(滿山遍野)의 온갖 생명들이 열심히 노력한 결과를 열매 맺고 그 결실을 축하하려 멋진 단풍(丹楓)이 하늘과, 땅과, 산과, 들을 뒤덮을 것이다. 이 좋은 단풍 드는 가을의 흐드러지는 절정(絶頂)을 만약 누구라도 만끽하지 못한다면 그것은 얼마나 무서운 일인가, 점점 차가워져가는 가을이지만, 그래도 아침저녁으로 바람은 신선한데, 어느덧 초록이 지치다 지치다 단풍 드는 이 익어가는 가을의 그리움이 나를 잠재우지 않고 이 밤에도 내가 사랑하는, 나의 여자를 사무치게 그리게 만든다면, 나는 만산홍엽(滿山紅葉)으로 붉디붉게 타는 가을 산(山)에 가지 않아도 좋다. 그 가을 산에서 층층 암봉마다 돌연(突然)한 유혹(誘惑)처럼 불타는 단풍을 보지 못해도 좋다. 그리고 그 고운 단풍잎에 비끼는 가을 햇살을 받지 못해도 좋다. 또 그리고 한바탕 단풍이 훑고 지나간 이 만추(晩秋)의 늦가을 산에 장관(壯觀)으로 너울대는 은빛꿈을 보지 못해도 좋다.

단풍이 익어가는 소리가 들려오는 이 고요하니 즐거운 밤에 만약 초롱초롱 맑게 괸 샘물 같은 눈으로 나를 지켜보고 있는 사랑하는 여자가 있다면, 그 여자는 필시(必是) 여름 내 푸르렀던 나무들이 붉은 색으로 곱게 치장을 마치고 요염한 자태로 나의 앞에 나서는 단풍 같은 여자가 아닐 수 없다. 방금 샤워를 마치고 아직도 몸에 이슬 같은 물방울이 반짝이는, 그런 빛나는 찬란한 열매가 과연 이 가을에 나에게서도 맺혀지려는지는 아직 잘 모르겠지만, 정말 사랑이라는 것이 단풍처럼 익는 멋은 좋은데, 다시 단풍처럼 금방 시들고 추풍낙엽(秋風落葉)으로 스러져가는 것이라면 나의 슬픔은 더 이루다 말할 수가 없을 것이다.

그래 단풍을 사랑하면서도 단풍과 만나기 저어하는 까닭은, 사랑은 차라리 단풍처럼 새파랬다, 새빨갰다, 샛노랬다하기보다는 늘 한 가지 색으로 언제나 변함없이 그 자리를 지키고 있었으면 좋겠다는 염원(念願)을 품고 있는 까닭이다. 그렇게 아름다운 단풍이라도 단풍들지 말고 높은 산 정상(頂上)의 소나무처럼 언제나 홀로 지내며 다가오는 그리움을 위해 그 자리를 지키며 늘 변함없는 마음이 되어준다면, 나는 얼마나 행복할 것인가, 그래 이 밤에도 바람이 불어오는 별빛 총총한 하늘을 바라보면서 하늘과 함께 익어가고 있는 내 마음의 단풍을 그리는 것이다.

아, 단풍 같은 여자, 내가 사랑하는 그 여자는 아침저녁으로 선선한 기운이 문득 가을의 문턱에 다가섰음을 느끼게 하는 파란 하늘과 같은 매력으로 소리없이 다가와 나를 유혹한다. 파란 하늘, 따사로운 햇살 아래서 웃고 있는 그 여자의 예쁜 얼굴과 아름다운 가슴에서는 또 언제나 가을바람이 불어오려는지, 아니면 또 언제나 그 가슴에서 짙은 녹음을 뽐내고 푸른 숲과 같은 맑은 눈속에서 막 익어가는 단

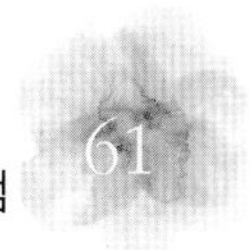

풍처럼 넉넉하고 고향집 같이 아늑하게 나의 그리움 속으로 소리도 없이 조용히 다가와줄 것일는지.

그리움으로 타는 이 밤이 아직 샐 때가 멀고 사랑하는 나의 여자와 만날 때도 아직 되지 않았다. 이제 나는 누가 물빛까지 빨강으로 물들이는 비경(秘境)의 단풍을 준비하고 와달라고 청해도 가지 않는다. 오곡이 무르익고 단풍이 곱게 물드는 수확의 계절이자 결실의 계절, 조석으로는 바람결이 한결 선선하다 못해 오싹함까지 느껴지는, 그래서 낮에는 아직 늦여름의 잔서(殘暑)가 기승을 부리는 이 단풍 속으로 누가 오라고 청해도, 누가 나랑 함께 단풍의 햇살 밑에서 알몸을 내놓고 살을 비비자고 해도 그 같은 아량(雅量)은 아직 받아들이지 못하는 것이다.

묻노니, 뉘라서 단풍은 죽음의 서곡(序曲)이라고 했느냐, 뉘라서 생명 없는 아름다움이라고 했느냐, 뉘라서 빨강, 노랑, 갈색 등의 단조로운 색채만으로 복잡하고 어지러운 인간사(人間事)를 아로새기듯이 지금 이 산과 저 산에서 인생의 마지막 농염(濃艶)으로 활활 불타고 있는 것이라고 했느냐, 저기를 보아라, 끝없이, 또 끝없이 붉게 타는 저 사랑의 신비(神秘), 붉게 타오르는 단풍 아래서 벌써 여자는 어느새 나의 앞에서 샤워마친 몸을 닦으며 방긋이 웃어 보이고 있다. 한번 웃을 때마다 단풍잎이 하나, 둘씩 떨어지고 있다. 시나브로 부는 바람에 단풍잎이 우수수 날린다. 표정이 애틋하다.

여자여, 그러나 떨어지는 단풍을 보고 슬퍼하지는 마라. 바람이 단풍잎을 때렸다고 탓하지도 마라. 잎은 피었을 때부터 이미 단풍이 되고 낙엽이 되어 떨어지는 그 필연성(必然性)의 첫걸음을 내딛고 있는 것이 아니고 무엇이더냐, 내가 만약 이 단풍 익는 가을에 기다림을 배워내지 못한다면 나는 희망도 행복도 다 잃어버릴 수도 있게 되지 않겠느냐. 때문에 이 단풍과 함께 기다림은 기다림을 낳고 그 기다림 끝에 또 기다림이 있음을 나는 받아들이고, 기다림이라는 인내를 배워가면서 잠시나마 어두운 터널 속에서 반드시 희망과 광명을 바라고 자맥질해 갈 것이다.

오로지 단풍으로 물든 나의 사랑하는 여자만 있으면, 언젠가는 그 불길이 단풍과 함께 스러져버릴 것이지만, 나는 아무런 걱정도 하지 않는다. 오히려 혼자 이렇게 그리움을 배우고, 그리움을 익혀가며 사는 동안 여자로 사색(思索)하고 사랑으로 성찰(省察)하는 내 마음의 단풍은 결코 스러지는 일은 없을 것이다. 아름답긴 하지만 향기가 없는 단풍, 그 자신이 매달려 있는 삶과 죽음의 경계(境界)에서 언젠가는 스러져가는 단풍의 황홀한 비감(悲感)을 극복하고, 떨어져 나뒹굴면 처연하게 아름다워지는 이 만추(晩秋)의 계절을 나는 내가 사랑하는 여자와 함께 모든 고난을 이겨낼 것이다. 내일을 향하는 출발선에 매달려 인욕(忍辱)과 자비(慈悲), 화엄(華嚴)을 믿고 단풍 익어가는 소리를 귀에 들으며, 사랑하는 내 여자의 가슴에 만취하여…….

창녀예찬

3

창녀예찬

꽃처럼 붉은 울음을 밤새 울었다

恨의 表證

죽음까지 파고드는 에로티시즘

아아, 그때 이미 그대는 홀로 있지 않을 것이다

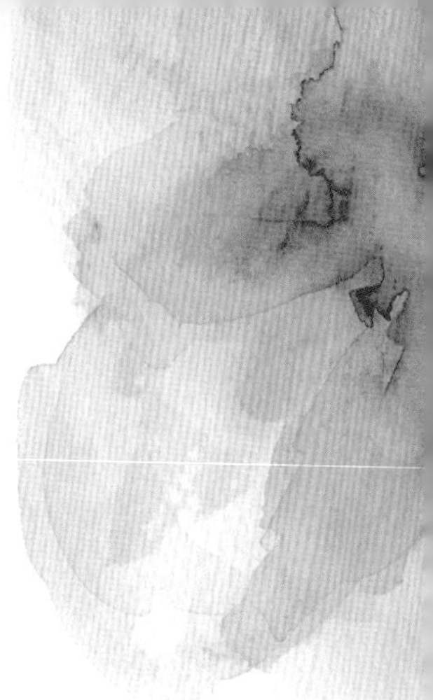

창녀예찬

나는 창녀(娼女)들의 몸 파는 암창가(暗娼街)에 몇 번 가보았던 적이 있다. 연변(延邊)에서도 가보았고 서울에서도 가보았고 동경(東京)에서도 가보았다. 그런데 단 한번도 또렷하게 몸 파는 창녀의 얼굴을 본 일은 없다. 하나의 여자로 태어나서 몸을 팔며 살 때, 나는 창녀라는 그 생탄(生誕)의 역사가 무섭도록 유구(悠久)한 것은 알지만 창녀라고 할 때면, 역시 같은 여자로서의 창녀의 몸 자체에는 어디에 따로 더 발전(發展)된, 내가 모르는 신비스런 특점(特點)이 있는지 모르겠다. 오직 돈이라는 악물(惡物)과 남자라는 환경이 있을 뿐이라고 생각했을 따름이었다.

그러나 이 환경에 대한 초연(超然)한 각성과 자극(刺戟)과 노력이 없이는 창녀들에게서 정신이라는 아름다운 신비(神秘)가 있다는 것을 알 수 없다. 더도 말고 창녀가 술상을 배석(陪席)하고 앉아 우리들에게 추파를 던져올 때에 그 꼬리 치는 양을 나는 정으로 대하지 않을 수 없고, 진한 향수(香水)로 뭇 사내들의 배설(排泄)물이 적시고 갔던 몸을 숨겼더라도 냄새보다는 창녀의 허리 아랫도리 자체를 탐(貪)하기에 더 급급하다는 것을 부인하지 못하겠다. 그런 때에 일단의 돈은 잠시 제쳐놓더라도, 금방금방 옷을 잘 벗는 창녀, 그것은 얼마나 오랫동안 그 유(柔)한 '창녀정신'으로 남자들에게 끼친 바가 많고, 세상에 끼친 바가 많고, 나아가서 인류(人類) 자체에 끼친 바가 많은 것이겠는가. 다시 돈으로 돌아온다. 하기야 돈 때문에 몸을 내놓고 뱀처럼 나의 몸 위로 기어오르는 창녀라도, 창녀는 불행한 인류의 행복된 순간의 첫 혈(血)을 만든 뱀의 역사에서부터 시작된 것이기 때문에 절대로 멸시할 수는 없는 것이리라.

그래서 나는 창녀와 섹스를 시작할 때 가끔씩 땅을 기는 달팽이를 상상한다. 인내의 본체가 구현된 것 같고 하늘을 나는 솔개같은 숭고(崇高)한 정신(精神)이 그 기상(氣象)으로 드러남을 보게 된다. 이를테면, 창녀기 몸만 팔고 절대로 영혼은 팔시 않는 것이라던가, 시간당으로 몸을 내어놓음으로써 오로지 제한된 돈만 받을 뿐, 절대로 일생동안 무제한(無制限)으로 영혼까지 팔아가며 한없이 백성들의 것을 사취(詐取)하는 무리들과는 완전히 다른 것이라던가, 또는 생활이 어렵거나, 좀 더 나아가서 돈에 대한 탐심(貪心) 때문이라고 해도 좋지만, 몸과 영혼과 육신(肉身)까지 모두 바쳐가며 신비(神秘)와 우상(偶像)의 노예(奴隷)로 되지 않는 것은 참으로 아름다운 것이다. 그럼으로써 나는 창녀야말로 우리 시대 정인군자(正人君子)들의 삶의 표본(標本)이 되기에 전혀 부끄럽지가 않다고 생각한다.

어디 그뿐인가, 더욱 위대한 것도 있다. 창녀는 언제나 진실(眞實)을 말하기 때문이다. 아무리 진한 화장(化粧)으로 위장(僞裝)했다고 해도 창녀는 어차피 진실을 말하게끔 되어 있는 것에 감탄(感歎)하지 않을 수 없다. 더욱이는 기분에 따라서 진실한 몸을 아무렇게

나 내치는 호쾌(豪快)한 멋도 있지만, 그래도 변색(變色)하지 않는 진실한 창녀에 비해 얼마나 많은 유독(惟獨) 창녀를 제외한 이 세계의 모든 인류의 정치인들, 예술인들, 학자들, 교수들은 매일과 같이 진실을 말하지 못하고 살며, 종당에는 진실을 말하는 남들까지도 진실을 말하지 못하게 만들고 있는 것인가, 그래서 차라리 진실없는 세상을 재미없게 살 바에, 내가 몸 파는 창녀들의 암창가를 즐겨 찾는 것은, 그곳에서야말로 꾸밈없고 숨김없는 인간의 참다운 진실이 교역(交易)되고 있기 때문이다.

돈만 내놓으면, 꼭 몸을 준다는 믿음과 돈만 내놓으면 꼭 몸을 가질 수도 있다는 진실된 게임을 출연하는 아름답고도 소박한 세상이기 때문이다. 멋지고 또 멋지다. 피와 산소로 유지되는 창녀의 몸은 아플 수도 있고, 썩을 수도 있으나, 그러나 믿음으로 거래하고 거래의 값어치가 분명한 창녀들에 비해 권좌를 틀고 앉아 평생 동안 탐심을 부려오는 인간들과 그 인간들과 함께 동조동락(同助同樂)하는 노예(奴隷)들은 창녀들의 그 멋지고 소박하고 깨알 쏟아지는 돈과 몸과 진실과 자유의 가격표(價格表)를 알 도리가 없는 것이다. 그래서 나는 그 가격표야말로 영혼을 팔아서 백성의 재물을 사취하는 것이 아니고 당당하게 자기 몸을 팔아서 자기가 챙기는 것이기에, 거기에는 '매음사상(賣淫思想)'이나 또는 '창녀이론(娼女理論)' 같은 것이 전혀 필요없다고 주장한다.

가진 그 몸 하나 밖에는 다른 아무런 세력(勢力)도 없기 때문에, 세력을 믿고 어진 사람들만 못살게 구는 이 세계의 더러운 법률 앞에 생쥐마냥 떨고 있는 창녀들도 역시 그 어진 사람들 속의 한 부류로 소속(所屬)시키고 싶다. 사상(思想)과 이론(理論)이 없다보니 배설(排泄)을 마친 사내들이 한시라도 빨리 떠나줍시사 고대(苦待)할 뿐 절대로 자기와 한 맘이 되거나 또는 비뚤어진 사설(邪說)로 세뇌(洗腦)시켜 모조리 자신의 노예로 만들려고도 하지 않기 때문에 창녀의 몸은 열 번 죽었다가 백 번 다시 태어나도 더러운 전체주의(全體主義)는 하지 않는다. 다시 말하자면 창녀야말로 영원한 민주주의(民主主義)이며, 그 민주주의를 빛내는 인류의 아름다운 꽃이다.

누가 들어보았는가, 창녀들에 의해 나라가 망했다는 소리는 없다. 그러나 영혼을 팔아먹는 자들에 의해 나라가 망한 사례는 얼마든지 있다. 세계 첫 사회주의 공산대국 소련이 그렇게 무너졌다. 뿐만 아니라 오늘도 사회주의 국가들에서는 자체(自體)의 내부(內部) 부패(腐敗) 때문에 자신들의 집권정당(執權政黨)이 무너질 수도 있다고 자성(自省)하고 경계(警戒)하고 있다고 한다. 그렇다면 나는 그들에게도 한마디 호소하고 싶다. 철저하게 샤워하고, 철저하게 콘돔을 사용함으로써, 음(淫)과 창(娼)의 소산지(所産地)요, 창녀와 창남(娼男)들의 도매소(倒賣所)에서 백천(百千)사내들과 살을 부비고 지내면서도 귀신같이 건강(健康)을 지켜내는 창녀들의 섭생법(攝生法)을 배우라고 말이다.

이제 나는 인류가 손쉽게 주어 댈 수 있는 행복들 가운데, 오늘도 이렇게나 큰 행복을 만들어내고 있는 창녀들의 당당한 참여를 인정(認定)해야 한다고 주장한다. 어차피 사내들 앞에서 창녀들의 위력(威力)은 누구보다도 좌상(座上)을 차지하게 될 것임은 분명하다. 그리고 펼쳐질 찬연(餐宴) 앞에서도 창녀들은 언제나 배불리 먹을 것이다. 왜냐하면 그들의 삶은 숨김이 없는 사내들의 적나라(赤裸裸)한 몸통과 함께 하기 때문이다. 만약 세상에 어떤 기아(飢餓)가 닥쳐 인류의 모든 짐승들이 다 굶어죽더라도 창녀들의 기사(饑死)는 멀리 사내들의 후(後)에 속하는 것이므로, 이 역시 사탄이 아닌 사랑하는 하나님께서 주신 복(福)이 아닐까 하고 생각한다. 다시 암창가에 놀러갈 기회가 생긴다면 그때만큼은 꼭 창녀들의 얼굴을 똑똑하게 들여다보아야겠다.

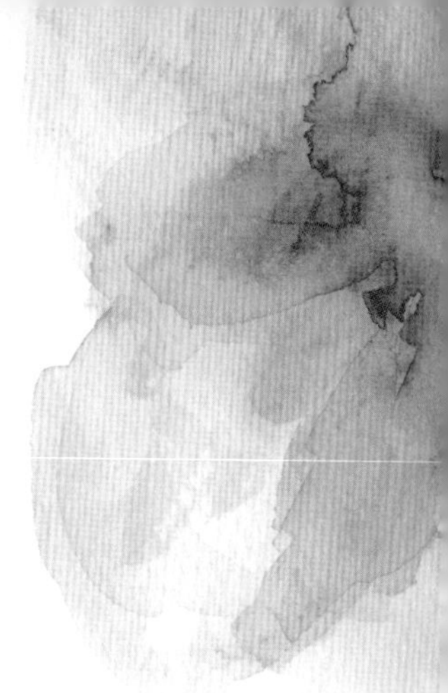

꽃처럼 붉은 울음 밤새 울었다

칠 년 전에 겪었던 일이다. 그때 나는 연길에서 사십여리 떨어진 오도 저수지와 가까운 팔도(八道)라고 부르는 한 자그마한 진촌(鎭村) 밖에서 십여 일을 숨어지냈던 적이 있었다.

그해에는 웬일인지 일이 잘 풀리지 않아 하는 일마다 망가지고 가는 곳마다 골탕만 먹었다. 팔도 천주교의 젊은 신부가 나를 보고 밤에는 성당에 들어와서 자도 된다고 권고했지만 의심이 많은 나는 신부를 믿을 수가 없었다. 나이도 많지 않은 젊은 신부가 안전부나 또는 공안국에 몰래 전화를 할지 누가 알겠는가.

신부는 나에게 낡은 이불을 한 채 가져다주었다. 성당과 가까운 산언덕에는 빈 초가집이 있었다. 성당에서 지어놓은 것이었다. 몸이 아파서 병을 치료하려고 팔도에 찾아오는 사람들이 가끔 있다고 하는데, 전염병자들은 성당에 들어오지 않고 초가집에서 묵었다. 성당에서는 쌀과 소금을 주었다. 채소는 누가 심어놓았는지 배자 안에 고추와 가지, 열콩 등 없는 것들이 없었다. 토마토도 있었다.

밤중에 배가 고파 토마토를 뜯어먹으려고 나왔는데 뒤에서,

"며칠만 지나면 익을 텐데요."

하는 나지막한 여자의 목소리가 들려왔다. 뒤를 돌아보니 아무도 없었다. 나는 환청(幻聽)인 줄 알고 토마토를 손에 든 채로 한숨만 푹 내쉬었다.

"내가 어쩌다가 이 모양이 됐나, 이러다가 정말 정신병이 올지도 모르겠구나."

혼자 중얼거리고 있는데 그때 뒤에서,

"유 선생님, 무슨 속 탄 일이 있으세요?"

하고 방금 여자의 목소리가 다시 울렸다. 목소리만 울리고 사람은 보이지 않는지라 나는 소름이 오싹했다.

"누구세요? 어디 있나요?"

소리치며 물었더니 바로 뒤에서 여자가 가볍게 웃는 것이었다. 나는 다리가 떨리고 몸이 굳어져버려 뒤를 돌아볼 수가 없었다. 여자가 나의 앞으로 왔다. 휠체어에 앉은 여자였다. 휠체어를 밀고 같이 온 사람이라도 있나 보았지만 여자는 혼자였다.

"어떻게……."

눈이 둥그래서 내려다보는 나에게,

"유 선생님, 저랑 이야기해요."

하며 여자는 나를 쳐다보았다. 목소리는 명랑한데 눈빛이 흐릿했다. 말하는 도중에도 줄곧 손을 들어 입을 막고 말했다. 나는 체념하고 머리를 끄떡였다. 어차피 내일 날이 밝으면 팔도를 떠나야겠다고 생각했다. 여자가 나의 이름을 알고 있은 것은 신부에게서 들었기 때문이었다. 수필 10여 편을 발표한 적 있다는 신부가 연변문단에 아는 사람들이 있었으므로 나에 대한 소문을 들었던 모양이었다.

"신부님도 들은 소문이라면서 확실하지는 않댔어요."

여자는 그때까지도 계속 손으로 입을 가리고 나를 쳐다보며 말했다.

"신부가 뭐라 합디까?"

"유 선생님이 반혁명활동을 하다가 여기 도망쳐왔다고 합디다."

"반혁명활동? 제가요?"

"네."

"모해(謀害) 받은 건데……." 하고 나는 대답했다.

"네. 신부님 말씀이 혹시 사실이 아닐 수도 있다고 했어요."

이러며 여자는,

"참, 반혁명이라는 건 문화대혁명 때 말이 아닌가요. 지금도 이런 죄를 짓고 다니는 사람이 있나요? 올해 3·8절 날에 텔레비전에서 선생님 소개하는 거 본 적 있었거든요. '새천년연변'에서도 나왔었죠? 많이 궁금했어요. 보고도 싶었고요. 그런데 사실이 아니면 왜 여기까지 와서 숨어 지내나요?"

"너무 원한이 깊어서요."하고 나는 어느 사이인지 깊은 밤에 산속에서 만난 여자와 오랜 친구같이 정답게 이야기를 나누고 있었다.

"저 좀 밀어주세요."

나는 뒤에서 휠체어를 밀어주었다. 내가 뒤에 서자 여자는 입을 가렸던 손을 내렸다. 달빛이 밝은 산속길을 걸으면서 여자는 갑자기 손을 들어 앞에 있는 자그마한 공지를 가리키면서 말했다.

"저기 가면 제가 일어설 수 있어요."

여자는 말하는 도중에 내내 입을 막고 있었던 손을 내리며 휠체어를 미는 나의 손을 쥐었다. 나는 휠체어를 밀고오는 동안 흠뻑 감상에 잠겨 있던 터라 말없이 손등에 얹어지는 여자의 손을 꼭 잡아주었다. 그리고 애달픈 여자의 이야기를 들었다.

"선생님! 댄스 출 줄 아세요? 제게 댄스를 가르쳐주었던 선생님이 후에는 저의 남자가 되었었죠. 나이 많은 선생님을 저는 아저씨라고 불렀어요. 그런데 글쎄 제가 임신 중에 아저씨가 제 사촌동생이랑 바람이 난 거예요. 사촌동생은 술집 다니던 여자였어요. 천성이 남자들을 잘 낚아요. 근데 글쎄 다른 때도 아니고 하필이면 제가 임신 중인데 저를 몰리고 몰래 사촌동생이란 잔 거예요. 얼마나 원한이 깊던지 저는 아저씨와 사촌동생, 둘이 자는 방에다가 불을 질렀어요. 사촌동생은 불에 타죽었어요. 아저씨! 나는 아저씨를 사랑한답니다. 얼굴 피부가 불에 타서 다 떨어졌어요. 나는 나의 몸에 살을 뜯어 아저씨 얼굴에 이식시키려고 했어요. 그런데 이식되지 않아요. 여기 다리랑 허리랑 뜯을 만한 데 살을 다 뜯어냈어요. 온몸이 만신창이 되도록 뜯어냈는데도 제 살은 아저씨 피부에 붙지 않는대요. 아저씨는 온 일굴에 붕내를 감았기 때문에 나를 보지 못하였어요. 나도 얼굴만 무사했지 온 몸이 상처투성이 됐죠. 슬퍼 우는데 채 아물지 않은 상처에서 피가 나와 붕대가 다 젖었어요. 제가 자꾸 우니까 의사들의 말이 제가 죽을 수도 있다지 않겠나요. 차라리 죽을 수 있었음 얼마나 좋겠어요. 피부이식이 안되자 아저씨도 자살해버렸어요."

여자는 여기까지 이야기하고 갑자기 손에 힘을 주더니 천천히 일어서기 시작했다. 나를 돌아보며,

"나 춤추는 거 봐요."

하며 눈에 눈물이 그렁그렁해져 있었는데, 눈물 때문에 눈동자가 보이지 않았다.

"아저씨!"

하며 감격에 떨리는 듯 나를 불렀다. 나는,

"오!"

하고 혹시라도 넘어질까봐 여자를 붙잡으려고 손을 내밀었다. 그러나 벌써 여자는 휠체어에서 일어나 앞에 보이는 숲속을 바라고 달렸다. 혹시나 불에 타죽은 사촌동생과 함께 사라져버렸다는 남자의 영혼이 살아나는 게 아닌가 하여 등허리에 찬 땀이 쭉 흘러내렸다.

"아저씨 오지 마요! 가까이 오면 비참해져요. 아직도 원한이 가시지 않았어요. 원한 때문에 피가 자꾸 끓었어요. 나의 몸에서 뜯어낸 살이 아저씨 피부에 이식되지 않았던 것도 원한 때문이라고 그랬어요. 그렇게 사람을 죽이고 아저씨까지 다 불에 태워놓은 나의 얼굴도 처참해졌어요. 햇빛을 볼 수 없어요. 낮에 나를 만나는 사람들은 나의 눈에 눈동자가 보이지 않는다고 그래요. 그리고 울 때는 입술과 턱에 살들이 고름처럼 뚝뚝 떨어진대요. 이것이 어디 산 사람이에요. 시체가 아닌가요."

하며 여자는 설움이 가득 차오른 듯 달려가다가 몸을 지탱할 수 없어 나무에 기대고 이마를 박으며 울었다. 나는 온몸에 소름이 끼친 채 묵묵히 서서 여자가 정말 산 사람이 아니라 이미 죽어서 말하는 시체 같이 생각되었다. 밤중이라서 눈동자가 보이지 않고 흐릿하게만 눈구멍이 모두 새까맣던 얼굴이 생각났고 말하는 내내 손으로 입을 가리고 있었던 것도 다 원인이 있었다. 그러나 여자는 분명 나에게 말했고 또 나의 앞에서 뛰어가며 이렇게 울기까지 했다. 나무에 기대서서 한참 울다가,

"선생님, 그냥 이렇게 밤만 깊고 캄캄했으면 얼마나 좋겠습니까! 날이 새면 안 됩니다. 모든 원한과 증오를 이 어둠속에서 보내고 싶습니다. 그런데 사라져 주지를 않아요. 날이 밝으면 누구도 저를 못 봅니다. 저의 눈에는 눈동자가 없어요. 그리고 여기 살들이 다 없어져버려요. 고름처럼 뚝뚝 떨어진다고 그러네요. 그래서 저는 이렇게

밤에밖에 살 수가 없어요."

하고 말하며 여자는 손으로 기대고 섰던 나무를 미친 듯이 때려댔다. 나는 환청뿐만 아니라 이제는 환각현상까지 느끼게 된 것이겠다고 생각하며 여자를 내버려둔 채로 혼자 털털거리고 산을 내려 초가집으로 돌아왔다.

며칠 뒤에 팔도주변의 산속에서 사는 북한 탈북자들이 촌락으로 내려가 김치움에 들어가서 김치를 독채로 훔쳐가는 일이 발생하였다. 공안국 경찰과 무장경찰부대원들이 탈북자들을 잡으러 왔다가 아주 우연하게 나를 붙잡았다. 포승줄에 두 팔을 뒤로 묶이고 팔도진거리로 내려오는데, 마침 아침에 학교가던 소학교 학생들이 나를 향해 돌을 뿌리는 바람에 온 얼굴이 묵사발이 되고 말았다. 그때였다. 구경꾼들 속에서 "유 선생님!" 하고 부르는 여자의 울음섞인 목소리가 울렸다. 휠체어를 탄 아주 무섭게 생긴 여자가 돌에 맞아 얼굴에서 피가 흐르고 있었던 나를 바라고 휠체어 차바퀴를 힘차게 돌리며 쏜살같이 다가오고 있었다.

"얘들아, 이분은 좋은 분이란다."

"어머나! 문둥이 왔다. 눈이 없는 여자."

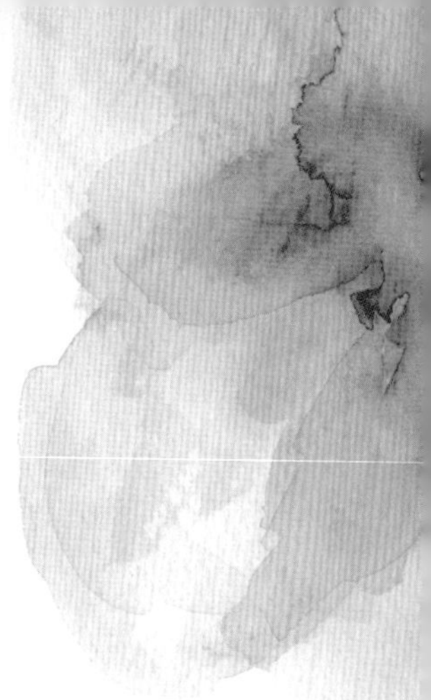

恨의 表證

"혹시 선생은 '사람닭'의 이야기를 들어보신 적 있나요? 사람처럼 자전거를 타고 다녔고, 사람처럼 말하던 여자였는데, 그 여자가 어느 날 갑자기 죽어버린 것입니다. 네, 황포강물에 뛰어들어 자살하였지요. 죽은 이튿날 외탄(外灘)에 그녀의 시체가 밀려나왔어요. 물론 옷은 몽땅 벗겨져 있었고요. 죽은 그 여자의 몸을 보았습니다. 아, 글쎄 입은 닭의 주둥이처럼 길게 삐져나왔고, 가슴도 닭의 가슴처럼 뾰족하더군요. 반쯤 뜬 눈은 흐릿했고, 뒤통수 쪽에도 분명하게 닭의 볏 같은 것이 삐져나와 있었어요. 사람이 아니고 사람 크기만 한 닭이었던 것입니다."

"네, 압니다. 만약 술에 취한 어떤 주정뱅이가 이런 이야기를 횡설수설(橫說竪說)했다면, 그것은 분명 주정뱅이의 꿈 이야기였을 것이지요. 그런데 오늘은 여기서 거짓말쟁이 소설가 유순호가 하는 이야기라서, 다만 과거의 한 고담(古談)으로 넘겨버릴 수도 있는 '사실 같은 거짓말'로 간주해도 좋겠다 이 말이지요. 즉 너무 심각할 필요까지는 없겠다는 것입니다. 그러나 그때 실제로 상해의 외탄(外灘)에서 살았던 적이 있는 나는 물론, 어떤 여자가 죽은 뒤에 한 마리의 큰 죽은 닭으로 변해버린 '거짓말 같은 사실'을 알고 있었지요. 어느 때 일이냐고요?"

"지금으로부터 정확히 20년 전의 일이었어요. 그때는 제가 과거 기생가(妓女街)로 불렀던 상해 제람교(提覽矯) 근처의 길바닥에서 거지들과 휩쓸려 밤을 보낼 때였지요. 아닙니다. 낮에는 주로 예원(豫園, 卽城隍廟)과 외탄(外灘, 卽黃浦江邊)으로 돌아다녔던 적이 있었습니다. 그때 웬일인지 끝없이 비가 내렸어요. 나는 예원 담벽가에 위치한 취향루(聚香樓)라고 부르는 한 조용한 다루(茶樓)에서 저물어 가는 비하늘을 하염없이 내다보느라 유리창에 이마와 콧등을 납작 붙이고 앉아있었답니다."

"그리자 하루는 다루의 주인이 나한테로 다가와 말을 선네는 거예요. '중화방(中華幇)'과 '동북방(東北幇)'이라고 부르는 이름있는 깡패들이 다루에 와서 무슨 내기를 하게 된다는 것이 아니겠습니까! 나더러 일찌감치 자리를 뜨라는 것인데, 내가 딱 거절했지요. 갈 데가 없어 계속 눌러앉아 있었는데, 아니나 다를까, 오후 3시쯤 되자 불쑥 나타난 '중화'와 '동북' 두 깡패무리들은 거지같은 나의 앞에 돈 30원을 내놓았고 자기들이 벌이고 있었던 퀴즈놀이에 참가해줄 것을 바라는 것이었어요."

"뭐냐고 물었더니, 아, 글쎄, 매일 아침과 저녁 예원의 담벼락 밑으로 '봉황표(鳳凰牌)' 자전거에 달걀상자를 싣고 가는 여자가 있다는 거예요. 그 여자의 얼굴에는, 그것도 일년 365일, 삼복 무더위에도 종래로 마스크를 벗는 일이 없었다는 것이었습니다. 깡패들은 내가 그 마스크를 한번 벗겨줄 수 없겠는가는 것이었어요. 그러면 돈 30

원을 주겠다는 것이었습니다."

"세상에!"

"성공하게 되면 물론 대가는 30원뿐이 아니었지요. 어쩌면 온 얼굴에 뾰두라지투성이였던 나는 상해에서 가장 아름다운 여자의 얼굴을 보게 되는 것이었지요, 또 여차하면 그 여자로부터 자신의 첫 얼굴을 본 남자를, 어쩌면 자신의 숙명남(宿命男)으로 간주하게 될지도 모른다 이 말입니다."

"그러나, 그러나 이 모든 상상은 빗나갔습니다. '중화'와 '동북', 이, 깡패무리들이 벌인 퀴즈는 그 궁금증자체를 훨씬 초월하는 것이었지요. 혹시라도 그 여자는 얼굴이 마마, 곰보는 아닌지, 토끼같이 생긴 언청이는 아닌지, 또 멧돼지같이 길다랗게 덧니가 빼드러져 나왔을 것은 아닌지, 뭐, 전부 이러루한 상상했던 것이겠지요, 그런데 그 여자가, 갑작스럽게 죽어버린 것입니다."

"나는 그 여자가, 물에 뛰어들어 자살했다는 말을 듣고, 정신없이 황포강으로 달려나갔고, 거기서 '외탄'의 오물 속에서 둥둥 떠오른 그 여자의 시체를 보았습니다."

"방금 물에서 건져낸 그 '사람 닭'의 몸에다가 흰 천을 덮어놓았는데, 천 바깥으로 살짝 빠져나온 발뒤축과 발바닥은 사람의 것이 틀림없었지만 발가락은 닭의 발가락처럼 약하고 기다랗게 벌어져 있었고, 그 발가락 끝머리에 밝혀 있는 발톱도 역시 닭의 발톱 바로 그것이었지요. 오래도록, 정말 오래도록, 그 여자의 죽은 모습을 잊을 수가 없었습니다."

"이 더러운 세계의 '말발'이, 약자였던 그 여자를 죽였던 것이지요, 그리고 그렇게 죽어서 사람 닭이 되어야 했던 약자의 사정과 체념에 가까운 운명관을 오래도록 느껴야 했습니다. 그래서 어찌했냐고요?

또 그 이야기입니다."

"그래서, 또 그 이야기입니다만, 그래서, '그다음은 어찌됐냐고요'가 아닙니다. 나같은 황당한 사람은 돌멩이를 주어들고 이놈의 사실같은 거짓말의 뒤통수를 아싹, 때려 부수고 싶지만, 그러나 살았을 때에 사람이었던 여자였다가, 죽어서 닭으로 변해버린 처량한 신세, 말 그대로 우리같은 약소민족의 영원한 표증(表證)이 아닐까, 또는 한(恨)을 품고 죽은 여자가 눈을 뜬 채로 시체가 마르기 시작하면 어김없이 닭의 모양으로 변한다는 사실을 잊은 것은 아닌지. 날마다 죽어가고 있는 한(恨)의 표증에서 어떠한 것을 목격하고 있는지 모르겠습니다. 더 뭐라고 말합니까, 자칫 잘못할 것도 없이 이미 잘못하지도 않은 채로 사실같은 거짓말을, 거짓말 같은 사실을, 우리는 스스로의 양심에 대고 감시를 붙이고 있지요."

"암, 붙여야 하고말고요. 양심과 함께 제기되는 것은 돈 없는 우리만의, 그리고 힘없는 우리 민족만의, 하하, 삼단논법(三段論法)이다 이 말씀입니다."

"네, 죽어 닭으로 변해버린 마스크를 끼고 다니던 여자, 20년 전에서부터 오늘까지도 죽지 않고 살기 위하여 빌어먹고 다니던 이놈의 더러운 세계, 하루도 쉴 새 없이 죄없는 여자를 닭으로 만들어놓았던 더러운 세계에서 오늘도 꼼지락꼼지락, 뭐가 일어나고 있는지 아세요? 음심(淫心)이다 이 말씀입니다."

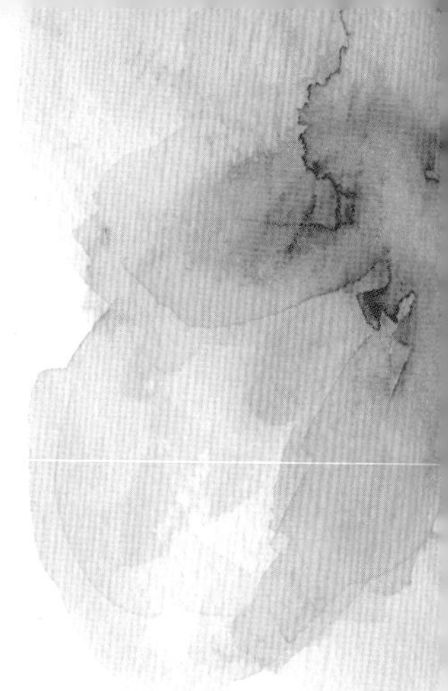

죽음까지 파고드는 에로티시즘

전 세계가 주목하고 있는 이안(李安) 감독의 신작 '색계(色戒)'를 보는 세계적인 시각이 각이(各異)하다. 중국에서는 많은 부분의 위험 수위를 넘나드는 정사(情事) 장면들이 삭제되었다고 들었다. 아마도 '색계'가 보여주는 벗은 남녀의 격렬한 육체의 부딪힘이 중국 관중들의 중핵지대(中核地帶)가 되었으리라고 본다. 또 이 부분을 관제(管制)하는 감독기관의 고도로 되는 신경도 이 같은 정사신에 있었음은 두말할 것도 없다.

아니나 다를까, 영화를 본 중국 관객들은 하나같이 입을 모은다. 영화 속의 두 주인공 남녀가 서로의 육체를 탐닉하는 과정에서 발산하는 뜨거웠던 정사신을 이야기한다. 남자가 여자를 묶어놓고 자신의 방식대로 섹스를 시작하는 장면에서 쨰듯하게 드러나는 나체를 이야기한다. 좀 허망하다는 생각이 든다. 미국에서 젊은 시절을 보내며 영화에 미쳐 평생 동안 할리우드만 바라고 달려왔다는 이안 감독의 '색계'를 보고나서 이 수준의 담론(談論)밖에 하지 않는다면 무엇보다도 이안 감독에게 미안하고, 사랑 때문에 자연인 막부인이 되어 한적한 거리에서 나른하고 편안함을 간직한 표정으로 독약캡슐을 만지작거리는 영화 속의 주인공 왕쟈즈(王佳芝)의 아늑한 미소가 억울하다는 생각을 해보았다.

어쩌면 영화의 마지막 부분에서 빚어지는 화려한 다이아몬드가 인간 역선생(易先生)의 한순간이나마 순수했던 마음을 상징하는 것이라고 보여지기에는 영화미학상의 균열이 조장되며, 이 영화를 본 관객들로 하여금 충분하게 이 영화는 충격적인 정사신에 포커스를 잡은 한편의 에로티시즘 그 이상도 이하도 아니라고 볼 수 있을지 모른다.

그러나 이 영화를 만든 이안 감독은 지극히나 코스모폴리탄적 면모를 지닌 사람이라는 사실을 오늘 말하고자 한다. 즉 이안 감독은 중국인이면서도 공산주의 중국인들과는 거리가 먼 대만인(臺灣人)이다. 요즘 미국의 대만인들이 "당신은 차이니스입니까?"고 물으면 "아닙니다. 타이완니스입니다."고 대답하는 대만인 출신의 미국 사람이다. 그럼에도 젊은 시절을 미국에서 보내며 미국에서 영화를 배웠으나 그가 만들어서 흥행을 떨친 유명한 '와호장룡(臥虎藏龍)' 같은 영화들은 전부 중국인의 이야기를 만든 것이다. 다시 말하자면 중국인이면서 미국에 동화될 수 없고, 미국에서 살면서도 중국을 버리지 못하는 그와 유사스런 이방인의 삶을 살아가는 사람들은 한번쯤은 같은 고민 속에 빠져들지 않을 수 없다.

'색계'를 만들 때에 이안 감독의 가장 큰 고민도 역시 똑같은 이방인으로써 애국주의라는 가장 사회적인 관념과 에로스라는 가장 비사회적인 충동이 맞부딪히는 지점에서, 특히나 애국주의와 공산주의 사상에 투철한 중국정부와 그의 국민들이 이 영화를 보고 일으키게 될 거부반응에 대하여 심각하게 고민하지 않을 수 없었을지도 모른다.

분명한 중국인이면서도 '차이니스'라는 말을 거절하고 '타이완니스'라고 부르기를 원하는 대만인 출신의 미국사람들이나, 뿌리는 한국, 또는 조선에 두고 삶은 중국에서 살아온 조선족들, 그러나 지금은 세계화의 시대를 만나 한국, 일본, 러시아, 미국, 유럽으로 뿔뿔이 흩어져나가고 있는 조선족의 디아스포라들의 이방인적 감수성은 '색계'를 어떤 시각으로 볼 것인가를 생각해보았다.

한국에서 공부 중인 한 대학원생은 이 영화를 보는 도중에 퍼뜩 스쳐간 여인이 있었다고 한다. 사랑 때문에 조국을 배반하고, 부모를 배신하고 끝내는 자신의 목숨마저 내놓아야 했던 비련의 주인공 낙랑공주, 그런데 일본에서 공부 중인 다른 한 대학원생은 미시마 유키오(三島由紀夫)의 『우국(憂國)』이라는 소설을 이야기한다. 자위대 건물 옥상에서 일본 군국주의의 부활을 외치고 할복자살한 극우파 소설가다. 섬뜩한 비장미로 치장된 몰아적 애국심을 예찬하는 데서 사랑은 희생될 수밖에 없다. 만약 그런 때에 사랑을 빌미로 희생을 거부한다면, 누구라도 애국심과 민족애라는 무거운 이데올로기의 장벽을 타고넘어 자기 내면의 검열관마저 따돌리고 민족의 배신자와 심장까지 관통하는 뜨거운 정념을 나누었던 영화 속의 여주인공과 같은 운명에 놓여지게 될 수 있다.

여기까지 쓰고나니 내가 말하고자 하는 이안 감독의 '색계'에서 받은 감상을 다 말한 것 같다. 벗은 두 남여 주인공의 나체와 섹스 도중에 흘러나오고 있는 신음은 무엇을 말하는 것일까, 그냥 섹스 그 자체로 받아들이기는 멋없다. 섹스 그 자체가 파격적이고, 파격적인 것이 바로 미국 영화라는 중국 관객들의 상식은 깨져야 한다. 결국 섹스란 모든 것을 벗어던진 채 알몸과 알몸이 만나는 원초적 동물성

만이 갖고 있는 그 감각(感覺)의 제국(帝國)에서 펼쳐진다. 인간이 가질 수 있는 자기만의 세계, 과연 대의(大義)와 민족을 위한다는 명분(名分)이라면 그 세계에까지 부수고 들어가 한 인간의 깨끗한 육체와 순수한 마음을 그토록 손쉽게 도구적 수단으로 이용해도 되겠느냐는 질문을 '색계'가 조심스럽게 던지고 있는 것이다.

그리고 거기에 대한 대답도 벌써 여주인공의 입을 빌어 우리에게 들려주고 있다. 섹스 도중에 여자의 몸으로 빨려들어가는 것은 남자의 나체가 아닌 두 남녀의 사회적 정체성이다. 오로지 정사중인 여자만이 토해내는 고백이 울려 퍼진다.

"뭘로 사로잡아요? 내 몸으로? 당신은 그를 몰라요. 날 안을 때마다 그는 마치 뱀처럼 내 안으로 파고들어요. 난 노예처럼 그를 받아들이고 충실히 내 역할을 다해 그의 맘을 얻어내죠. 내가 피를 흘리고 고통의 비명을 질러야만 그제야 절정에 올라요. 그는 내 반응이 가짜가 아니란 걸 알죠. 이러다 사로잡히는 건 내가 되고 말 거에요."

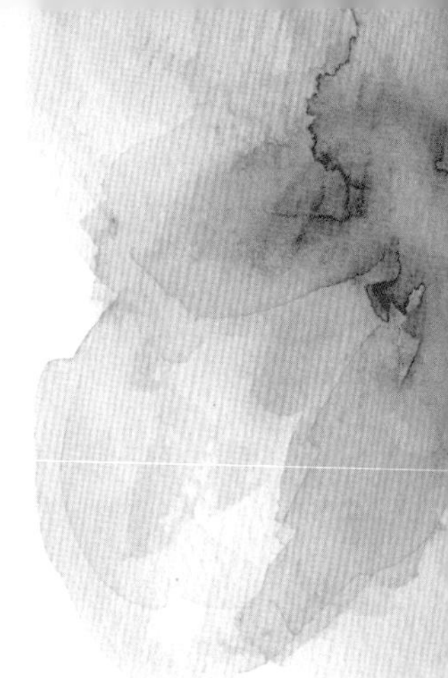

아아, 그때 이미 그대는 홀로 있지 않을 것이다

내가 눈을 뒤통수에 달고 다니던 총각 시절에, 여기저기서 만났던 혼자 사는 여자 중에는 그렇게 잘나지 못한 여자들이 대부분이지만 그러나 그중에도 정말 잘난 미인도 한둘은 있었다. 또 바보스럽게도 잘난척 하면서도 실제로는 좀 모자라는 그런 여자가 많지만 그러나 그중에서도 정말 뛰어난 재능을 가진 여자들도 몇몇은 있었다. 피상적(皮相的)으로 보건대 그 한둘의 미인과 그 몇몇의 뛰어난 재녀(才女)들이야말로 남성들로부터 구애(求愛)를 받으며 행복하게 살듯 싶었는데 실제로 대부분의 못난 여자들, 그리고 대부분의 좀 모자란 듯한 여자들이 언제나 먼저 시집가서는 아이도 낳고 좋은 층집에서 잘난 남편의 목덜미를 거머쥐고 아주 큰소리까지 탕탕 치면서 으스대고 사는 것을 많이 보았다.

그렇다고 잘난 여자들이여! 내 글에 분개하지 마라. 쬐끔은 유감스럽겠지만, 그러나 별 수 있나, 지금 생각해도 어디서 예쁘다는 소리를 못 들었던 그 많은 행복한 여자들치고 나는 키 큰 여자들을 별로 보지 못하였으며, 살색 흰 여자들을 얼마 보지 못하였다. 실제로 키 크고 살색 희면, 눈이나 코, 또는 입술 같은 데가 그렇게 오목조목 예쁘게 생기지 않았더라도 수기(秀氣)롭다는 평(評)을 쉽게 얻어들을 수 있음을 안다. 키도 크고 살색도 희고 눈도, 코도, 입술도 모두 예쁘게 생겼던 그 몇몇 잘난 여자들을 나비나 또는 꽃에다 비유하기를 즐겼던 나는 반면에 키도 작고 살색도 까무잡잡하고, 어디를 뜯어봐도 별로 신통치가 않은 여자들에게는 사정없이 소나무나 또는 박달나무에 비유했던 적도 있었건만, 어찌 생각이나 했겠는가.

뒤통수에 매달렸던 내 눈이 어느새 이마에서 코빼기로까지 이주(移住)해와야 했을 때, 사람들은 혼자 사는 남자, 혼자 사는 여자 중에 누가 더 불쌍할까 하고 나를 놀려준다. 뭐, 불쌍해보이기는 모두 마찬가지일 것이다. 아내 없는 남자는 몸뚱이가 없는 머리요, 남자가 없는 여자는 머리가 없는 몸이라고들 말한다. 혼자 사는 네는 경제적인 이유, 결혼관의 변화 등도 작용하지만, 우리 사회 구성원들이 지나치게 성공 지향적인 사람에 매몰되기 때문이라고들 말한다. 또 남녀가 친밀한 사랑을 통해 맺어져야 하는데 남녀 모두 성취동기나 세속적인 출세에 예속되어 있기 때문이라고들 한다.

그럼 과연 진짜로 그런 건가, 뭐, 다 아는 얘기다. 사실 여성들도 말 잘 듣고, 돈 많이 벌어오며, 잘생기고, 영특하고, 검소하고, 정조관념 투철한 남성을 원할 수밖에 없다. 그럼에도 그런 멋진 남자들은 전부 다 내가 보았던 소나무나 박달나무처럼 생긴 못난 여자들의 차지가 되어버리고 말았다. 거기에 비결이 따로 없었다. 바로 생긴 모양처럼, 생긴 품성처럼 소나무나 박달나무처럼 땅에 한번 뿌리를 내렸다면 끄떡없는 그 정신과 소나무나 박달나무처럼 땅으로부터 한없이 받는 무상의 희생을 그대로 받은 것만큼, 있는 것만큼, 하나도

남구지 않고 모조리 다 퍼내서 자기 사랑하는 사람에게 아낌없이 쏟아붓는 그런 무상의 행위에 익숙했던 까닭이었다.

나는 그런 여자들을 우습게 보았던 볼기를 톡톡하게 얻어맞고 있는 셈이다. 이제 나의 눈은 이마빼기, 코빼기에서도 또 한번 이주민의 삶을 시작해야 한다. 나 같은 주책머리를 앞에 놓고 얼굴 잘나고 두 다리 쭉쭉빵빵인 혼자 사는 여자들은 오늘까지도 한눈에 필이 팍 꽂히는 남자가 나타나지 않는 한 결혼하지 않는다고 하는데, 다들 대학 졸업하고 직장 생활 몇 년 하다 보니 그렇게 되어버린 것 같다는 것이다. 정말 혼자 살겠다고 작정한 게 아닌 데도 말이다. 물론 겉으로는 혼자 사는 재미가 좋다는, 꽤나 많은 변명을 가지고 있다. 여행하고 싶으면 훌쩍 떠나고, 친구들이랑 영화 보고 싶으면 영화 보고, 맛있는 거 먹고 싶으면 맛있는 거 먹고, 또 철철이 새 옷 사 입고 자기 관리에 신경 많이 써도 누구라도 하나 함부로 상관 못한다는 것 등등, 그래, 이런 것들 좋다, 좋다는 대로 다 믿어주자. 그렇게들 다들 재테크며, 저축이며, 다이어트며 될수록 열심히, 그리고 여유롭게 살면서 자기 개발도 여유작작한 것은 혹시 보기 좋을지 모르겠으나, 그러나 정작 내가 만난 혼자 사는 여자들의 이면(裡面)은 슬펐다. 나라는 더꺼머리 주책바가지는 그런대로 상처가 뭔지 슬픔이 뭔지 모르고 잘도 지내는데, 여자는 아니었다. 무수히 많은 상처를 입고 있었다.

스스로의 내부에서 생성되는 피해의식 때문에 괴로운 것도 있겠지만, 이제는 한해 두해씩 나이를 먹다보니 타인의 눈 때문에도 남모르게 홀로 시달림을 받고 있는 것이 더 큰 문제인 것이다. 나만 가로수인 줄 알았더니, 어찌 그녀들도 신통하게 새가 깃들지 않는 가로수 같이, 제아무리 교태로운 몸짓을 해도 저 풋풋한 수풀 본래의 윤기

(潤氣)는 이미 많이 가셨고 메마른 포장 도로가에 늘어서서 한해두 해씩 매연에 그을려가고 있는 혼자 사는 여자의 슬픔을, 혼자 사는 내가 모를 리 없는 것이다. 그런 혼자 사는 여자는, 혼자 사는 나 못지않게 모든 일을 홀로 선택하고 홀로 결단해야 하기 때문에 오직 홀로라는 의식이 주는 추위 때문에 몸을 떠는 것을 자주 보았다. 때문에 언제나 배수진을 치고 대결하다보니 점점 손댈 수 없는 여자, 굳은 빵처럼 딱딱한 여자가 되어버리는 것이었다. 그러니 정말 굶은 내가 아니라면 딱딱한 빵이라도 그것을 성큼성큼 뜯어먹을 남자가 나 말고 또 어디 있겠는가, 보통 딱딱한 것이 아니고 남의 어금니라도 분질러뜨릴 만큼 조석(朝夕)으로 딱딱하고 거기다가 아주 고집불통까지 되어, 걸핏 하면 신경질을 부리고, 오해를 잘하고 윤활성(潤滑性)까지도 모조리 다 잃어버린 괴짜스런 피자빵이 되어버린다면 그런 피자빵은 벌써부터 항간의 이야깃김이 되고, 심심한 좌석의 입방앗감으로 마구마구 볼모양없이 뜯어먹히기 십상인 것이다.

그래서 이제 나는 채신머리없게도 자기 주제는 감감 잊은 채로 권고한다. 혼자 사는 여자야! 나 같은 구질구질한 남자한테는 침을 뱉어도 좋다. 이제 그만 다이어트하고, 이제 그만 분첩으로 얼굴을 두드려라, 수기의 껍질을 찢고 소나무 같은, 박달나무 같은 여자가 되어라, 아직도 늦지 않았다. 딱딱하고 이상한 괴짜 빵이 되어서 남자들이 씹을 수 없을까봐, 또는 남자들이 데려가지 않을까봐 걱정할 필요는 없다.

이미 오랫동안 너희들은 밤마다 무기를 다듬고 투구를 고쳐 쓰며 내일의 전쟁을 대비해오지 않았더냐, 그 마음속에 우수의 비가 내리고 겁에 질려 떨고 있을 때에도, 만약 누가 보기라도 하는 날에는 언제나 잔다르크처럼 늠름한 기상을 갖추어 자기를 과시해오지 않았더냐, 이미 이때까지 그렇게 살아왔던 너희가 맘에 더는 좋은 남자들이랑 살기에 못마땅하다니 말이 되느냐, 못마땅한 것은 남자 측이 아니라 바로 굳은 빵인 너희들 자신이란다. 다시 말하자면 외투없이 겨울을 나는 것과 같은, 또다시 말하자면 무방비한 맨 몸에 따가운 여름 햇볕을 받아 온통 그을리는 것과 같은, 들자갈이 가득 깔린 강파른 밭을 무딘 호미로 매어 감과 흡사한 삶을 스스로 선택함으로써, 남자들을 데리고 살려고 한 것이 아니고, 남자들이 와서 자기를 데리고 살아주기를 바랬기 때문이 아니더냐.

한번만 더, 혼자 사는 잘난 여자야, 생각을 바꿔라, 흔히들 남자가 여자를 데리고 산다고 하지만, 진짜로 행복한 여자들을 보면, 바로 남자를 데리고 사는 여자들이었다. 반면에 혼자 사는 여자는 남성이 데리고 살기에 못마땅한 것이 아니라 남성을 데리고 살 능력이 없는 여자임에 틀림없었다. 시집가서 행복하게 살고 싶으면 분명히 그 능력부터 키워야 하리니, 남자가 그렇게 우람한 산악같더라도 그 산악 속에서 섬세하고 가느다란 선을 그어가면서 끊어질 듯 말듯, 원시의 아성 앞에 움츠린 작은 면양(綿羊)인양 위태롭고 가련해 보이면서도, 언제나 여자가 남자를 데리고 살아가는 자세가 그 여자를 행복하게 만든 다는 것을 알아야겠다. 데리고 살면서 눈물도 먼저 흘리고 슬픔도 먼저 맛보고 인내도 먼저 배워야 한다. 아아, 그때 이미 그대는 홀로 있지 않을 것이다!

창녀예찬

참회하는 계절

4

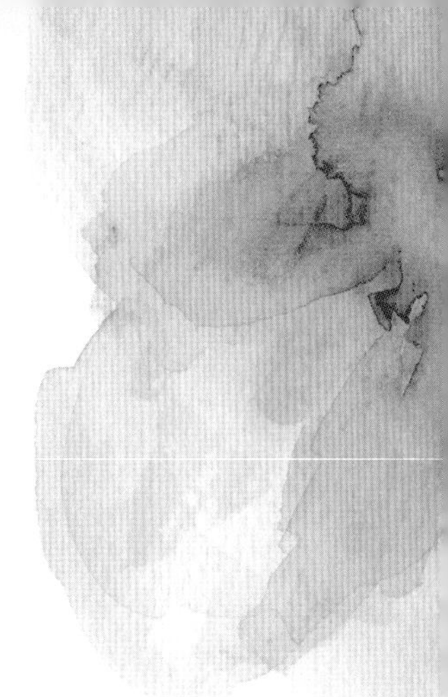

참회하는 계절

나는 평소 못난 자기 주제는 모른 채로, 시시한 여자들과 만나서 나름대로 시시하다는 판단이 서게 될 때에, 그런 여자들을 무섭게 경멸하는 습관을 가지고 있다. 그러다가 그런 시시한 여자들이 울게 되면, 그때는 또 혼자서 아프게 참회한다. 아픈 여자들을 울려서는 안되지 하는 신념 비슷한 이상이 자기도 모르게 어그러질 때마다 나는 이렇게 참회와 후회의 고통을 자주자주 맛보는 것이다.

그런데 아픈 여자들은 누구나 다 우는 것이 아니다. 울지 않으면서 행복해 보이는 척 하는데, 가서 어렵사리 속을 들여다보면 아픈 것들이 무수하게 많이 숨어있다. 그런 아픈 것들을 알아내기에 말하기 좋아하는 여자들에게서는 쉽게 드러날지 모르나 말하기 싫어하는 여자들에게서는 어디를 뜯어봐도 잘 알 수가 없다. 그렇게 알 수 없는 여자들과 사귀는 것은 좋지 않다고 가까이에서 여자를 필요로 하는 남자들한테 자주 말해주곤 한다. 그럴 때에도 나의 마음은 가벼운 것이 아니라 슬프며, 슬프다 못해 아프기까지 하다. 아픈 나의 마음을 아는지 모르는지, 여자는 꽃이 필 때에 꽃가루 알레르기 때문에 매일같이 콧물을 풀럭거리고 부은 눈을 비벼대는 나를 보고 기껏 한다는 소리가 자기를 따라 함께 산으로 가자는 것이었다. 산에 가서는 무엇을 하자는 것인가.

휴가도 아닌 봄철에 금싸락같은 시간을 빼내서 저를 보러온 나를 손바닥만큼한 학교 기숙사 방에 혼자 처박혀 있게 하고는 하루도 빼먹지 않고 연구실의 선배들과 함께 산으로 표본 채집하러 간다고 나가버리곤 한다. 이것이 혹시나 내가 싫어져서 자기절로 눈치를 차리고 알아서 떠나라는 암시일가고 나는 가끔씩 저녁시간을 타서 이야기를 나누고 싶었다. 그런데 커피를 타다가 나의 손에 쥐여주고는 하루 내내 산에서 헤매다가 무슨 풀잎같은 것을 한 움큼씩 뜯어 서류철 갈피같은 데다가 끼여서 가지고 돌아온 것들을 연구실에서 쓰게 될 표본들이랍시고 다시 끼내놓고 이것은 무엇이고 지것은 또 무엇이라고 주절주절 설명을 들이댄다.

어딘지에 그런 이상한 말이 되지 않는 말로 덤덤한 공백을 메우려고 허둥대다시피 하는 여자일지 모른다. 풀잎들도 모두 내가 들어본 적 없는 이상한 것들이다. 무슨 솔부꽃이며, 광대수염이며, 뱀딸기며, 큰개별이며 하는 것들 외에도 무슨 뫼제비, 꽃남산, 미나리아재미 홀아비꽃 벌깨덩굴에다가 나아가 한약초 이름 비슷한 것들도 있었다. 여자는 이건 금낭화고, 저것은 천남성인동초라고 설명을 이어나갔다. 그러는 도중에 다행스럽게도 내가 아는 꽃이름도 나왔으니 이것은 민들레고, 저것은 할미꽃이고, 또 이것은 씀바귀고 할 때에 나는 손을 뻗혀 이것저것 잡아서 눈앞에 가져다가 보다가는 다시 내려놓기도 했다.

이것이 혹시 내가 저를 건드리기 전의 그 당황함을 덮어 감추려는 제스처 같은 것은 아닐까 하고 몇 번 그의 손가락을 넌지시 건드려보았다. 그럴 때에 나의 정(情)을 알아라도 주듯이 가만 손을 내맡긴다면 나 역시 가만히 여자의 머리를 당겨다가 내 가슴에 기댔을 것이다. 벌써 내일모레가 서른 살이 되는 여자가 아닌가. 여자는 나에게 몸을 줄까, 몸이나 맘이나 그렇게 신비하게 아름답게 생긴 여자가 자기 말로는 그 속에 간직한 모든 빛과 향기와 힘을 한번도 누구한테 펴본 적이 없다고 그러는데 그 말을 어떻게 믿지 않을 수 있단 말인가. 나와 만날 때에 한번도 남자랑 경험한 적도 없다고 하지 않았던가. 그런 몸을 가진 여자의 손은 너무나도 산에만 올라가서 풀잎을 뜯고 다니는 여자답지 않게 자그마하고 부드럽게 마치도 나를 안을 수 있게 있는 것이요, 그의 긴 다리와 선명한 허리와 빼어난 몸매는 분명하게 아직까지 남자랑 경험하지 못한 여자인생의 슬픈 부끄러움을 제외하고 나머지 기쁨만을 줄 수 있는 것이라고 나는 믿는다.

그리고 이것이 봄에 여자를 만나러 갔던 한 남자의 우치(愚癡)일지도 모르거니와 내게 있어서 이것은 결코 환상은 아니었다. 나는 별로 남자랑 경험이 있건 없건 그런 것을 그렇게 호들갑떠는 유형은 아니다. 그러므로 오늘과 내일만 중요할 뿐 어제에 대하여서는 흥취가 없다. 그냥 오늘 가지고 내일을 함께 하면 된다. 오늘부터 시작이고 오늘부터 가장 깨끗한 인생이면 된다. 이렇게 생각하면 맘이 즐거워질 뿐만 아니라 맘이 든든해지기까지 하는 것이다.

그러나 그렇게 매일 바라고 가는 산속에서, 매일 좇아다니는 연구실의 선배란 놈한테 그것도 산속에서 몸을 잃어버렸다고 한다. 그런 솔직한 고백을 들을 때 나의 가슴은 무거운 바윗돌로 지지 내리눌리는 듯했다. 사랑도 하지 않으면서 남한테 몸을 주어버렸다고 하고, 강박으로 당한 것도 아닌데 그냥 달라는 대로 주어버렸다고 하고, 주어버리고 나서 후회도 하지 않고 아프지도 않고, 그냥 조금 억울했을 뿐이라고 하지만 그러나 지금은 좀 좋다고까지 하며 살며시 웃어버린다. 후에야 안 일이지만 선배놈이 쫓아다닌 것이 아니고 저가 따라다녔을 뿐이고, 달래서 준 것이 아니고 가져달라고 원했던 모양이었다.

당한 것이라면 여자는 죄가 없지만 원해서 준 것이라니까 남자인 나는 죄가 크다. 그러면서 내 죄의 벌을 어떻게 씻어낼 방법은 하나도 없고 그냥 함께 도망이라도 가듯이 이제는 이만 미국으로 가서 살자고 권고한다. 그때도 여자는, 요즘같이 바쁜 세상살이에 자신의 관심사에 포함되지 않으면 아무리 예쁜 꽃이라도 눈에 들어올 것 같지 않은, 그것도 봄보다는 가을을 더 사랑하는 나를 앞에 놓고서도 풀 이야기로 온 얼굴에 꽃을 피운다. 거기다가 내가 미국에서 사는 사람이라고, 주로 이파리가 크고 넓적하기로 이름 있는 미국산 꽃들을 가져다가 스스럼없이 화제에 올리면서까지도 자랑은 여전히 자기가 사는 한국의 봄산에 피는 풀과 꽃과 바람을 더 많이 이야기한다.

확실히 한국산야에서 자라는 봄풀들은 미국이나 서양꽃들에 비해 크지는 않고 화려함도 덜할지 모르지만 짙은 향과 앙증맞은 크기와 섬세함은 이 지구 여느 나라의 꽃들과 비교가 안 될 만큼 뛰어나다. 특히나 사계절이 분명하고 봄을 사이에 두고 가을과 겨울이 함께 도사리고 있기 때문에 길지 않은 봄에 꽃을 피워 여름에 열매를 맺히는 일도 가을에 가서 얼마나 충실하게 씨앗이 열리느냐에 달려있을지 모른다. 그러므로 가을을 사랑하는 나는 함부로 봄을 좋아하는 여자를 무시하지 못하는 까닭이 있다. 결국 여자 데릴러 한국으로 갔다가 그 여자로부터, "여자를 좋아한다는 남자가 뭔 꽃을 이리도 싫어합니까."라는 대답을 한마디 얻어들었다. 얼마나 꽃에 집착이 심하고 꽃이 피는 봄을 사랑하면 봄에 콧물을 떨어뜨리고 알레르기 때문에 눈이 딩딩 부어서 쩔쩔매는 나를 거절할 수밖에 없었던 것이랴. 사람이 한해두해 나이 먹어가는데 그렇게 맘처럼 계속 봄에서 살 수는 없는 노릇이 아닙니까, 하고 나도 스스럼없이 맞대답을 하면서도 더는 여자에게 집착하지 않았다. 봄을 사랑하고 봄 산에서 봄풀을 채집하기 즐겨하는 여자의 봄에 대한 집착만큼이나 나는 가을을 사랑하지 못하기 때문이리라. 같이 산에 다니는 연구실 선배놈을 한탄도 했다. 왜 남 과년한 처녀를 아주 가지지도 않으면서 건드려놓고는 다 가버린 초록이 지쳐 단풍드는 이 사계절에서 봄밖에 모르는 악착같은 여자로 만들어놓게 하였느냐. 아직 시집도 가지 않은 불쌍한 것을.

이렇게 나의 가장 심각한 참회가 노처녀가 돼가지고 몸까지 다 잃어버린 주제에도 봄자락을 부둥켜안고 봄을 떠나지 않으려는 여자를 만날 때에 어김없이 온다. 한국으로 여자를 만나러 갔다가 헛물만 켜고 미국으로 돌아오니 여자로부터 보내온 편지가 나를 기다리고 있다.

선생님. 붉게 타는 가을에서 산다고 가버린 봄자락을 붙잡고 못 떠나는 나를 시시한 여자라고 비웃지 마십시오. 제가 봄을 떠나지 못하는 것은 언제인가는 다시 올 봄을 기다려서가 아닙니다. 오라지 않으면 서리가 오게 될 이 가을 한철에도 풀을 사랑하고 꽃을 사랑하는 나는 그것들의 입장에서 살지 않을 수가 없습니다. 풀이 다시 피어나고 꽃이 만발하는 일이 우리에게는 번식을 위하고, 생존을 위하는 전략투구와 같은 것입니다. 선생님께서 가신 다음 날에도 또 산으로 갑니다. 산에만 가면 사고를 칠 것 같습니다. 사랑으로 우뚝해서 황홀에 빠진 매화와 벌들과 앙상불이만 봐도 마음이 설레어집니다. 그때도 여기저기서 채집해 둔 나무이파리들을 손에 들고, 학교로 돌아오는 길에 눈앞에서 실험실 캠퍼스를 바라보이는 야트막한 산자락에서 제가 스스로 저를 버렸습니다. 지금도 이 숲속에서 누가 와서 나를 콱 가져버렸으면 좋겠습니다.

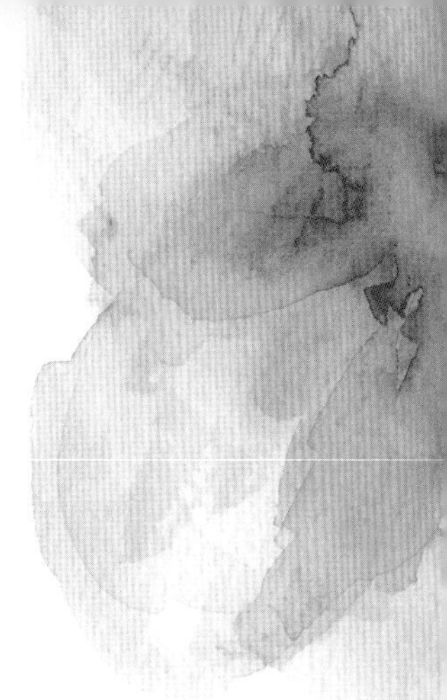

진달래 피는 봄볕의 그리움

벌써 4월이 가고 있다.

완연(完然)한 봄임에 틀림없지만 뉴욕의 봄볕은 지난겨울 한동안 대낮에도 뜬금없이 내리쬐곤 했던 햇볕을 쳐다보며 무슨 겨울이 이렇게 따스할까 하고 중얼거리던 심정 그대로 마냥 반갑기만 하다.

너무 눈이 오지 않아 어쩌다가 겨울 마감쯤해서 한번 콱 쏟아부었던 폭설(暴雪)을 맞으며 옷깃을 여미던 게 엊그제건만 벌써 따사로운 봄볕에 산들산들 바람 느끼며 팔짱 낀 연인들이 여기저기에서 활보하는 것을 구경하며, 꽃도 피고, 새도 울고, 따사로운 햇볕이 먼저 다가와 내게 말을 건네는 봄날 아침, 한참 그렇게 봄볕에 취해 셋방을 나선다.

뉴욕에서도 특히 내가 사는 가난한 동네 플러싱의 아침을 걷는 재미, 어쩌다가 저녁 일찍 자고, 아침 일찍 일어났을 때는 천천히 유니온상가를 따라, 잠시 '고려당'에 들려 1불50전짜리 커피 한잔으로 목을 축이고, 어느 때부터인가 우리 연변에서 온 동포들이 갑작스럽게 많아지기 시작한 키세나 쪽을 바라고 걸어본다.

그렇게 빙 한바퀴 돌아서 걷노라면 셋방에서 나와 지하철에 오르기까지의 순간을 맞는 아침 봄볕이 참 좋다.

물론 '봄볕에 며느리 내보내고 가을볕에 딸 내보낸다'는 속담처럼 이 아침에도 맞는 봄 햇살 속에는 따스함만 있는 것은 아니지만, 그러나 응달에는 녹지 않아 아직도 머물러 있을 하얀 눈이 떠오르면서, 그 눈과 함께 온 산을 붉게 수놓아 봄의 정취를 한층 돋보이게 하는 눈 속의 진달래, 그것이야말로 우리 고향 연변의 잊을 수 없는 절경(絶景)이 아니던가.

그런 정다운 풍경을 미국 같은 나라에서 생각하는 것은, 무의미할지도 모르나 그래도 생각하기에 따라서는 자못 가슴이 설레는 것이다.

나라는 다르지만, 그리고 지향하는 사상과 이념은 다르지만 하늘은 하나, 그 아래 같은 한 몸뚱이로 붙어있는 땅임을 생각할 때, 그리고 햇볕 역시 그 누구에게라 할 것 없이 따사로운 것을 생각하면 한층 더 세상은 벙벙하게 고즈넉하고 하늘은 저 초등학교 교실에서 울려 퍼지는 아이들의 교과서 읽는 소리처럼 낭랑하고 드높다. 그러고 보니 연변의 진달래던, 일본의 사쿠라던, 또는 저 광활한 알래스카(Alaska)의 자연에 피는 얼음 꽃도 다 좋다. 모두가 봄볕뿐 아니라 봄날 아지랑이 속에 피어오르는 그 아리아리한 청징(淸澄) 때문일지도 모르겠다. 필시 그런 것이리라.

이렇게 봄볕은 평생을 볕을 맞으며 아기에서 어른으로, 어른에서 다시 노인으로 시들어가는 인간들이건만 새삼 그 볕 아래서 피고 지는 꽃들로부터 고향에 대한 과거의 향수만 그윽하게 만든다.

그렇다고 늙음이 다시 젊음으로 되돌아가는 것은 아니더라도 연변의 봄처럼, 온 산을 붉게 수놓아 한층 봄의 정취만 더 돋보이게 만드는 두만강과 해란강 그리고 가야하와 부르하퉁하 변의 진달래 뒤덮인 산자락들에서 새로 난 둘째를 시샘하며 엄마에게 투정부리는 첫째와 같이, 꽃샘추위 속으로 가슴에 두 손 모으고 선 수줍은 계집아이 마냥 찾아오던 그리운 봄, 과연 그런 봄이 이 미국땅 뉴욕의 어디인들 있을 것인가!

그렇게 슬금슬금 찾아오면서도 확실하게 눈석임을 보여주고, 얼음 녹는 소리를 들려주고, 꽃샘추위에 눈물까지도 찔끔 나게 만들며 찾아오던 3월을 뒤로 하고 어느새 4월이 지금 가고 있다. 봄에 맞서서 떠나길 주저하며 은근히 버티고 서는 겨울의 끝자락과 한판 전쟁이라도 벌려보려는 듯이 며칠은 기승도 부려보더니 벌써 얼음은 다 녹아버렸고, 풋풋한 흙냄새가 풍겨오고 있다.

피까지도 빨라지는 4월이 가고 있다.

올해 봄에도 또 통통하게 살 오른 미나리를 휘휘 거두러가고 있을 할머니와 어머니를 생각하니 이 봄, 찬란한 4월을 사랑하려야 사랑할 수 없고 싫어하려야 싫어할 수 없다.

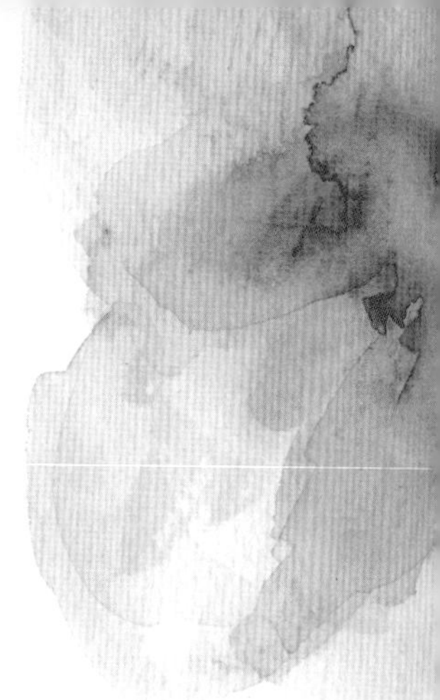

오, 장미여, 저 그늘빛 속의 순수한 생명꽃이여!

장미꽃 피는 오월이 오면, 장미꽃을 노래한 독일의 시인 라이너 마리아 릴케(Rainer Maria Rilke)의 이야기가 떠오른다. 그는 장미꽃 넝쿨 아래에서 태어나 장미 가시에 찔려 죽었다고 전해지고 있다. 그 유명한 '오르페우스에게 바치는 노래'에서 릴케는 "장미꽃으로 하여금 그저 해마다 님을 위해 피게 하라. 님은 오르페우스이기에, 님의 전신은 여기에도 또 저기에도 있으니. 우리는 마음을 다른 이들을 위해 태워서는 안되노라."고 부르짖고 있다.

바로 그해 가을에 이집트에서 여자 친구가 찾아왔을 때, 그녀에게 줄 장미꽃을 꺾다가 장미 가시에 찔린 것이 패혈증으로 번져 결국 숨졌다. 그래서 그의 묘비에는 '오, 장미여, 순수한 모순이여'라는 글이 새겨져 있다고 한다. 우리 한국의 시인 노천명의 '푸른 오월'의 시구절을 하나 빌어서 표현한다면 그야말로, '내 젊은 여왕 오월의 푸른 여신 앞에' 우리 모두가 무색하고 외롭지 않을 수가 없는 것이다.

그리고 이 오월은 온통 색색의, 다종다양한 장미빛 찬란함에 매료되지 않을 수 없는 것이다. 꽃말로 표현하자면 진실한 사랑, 열렬한 사랑, 정열적인 사랑, 또는 한때의 감명, 단순한 맹세, 행복한 사랑, 사랑의 감퇴, 질투, 얻을 수 없는, 영원 불가능한 것, 이렇게 전부가 '사랑'이란 한마디로 표현되는 오월의 찬란한 아침을 걸으며, 나는 또 셰익스피어의 그 유명한 비극 '오셀로'에서 나오는 장미에 관한 대사도 한번 외워본다.

질투심으로 괴로움의 극에 이른 오셀로가 드디어 그의 아내 데스데모나를 목졸라 죽이는 장면, 아아, 얼마나 신비로운가, "눈보다 희고, 설화 석고(雪花石膏)보다 매끄러운 데스데모나의 잠든 얼굴이 촛불에 더욱 신비로운데, 잠시 그 아름다운 얼굴을 굽어본다. 그리고 침상 머리에 켜져 있는 촛불을 맨손으로 끄면서, 이 불을 끄고 다음에 저 불을 꺼야지. 이 불은 껐다가도 다시 결 수 있지만, 그내의 오묘한 불은 한번 꺼지면 다시 켤 수 없는 것을, 아, 이 장미는 한 번 꺾어 버리고 나면 다시는 되살릴 수 없는 것을, 나무에 피어 있을 때 마지막 향기를 맡아야겠다."고 부르짖을 때는 심장까지도 쪼그라드는 것 같았다.

그처럼 장미는 생명의 신비, 생명의 심장부를 나타내는 동시에 정념, 관능, 유혹을 상징하기도 하는 것이다. 바로 그런 계절, 장밋빛으로 물드는 오월을 보내고 있는 나의 사랑하는 조선족 동포들, 단 한 번만이라도 장미꽃 앞에서 발길을 멈추고 찬찬히 들여다보기 바란다. 혹시 아나, 거기서 사랑의 여신 베누스와 만나고, 골고다 언덕에서 흘린 예수의 피를 보게 될지, 그래서 그 '사랑'의 줄기에 박혀 있는 가시는 사랑 말고도 고통과, 피와, 순교(殉敎)를 의미한다는 것도 명심해둘 필요가 있을 것이다.

또 한편으로 장미에는 여성 호르몬을 자극하는 성분까지도 들어 있어, 여성들이 장미꽃을 코에 대고 향을 맡으면 자신이 섹시해 보이고, 스트레스가 해소되며, 밝은 기분이 된다고 한다. 따라서 남성들이 프러포즈할 때는 다른 꽃보다는 장미꽃을 선물할 때보다 성공확률이 높아진다는 것도 널리 알려진 이야기인만큼 마음에 드는 여자를 만났을 때, 그를 쟁취하는 데서도 가장 희망적인 선물이 되리라는 것을 알아두시기 바란다.

장미가 피는 사랑의 오월, '사랑'과 '질투'라는 영원한 테마를 안고 하양, 노랑, 연분홍, 빨강 등 다양한 빛깔을 뽐내고 있을 때, 아침나절 그 꽃잎들을 스치고 가는 바람은 장미꽃만큼이나 은혜롭다고 해야 할 것이다. 벌써 이마에 송골송골 땀방울이 맺히게 만드는 오월, 비록 봄의 끝자락에서 잠깐 연초록 풋내음을 풍기다가 솜털 보송한 아이들의 노랫소리와 함께 살며시, 그리고 눈깜짝하는 사이에 사라져가고 있다. 마치도 한 몇 해는 같이 살을 부비고 살아왔던 여자나, 또는 남자와 같은 아주 뜨겁지도 그렇다고 차갑지도 않게 조금은 덤덤해지는 듯싶다가도 하나가 없으면 금방 아쉽고 허전해지는, 그래서 있으면 좋고 없으면 서러운 그런 오월의 바람 속에서 장미꽃은 활짝 펴있다.

이제 오월은 더 이상 흐드러지도록 무르익어버린 봄바람이 가슴을 간지럽게 하고 갓 태어난 노랑나비가 연약하기만 한 날개를 펄럭이며 걸음마를 하는 그런 계절만은 아닐 것이다. 우리 모두가 마음바쳐 사랑할 수밖에 없는 저 그늘빛 속의 생명꽃 피는 맨해튼 거리를 보라, 황금색 버들개지가 하얀 솜털로 변해 대기를 헤엄치는 가운데 푸른 잎은 더 푸르게 붉은 꽃은 더 붉게 물들어가는 계절이 바로 이 오월이 아니고 무엇이겠는가, 온 겨울을 잠자던 자연이 기지개를 펴고 그동안 참아왔던 정열을 발산하기 시작하는 이 오월에 바로 장미가 있어서 세계는 더 아름답고 우리의 인생은 더 찬란한 것이리라! 그래서 그 사랑을 마음 바쳐 사랑할 수밖에 없는 오월을 나는 사랑한다! 노래한다!

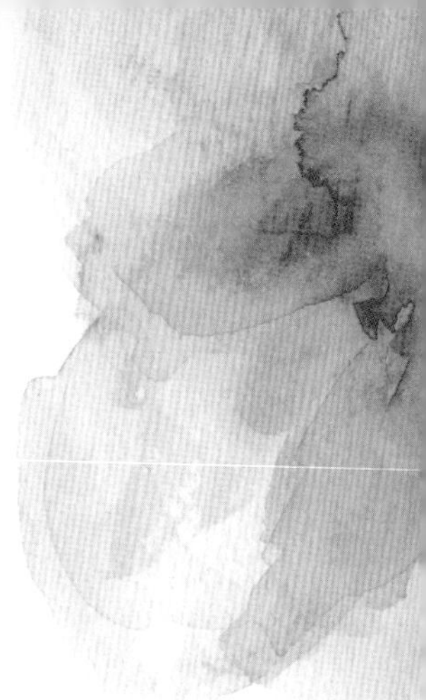

살구꽃이 필 때

인간에게 주는 계절의 풍성한 혜택 가운데서도 가장 아름답게 풍성하고, 가장 향기롭게 아름다운 5월을 좋아하는 것은 나에게 있어서, 새싹이 돋아 온 산천이 푸르름으로 우거지는 이 생명과 환희의 시간을 함께 하는 살구나무 한 그루가 나의 마음속에서 어제도 오늘도, 그리고 내일도 피고 있기 때문이다. 연둣빛 새 잎 사이에 꿈을 꾸는 듯이 소박한 빛깔의 꽃을 피우는 살구나무와 함께 슬그머니 나에게로 다가와 서는 어린 여자애가 있기 때문이다.

이맘 때 이 땅 어디를 가도 푸르게 넘실거리지 않는 곳이 없는 5월과는 비할 수 없는 여자이지만, 그 여자에게는 내가 첫 남자였고 나에게는 그 여자가 너무 어렸기 때문에 청보리가 가득한 푸른 들판을 봄바람이 살랑거리고 지나가는 5월의 달빛 아래서, '아, 이런 거 이렇게 하는 구나'고 중얼거리면서 빨간 혀를 내밀고 자기 손가락 끝으로 살랑살랑 건드려보며 아픔 비슷한 감탄을 질러대던 여자애가 떠오른다.

괴테가 불렀다는 5월의 시면 이 순간의 감흥을 그대로 불러일으킬 수 있을 것인지 의문이다. 참으로 해는 빛나고, 들은 웃고, 나뭇가지마다 꽃은 피어나는 떨림 속에서 울려오는 새의 지저귐을 두고 넘쳐 터지는 가슴의 기쁨을 맛보지 못하였던 남자들은 함부로 '대지여, 태양이여, 행복이여, 환희여'하고 여자를 향하여 부르지 말아야 할 것이다.

얼굴에 연지 한번 칠해본 적이 없고 입술에 뭐를 한번 발라본 적 없는 개살구 같은 쌉싸래하면서도 싱싱했던 여자애의 몸에서 맡았던 냄새는 처음 이성을 경험하는 여자의 몸 자체가 꾸고 있는 달콤한 꿈의 현시같은 것은 아닐까 하는 생각을 불러일으키도 한다. 그리고 여자의 머리와 어깨에 떨어져 내렸던 몇 송이 흐트러진 살구나무꽃은 나비가 잠시 그 나뭇가지 끝에 앉아 있는 것처럼 은은하고도 몽롱한 이미지를 자아내기도 한다.

여름을 가까이 둔 봄의 절정에서 흔하게 볼 수 있었던 여자애들이 모두 사라진 고향에는 올해도 살구나무꽃이 피고 있다고 한다. 그림 속의 동화 같은 선경에서 동네 오빠들이 나무의 물이 한껏 오른 봄날, 가지를 잘라서 손가락 크기로 자른 다음, 껍질을 분리한 후, 수피의 한쪽 끝을 면도칼로 다듬어 피리를 만들어 부는 데 반해서 쫓아다니다가 살구나무 밑에서 몸까지 다 주어버렸다는 추억이 그리운 5월이 지금 이렇게 시작하고 있는 것이 아닌가. 보송보송한 젖살을 그대로 드러내놓고 "오빠, 말뗴기는 언제 와줄 건데?" 하고 묻는 여자애의 우산살 모양의 꽃받침 비슷한 것에 진붉은 한송이 꽃으로 피어있는 가슴을 허둥지둥 어루만져보며 "응, 맞아죽는 한이 있더라도 낼 갈게." 하던 더꺼머리 오빠도, 계집애도 지금은 다 어디가고 이 5월의 맑은 하늘에 동동 떠 있는 뭉게구름만 쳐다보며 살구꽃은 혼자 피고 있는 것일까.

살구꽃은 향긋하고 먹음직한 살구가 익어 떨어지기 전까지 피고 또 핀다. 꽃이 필 때부터 나무에는 잎이 돋아나 있기 때문에 잎 속에 파묻혀 피어나는 꽃은 살구나무 밑에서 처음 오빠에게 몸을 보여주던 새빨갛게 질린 여자애들의 몸에서 뿜기는 살구냄새같은 것보다도 훨씬 더 새큼하고도 은은한 것이었다.

그래서 처음 꽃이 필 무렵엔 분홍빛이었다가 꽃이 활짝 피어날수록 점점 더 하얀빛으로 변해가는 모습은 성장하면서 조금씩 소녀티를 벗어가는 수줍은 여자애의 모습을 그대로 떠올리게 만든다. 그럴 때에 정작 새큼한 개살구라도 이렇게 혀끝에 침이 고이게 만들지는 못할 것이다. 이렇게 모든 꽃들은 열매를 위해 존재하고 여자는 사랑을 위해 피어간다. 마치도 이 5월의 꽃들이 모두 타는 여름의 아픈 모질음과 지는 가을의 슬픈 낙화가 싫어 끝나가는 이 봄에다가 인생 모두를 던져 만끽하듯이 저마다 뽐낼 수 있는 가장 아름다운 모습은 다 뽐내가면서 아주 잠깐 세상에 다녀가는 것은 아니겠는가.

삼라만상이 고요한 밤에 인류가 모두 잠 잘 때에도 제법 쌀쌀한 밤사이에 피고 또 피면서도 언제 한번 춥다고 엄살도 부려볼 새가 없이 꿈을 꾸는 모습으로 부지런히 꽃을 피워내고 있는 살구나무에서 핀 꽃들이 지고 보란 듯이 탐스런 살구가 매달리기 시작할 때면 봄날의 싱그러움에 실려 어디론가 떠나갔던 사람들이 모두 이 살구나무 아래로 돌아와주었으면 좋겠다. 언제부터인가 교회당 종소리가 들려오고 그것에 마음이 평화로워지는 오늘보다는 어제 가슴을 뛰게 만들었던 아름다운 풍경이 내일로 다시 다가왔으면 이런 5월은 우리의 기억 속에서 언제가도 푸르지 않을 수가 없을 것이다.

아, 사랑하고 싶다. 자운영(紫雲英)이 피는 고향의 논둑길에서, 그리고 청보리밭 위로 펼쳐진 하늘 아래서, 해란강의 푸른 물속에 그대로 엎어져 있는 이 세계의 큰 하늘을 쳐다보며 오늘도 나의 마음속에서 하나도 변함없이 그대로 피어있는 살구나무 아래서 여자와 함께 장난쳐보고 싶다. 이런 거 이렇게 하냐고.

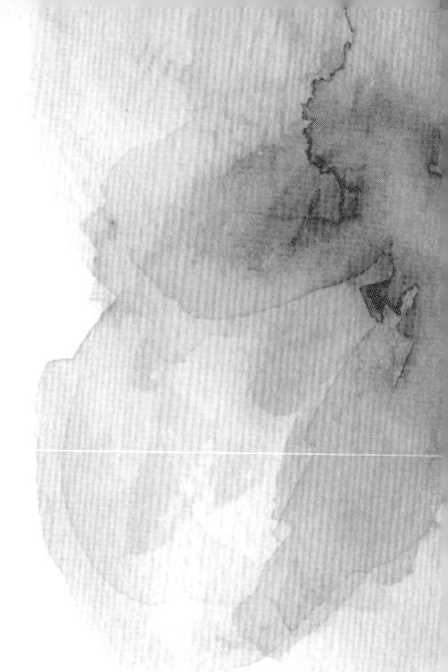

가을을 사랑하게 될 줄 몰랐다

나는 올해 가을을 사랑하게 될 줄은 정말 몰랐다. 가을을 마중하고 가을을 배웅할 때면 꼭 비가 오는 가을, 비 때문에 가슴이 저리고 쓰리도록 슬프던 짙어가는 가을의 그리움과 그 짙음 속에서 피부로 성큼성큼 다가서곤 했던 가을의 단풍(丹楓)을 상상(想像)하곤 한다. 아직은 끝없이 추적추적 내리고 있는 빗줄기 속에서 가을이라는 이 계절 자체를 사랑하는 것이 아니라, 이 계절이 함축(含蓄)하고 있는 가을 자체의 이율배반(二律背反)을 사랑하는 것이다.

나는 이 이율배반 속의 결실(結實)과 낙엽(落葉)을 생각할 때, 가을 이슬도 맞아보고 싶으며, 맑은 햇빛으로 알록달록 물들이며 가볍게 가을을 날고 있는 나뭇잎 사이로 너무 요염하여 감히 손을 댈 수도 없고 말을 붙일 수도 없이 깜찍하게 예쁜 계집 같은 가을의 밤하늘에서 빛나고 있는 달의 애절(哀切)하고 또 애절한 그 맛도 함께 상상한다. 어쩌면 내 인생의 처음이자 마지막일 것처럼 미치도록 사랑하게 될 것 같은 올해 가을은 단풍(丹楓)이 절정(絶頂)을 이룰 것으로 상상하니 특히 이번 가을만큼은 벅찬 마음으로 기다리지 않을 수가 없는 것이다.

나는 상상의 단풍이 하늘을 가리고, 노랗고 빨갛게 물들고, 수북이 쌓인 단풍을 밟으며 그동안 슬프도록, 먼지나도록 찌들었던 생활 속의 스트레스를 말끔히 씻어내고 싶다. 겸하여 등산길에 산새가 울고 다람쥐가 재롱을 부리며 어디서 시원한 물소리까지도 울려오는 가을을 보낸다면 나의 기쁨은 더 말할 것 없다. 그리하여 단풍과 함께 가을의 그 기쁨을 상상하며 오늘의 가을 장맛비를 넘기고 있는 것이다. 장마와 함께 아침저녁으로 부는 바람 앞에서 간사스럽게 몸을 움츠리면서도 눈에는 웃음을 담는 것은, 내일은 반드시 먹장도 가시고 하늘은 맑아지리라는 확신 때문이다. 때문에 아직 단풍 뒤의 세상을 후려 삼키려는 독부(毒婦)와 같이 쌀쌀맞고 앙증맞은 바람은 감히 상상하지 않는다.

나는 다만 웃음과 함께 뜨거웠던 여름의 아픈 추억들을 모조리 기억 뒤편에 묻을 따름이다. 그럼으로써 기억과 함께 하늘을 찌를 듯하였던 여름 더위의 맹렬함을 차근하게 잠재우는 자연의 가슴으로 벌써 노란 은행(銀杏)잎이 떨어지는 소리를 듣게 되는 것이다. 떨어진 은행잎이 제법 차가와가는 아침 가을바람에 나부끼는 상상을 해본다. 아, 그렇구나! 가을의 노랑은 봄빛의 노랑과는 차이를 두는구나. 유난히 차분한 땅 빛이 눈에 들어오는 가을, 은행은 결국 그 가을빛을 닮은 것이고, 가을빛은 그 전체가 가을을 담은 땅의 가슴에 거울마냥 그대로 비쳐있는 것이다.

나는 바로 이런 가을을 기대하고, 이런 가을의 사랑을 기대하는 것이다. 모든 영화부귀(榮華富貴)와 끝없는 숭배를 받는 여왕 같은 가을이지만, 애인을 잃고 쫓겨남을 당한 공주같은 마음으로 여왕의 가을 한 몸속으로 슬며시 비비고 들어서고 싶은 것이다. 여왕의 영화부귀로 넘치는 풍만한 가슴과 아름다운 몸은 탐하는 사람이 많을지 모르나 버림을 받은 공주의 아픈 마음은 그만큼 슬프고 외로울 것이다. 그렇다고 결코 객창한등(客窓寒燈)의 외로운 그림자 밑에 얼굴을 묻고 정든 님 그리워 흐느끼는 아낙마냥, 모두가 고요한 꿈나라에서 평화롭게 잠든 세상을 저주하며 홀로 머리를 풀어뜨리는 청상(青孀)과 같이 살지 않기 위하여 누구보다도 많이 단풍을 상상하며 가을을 기대하는 것이다.

나는 그 같은 상상 속에서 가을을 힘겨워하고, 사랑앓이를 하고 있는 세계 속의 모든 인류의 여성들에게 무슨 이야기를 해주면 그들이 울지 않고 웃을 수 있을까 하고 생각하기도 한다. 어쩜 이 모든 것은 고정관념에 사로잡힌 가을답지 않은 혼탁(混濁)스런 이야기가 될 가능성도 있어보이는 것이다. 비로소 이 모든 감정이야말로 이율배반의 극치인 것을 알게 된다. 그렇지만 나뿐만 아니라 나를 중심으로 한 모두의 가슴은 그 이율배반을 자연스럽게 수용하고 있는 것이다. 그리고 모두가 바로 이와 같은 이율배반 속에서 사랑앓이도 해본다.

나는 사랑에 대해서라면 굵은 실타래만큼 풀어낼 이야기가 있다. 젊은 날의 사랑에 대해서는 물론, 젊음의 끝자락에서 여전히 꿈꾸고 있는 불륜의 사랑에 대해서까지. 사랑은 삶의 원동력 같은 것이고, 그만큼 우리 삶을 성숙하게 하는 계기가 될 수도 있는 것이다. 결국 사무치도록 사랑하고, 그 사랑의 깊이만큼 아파하는 것도 마냥 부질없는 일은 아니라고 생각하면서 낭만적이고 환상적인 느낌과, 한편으로는 왜서인지 휑 바람이 부는 것 같은 쓸쓸함이 뒤섞인 이 가을의 장엄한 시작을 빗속에서 맞고 있다. 마치도 가을이 짧은 애달픈 마음을 핑계 삼아서련듯, 하늘에서는 오늘도 비가 내리고 있지만, 내 일은 반드시 비도 멎고 하늘은 맑아지리라고 확신한다.

나는 절대적(絶對的)인 행복(幸福)도, 절대적인 불행(不幸)도, 또 절대적인 선(善)도, 절대적인 악(惡)도 삶의 양면성을 이해하며 조화의 눈으로 나 자신의 삶을 성찰하고자 한다. 말처럼 그렇게 쉽고 간단한 일은 아닐지 모르지만, 그래도 그러한 마음가짐은 사랑앓이를 하며 힘겹게 느껴지는 이 가을이 있으므로 나는 나의 삶을 한 단계 더 성숙시킬 수 있다고 자신하는 것이다. 그래, 어떻든지 다 좋다. 한낮에는 감히 고개를 들지 못했던 지난 8월 덕분에 여름 하늘을 놓치고 지금은 10월을 맞으며 9월을 보내고 있다. 가을이 짧다고 아쉬워하지 않는다. 그래서인지 높다란 가을 하늘을 감상할 수 있는 날도 줄었다고 한탄하지 않는다. 여름에 많이 눈 마주치지 못한 사랑하는 사람에 대한 미안함을 자책(自責)하지도 않는다. 다시 태어난다면 가을에 태어나, 가을 햇살을 사랑하는 잔잔한 넉넉함을 가지고 생을 살다가, 다시 가을에 가고 싶다!

젠장, 그게 그런 거지 뭐

5

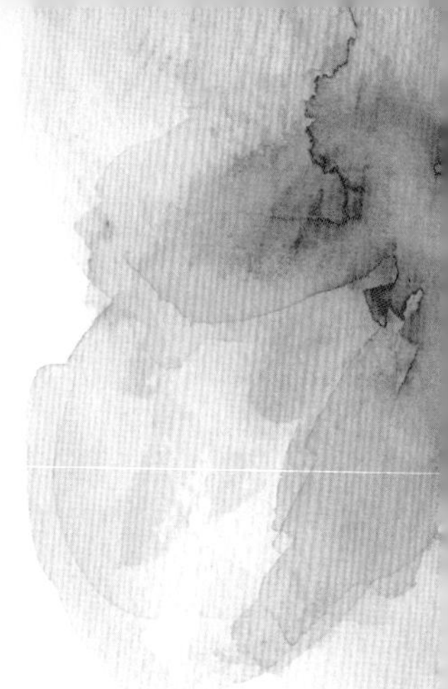

젠장, 그게 그런 거지 뭐

"자기는 미국에 와서 여자가 나 처음이야?"

하고 묻는 능청스런 계집에게,

"그럼, 처음이구말구."

하고 능청스럽게 대답해버렸던 적이 있었다.

"나도 미국에 와서 남자로는 자기가 처음이야."

라고 능청을 떨어오는 계집에게,

"그러니까 우린 둘 다 처음이네."

하고 또 능청스럽게 머리를 끄떡여주었고, 자정 무렵까지 겨드랑이속에 얼굴을 들이밀고 떨어지려고 하지 않는 계집을 밀어내고 허둥지둥 셋방으로 돌아오며 밤길에서 보았던 달을 생각한다.

못 사는 사회주의 중국을 떠나, 잘 사는 자본주의 미국에 돈 벌러 와서 탈출구 없는 감정분모 속을 어떤 방법으로도 헤집고 나갈 길이 없는 조선족 동포들이 느끼는 적막함과 괴로움의 정서를 그만큼 온전히 살려낼 수 있는 풍경은 대개 이런 밤길 속에서 상념(想念)에 빠져 혼자 돌아다녔던 나 개인의 정서나 별반 다를 바 없이 오늘도 존재하고 있는 것이 아닌가 하고 생각하니 한없이 울적한 기분 속에 빠져들지 않을 수 없다.

밤만 깊어지면 아주 습관이 되다시피 어슬렁거리고 밤거리를 혼자 걸어 다니는 재미 때문에, 언제부터인지 그것은 나만의 쌓인 스트레스를 푸는 가장 좋은 방법이 되었다고 말해본다. 그래서인가, 오늘도 혼자 차가운 밤거리로 나왔다가 만난 달은, 세상의 모든 언어를 다 동원하여도 설명하기 어려울 것만 같은 여자에 대한 향수(鄕愁), 보다는 매여달리는 계집보다는 내가 매달렸던 여자와의 사랑을 생각하게 될 때면, 자기도 모르는 사이에 달을 사랑하지 않을 수가 없게 된다.

이지러진 듯이 보이나 달은 이 밤에도 여전히 부드러운 빛을 흐뭇하게 흘리고 있다. 만약 생각 없이 쳐다본다면 참으로 자연 만물이 힘입어 숨막히게 아름다운 조화를 이룬 장면 묘사가 마치 한폭의 수채화를 보는 듯한 기분을 느끼게 하는 달이나, 단지 성(性) 때문에 계집과 사내가 순간이나마 함께 부둥켜안고 뒹굴며 보내야 하는 광란(狂亂)의 밤이라면, 더는 달에 대해 품어왔던 우리 조선족의 고유한 정서가 언제나 우호적이었다고만 볼 수는 없게 된 것이 이제는 서글퍼지려고 한다.

작게는 저녁 지을 시간이 다 되었음을 알려 주는 시계 역할에서, 크게는 한해 농사의 풍작 여부를 가늠케 하는 잣대 역할을 하면서, 외로울 땐 외로움을 달래 주고 고통받을 땐 그 고통을 함께 하는 친구처럼 그렇게 호흡해왔던 달은 이제 더 이상 우리에게 없는 것인가, 달마중, 강강술래, 달집태우기, 달에 큰 절 하기 등, 우리 고유의 민속놀이들, 그게 이제는 다 어디로 갔는가, 미국에서도 세계인이 뉴욕으로 몰려들 때, 조선족에게 보이는 달은 더 이상 계수나무 한 그루와 토끼 한 마리를 떠올리는 달이 아닌 것이 눈물겨울 따름이다.

정서 또한 상당한 차이를 나타낸다. 여자에 주린 남자들과 남자에 주린 여자들의 눈에 보이는 뉴욕의 조선족의 달은 대개 밤길을 걸으면서 내가 느꼈던 적막과 고독 그것일 것이다.

그렇다면 우리와는 다른 서양인의 달에 대한 정서는 또 어떤 것인가, '지킬 박사와 하이드', '오델로', '문 스트럭', 그리고 영화 '울프'를 보면 알 수 있다. 달은 하나와 같이 사람을 미치게 만드는 존재다. 그렇다고 생소한 것도 아니다. 이미 우리는 드라마나 또는 영화에서 귀신이 등장하는 대목쯤 되면 느닷없이 구름에 반쯤 가린 달이 등장하는 장면들을 심심찮게 구경했다.

때문에 자동차의 헤드라이트와 화려한 네온사인, 포장마차 '오빠 어디 가'와 '달 빛' 룸 가라오케 바에서 뿜어나오는 아가씨들의 능갈맞은 웃음소리와 그 노래 속을 헤매고 다니는 오늘의 플러싱 일대 조선족 남정네들의 달에 대한 사랑과 환상은 사라져버린 지 이미 오래이다.

결국 달이 이처럼 몰락해 버린 오늘의 조선족 동포사회의 삶과 꿈과 희망은 달과 함께 멀리 달아나버렸다. 아무도 관심을 가지고 봐 주지 않는 플러싱의 하늘 꼭대기 위에 썩은 달걀 모양을 하고 숨죽이며 내려다보고 있는 것이다.

다분히 감상적이긴 하지만 아무튼 달의 몰락이 우리의 동포사회에 가져 온 정서적인 몰락은 적지 않다. 그러나 달은 지금 이 순간에도 고요히 밤하늘을 지키고 있고, 우리들이 다시 찾아주기를 외롭게 기다리고 있는데도, 어느 틈에 나는 눈꺼풀이 내려오려고 한다.

오늘 밤에 잘해주지 못했던, 내일의 계집에게 '오르가즘'이라는 최고의 선물을 드리기 위하여 잠시라도 눈을 붙여야겠다. 젠장, 지금은 달이고 태양이고 그게 다 무슨 소용 있나, 민초(民草)들에게는 그럭

저력 죽지 않고 돈만 많이 벌어서 잘 살아만 가면 되는 것이 아니겠는가, 하긴 어떻게 잘 사느냐가 문제이긴 하지만!

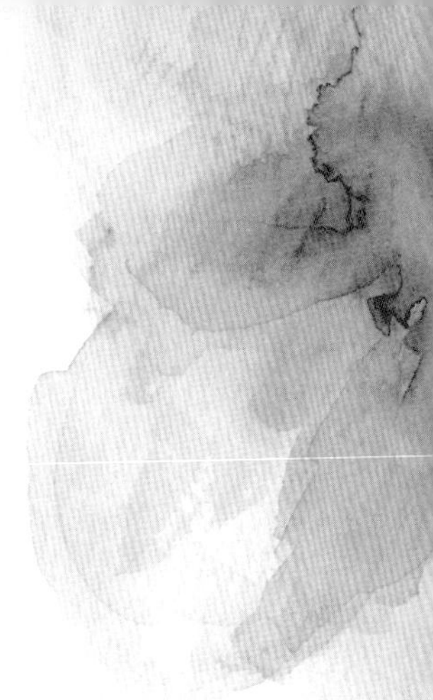

당신은 엉뚱한 개구리에게 키스했을 뿐이다

여자와 손가락을 부딪쳐본 일 없이 꼬박 3년을 보냈을 때, 혹간 길가에서 여자만 보아도 손으로 두눈을 싸쥐곤 했던 적이 있었다. 혹시라도 쥐를 만난 고양이의 동공(瞳孔)처럼 갑자기 곧아지지 않느냐는 걱정 때문이었다. 이것은 성에 주린, 정확하게는 여자에 주린 인간 남자들의 가장 정상적인 생리현상이라고 보는데 토를 달지 못할 것이다.

그 후 한번은 볼프강 페터슨(Wolfgang Petersen) 감독의 '퍼펙트 스톰(Perfect Storm)'이란 영화를 보면서 느끼게 된 첫 감상은, '안드리아 게일' 호의 선원들처럼 인간은 어디서 어떻게 살아가든 어느 때 누구와 함께 살아가든 자신들의 삶 앞에 어떤 지옥이 펼쳐질지 모른다는 것과, 그 지옥 가운데서도, 어떤 지옥이든지 다 좋다. 제발 여자 없는 지옥만은 싫다고 소리친다면, 오늘도 여자에 주려 있는 남정네들은 모두 나를 밉다고 하지는 않을 것이다.

뭐, 약간 과장된 표현일 수도 있다. 주인공인 바비 섀트포드

(Bobby Shatford)를 보라, 변호사에게 아직 이혼소송 수임료도 다 갚지 못한 상태이지만 새 생활을 시작하려 배에 승선하는 모습은, 오늘도 미국으로 밀입국하고 있는 조선족 동포들의 험난한 여정을 연상시킨다.

'안드레아 게일' 호가 자신의 불행을 바꿔줄 마지막 기회라는 기대를 하였지만, 인류 역사상 한번도 지구를 찾지 않았던 거대한 폭풍의 소용돌이와 만나게 될 줄을 어찌 생각이나 했겠는가, 비록 선원 전체가 실종되지만, 자연 속에서 살아남기 위해 인간은 무엇보다도 자연과 싸워야 한다는 도리를 설명해준다. 어떤 경우 그 싸움은 무의미할 수도 있고 어리석을 수도 있다.

하지만 그런 경우라도 싸움 자체의 숭고함은 남아 있다. 그게 바로 인간이라는 생물의 존재를 지탱해주는 것이라고 생각한다. 특히 1620년 '메이플라워호(Mayflower)'를 앞세우고 영국의 플리머스를 출항하여 매사추세츠주 연안(후의 플리머스)에 도착하였던 청교도들은 사랑보다는 남녀에 대한 강력한 종교적 가치관을 가지고 동거와 간음에 관한 법률을 제정해왔지만, 천만에 말씀, 그런 법률들은 오늘날 여지없이 무시된 채로, 인간은 생존 그 자체를 위하여 자연과도 싸우고 자연의 생리적 욕구와도 싸워가고 있는 것이다.

여기서 일단의 생리적 욕구를 말할 때, 쉽게 짐작할 수 있듯이 가장 큰 욕구는 바로 섹스 문제다. 그럼에도 불구하고 로라 슐레징어(Laura Schlessinger) 박사 같은 사람은 특히 여자 측에 대해서 '인생을 망치는 열 가지 방법(Ten stupidest Thing Women Do to Mess Up Their Lives)' 가운데서 남자와 집 잡고 몰래 동거에까지 들어가는 것을 각별히 경계해야 한다고 주의를 주고 있다.

여기서 우리는 그것을 받아들이지 못하는 이유가 얼마든지 있다.

뭐냐고? 이미 '바람피우기'를 시작했는데 데이트만 하고 같이 붙어살지는 말라고? 왜 이러셔! 아침에서 저녁으로, 저녁에서 새벽으로 하고 싶은 것이 섹스뿐인데, 붙어살지는 말고 계속 그냥 머리와 메이크업을 하지 않은 상태에서 스크린 테스트만 해보라고 하니 말도 안된다며, 남녀들은 눈 맞아 지내던 여자와, 또는 남자와 함께 거칠고, 엉뚱하며, 예측할 수 없는 모험의 세계로 감정선의 안전벨트조차 꽉 조이지도 않은 채로 총망스럽게 동거(同居)를 시작한다.

그야말로 연애보다도 짜릿하고, 결혼보다도 행복한 '바람피우기' 섹스를 즐기고 있는 남녀들, 미국에 온 지도 꽤 됐겠다, 빚을 갚고나서 모아둔 돈도 있겠다, 거기다가 사타구니 속에 축적해둔 힘도 철철 넘치겠다, 무엇이 아쉬운가고, 밤낮으로 붙어지내지만, 그러나 오래 사귀어본 사람들은 그 누구나 다 잘 알다시피, 세상 어데고 동화 같은 해피엔딩은 없다.

오히려 빠른 시간 내로 혼자 살면서 '바람피우기'를 하던 그 나날들이 행복했다는 것을 절실히 느끼게 될 것이다. 그 모든 끔찍한 데이트, 짝사랑, 가슴이 미어지는 이별을 겪어내며 우리는 터널 끝에 빛이 보이리라는 꿈을 꿀 수밖에 없을 바에는, 차라리 데이트만 하고 '바람피우기'만 즐기면서 살겠다. 행여라도 터널끝 속으로 너무 깊게만은 들어가지 마시라, 이미 들어간 사람들은 빨리 돌아나오라, 나와서는 과거를 생각하거나 실수한 자신을 나무라는 데 너무 많은 시간을 보내지 말자. 엉뚱한 개구리에게 키스했을 뿐이라고만 생각하면 된다. 그게 뭐 대수랴!

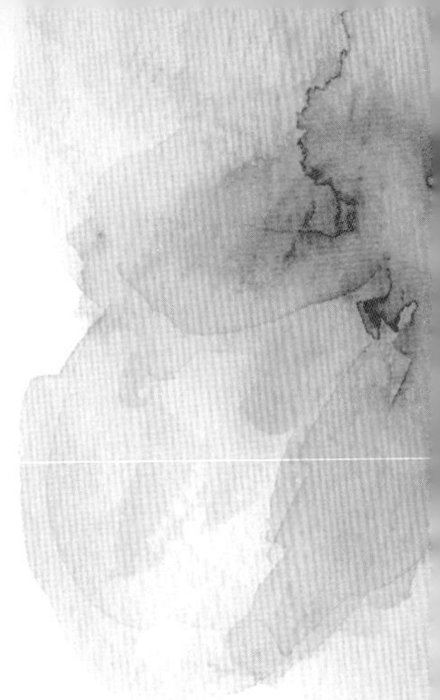

질탈(膣脫)

나는 여자의 심장소리가 툭툭, 뛰지 않고 쿵쿵 뛴다는 것을 안다. 그것도 최근 어느 한 차례 섹스 도중에 알게 되었던 일이다. 일설에 '날라리'들은 봄에 연애를 하고 여름에는 섹스를 하고, 가을에는 유서를 쓴다고 하더니, 벌써 가을을 맞으면서 낙엽이 되어가는 내 젊음의 노트 위에 마지막 눈감은 새의 흰 눈꺼풀마냥 혼이 빠져나가다시피 되어버린 내 여자, 이 노처녀가 글쎄 갑자기 추석을 하루 앞두고 허둥지둥 나에게로 달려온 것이 아니겠는가!

봄에 만나 여름한철 내내 연애에만 골몰하면서도 죽어라고 몸은 주지 않던 여자가 갑자기 가을과 함께 나에게로 달려와서, 다짜고짜로 나의 손을 잡고 발을 동동 구르는데 벌써 눈에는 눈물이 그렁그렁해졌다. 무슨 일이냐고 물었더니, 자기처럼 나이 서른을 넘어먹도록 시집가지 않고 고향에서 열심히 회사에 다니던 사촌언니가 추석을 앞두고 갑자기 죽었다고 하면서, 어쩌면 자기도 언니처럼 죽게 될지 모른다고 슬픔에 잠기는 것이었다.

사촌언니가 죽은 병명은 언니를 염장할 때 곁에서 장의사 사람들을 시중들었던 할머니만 혼자 알고 있었다. 할머니가 몰래 여자에게 알려주었던 모양이었다. 그래 그게 무슨 병이었느냐고 캐물었더니, 쥐의 귀가 삐죽이 기어 나왔더라는 것이었다. 할머니의 말씀인즉, 그때쯤 되면 여자는 벌써 죽을 때라 오라지 않다는 것이었다. "그런데 글쎄 오늘 목욕을 하다가 나도 깜짝 놀란 거 있죠. 나한테서도 쥐의 귀가 쬐끔 나오기 시작했더란 말이에요! 그러니 나 어떡해요? 나 정말 죽기는 싫단 말이예요! 아직 시집도 못가고 이렇게 죽기는 싫단 말이에요!"

여자의 심장소리가 툭툭 뛰지 않고, 쿵쿵하고 뛰는 것을 알게 된 것이 바로 그날 밤에 있었던 일이었다. 벌써 죽은 쥐의 귓바퀴가 절반은 기어 나오기 시작했다는 것에 겁에 질린 노처녀와의 첫날밤을 보내고 있었다. 너무 심장이 뛰어서 이러다가 하는 도중에 혹시 죽을 수도 있지 않을까 하고 걱정하면서 여자는 나를 잡이당겨 자기의 가슴에다가 귀를 대보게 하였다. 심장이 얼마나 급하게, 그리고 얼마나 세차게 뛰는지 한번 들어보라는 것이었다.

아니나 다를까, 진짜 어디서 쿵쿵 하는 소리가 들려왔다. 당장 무슨 소리인지 실감은 나지 않았지만, 그래서 나는 심장은 툭툭하고 뛰지 쿵쿵하고 뛰는 것은 아닐 텐데, 하고 중얼거리면서도 다만 허둥지둥 여자의 허리 아랫도리를 벗기기에만 급했더니, 웬걸, 바지에 허리띠는 없었지만 어디에 또 숨은 단추가 하나 있어서 잘 내려오지 않았다. 한참 뒤지는 도중에 여자가 슬쩍 엉덩이를 들어주면서 단추가 허리 뒤춤에 있음을 알려주었다. 그런데 단추를 풀고도 바지가 잘 내려오지 않아서 이번에는 또 옆구리 쪽에서 반 뼘 남짓한 길이의 지퍼를 하나 찾아냈다.

단추는 그냥 가볍게 살짝 튕겨도 잘 빠져 나오는데 지퍼는 좀 애를 먹였다. 마치도 무엇을 뜻하는 인간의 언어마냥, 이 가을을 속삭여주는 인간만의 속성을 뜻하는 것 같아서, 여자랑 한몸이 되어 가을을 뒹굴어간다는 것이 어느새로 나의 몸은 쿵쿵거리는 그 부름소리와 함께 언덕너머 마을 산길로, 또 그다음에는 가로수 그늘진 도시의 신작로로, 다시 쿵쿵거리고 부르는 소리가 하늘을 흔드는 나루터에서, 혹은 시골 역에서 나는 무슨 부름같은 것을 듣고 있었다.

그러는 와중에도 죽은 쥐의 귀가 위쪽에도 아니고 한가운데 나와 있는 노처녀는, 정말 이대로 섹스 도중에 죽을 수도 있다는 절체절명(絶體絶命)하는 마음으로 나를 받아들였고, 이미 달아오르기 시작한 여자의 몸은 곧장 뻗은 고속도로가 산을 뚫고 들을 지나 아득한 지평선으로 넘어가듯이 푸른 산골짜기로 꼬불꼬불 도는 하얀길이 내 몸 밑에 깔려있었다. 이미 그것은 가을을 타는 내 마음에 희망을 불어넣어 내 발에 활기를 주는 손짓이 되고 있었다. 나는 그 희망을 찾아 그 손짓을 따라 이 가을을 넘어 겨울에서 봄으로 계속 드팀없이 가야겠다는 즐거운 유혹에 빠져있었다.

계속 쿵쿵하고 들려오는 노처녀의 심장소리가, 여자는 나의 삶을 부풀게 하는 그리움이었음을 일깨워주고 있는 것 같았다. 그래서 그 그리움의 부름을 따라가는 황혼에 물들어가는 한 마을의 논길과도 같은 여자의 몸은, 지금 막 버스가 오며가며 먼지를 피우고 지나가는 신작로가 되는가 하면, 또 산언덕을 넘어 내려오며 엽초를 태우는 아버지와, 친정을 찾아오는 딸과, 이웃마을에서 친구보러 오는 동무가 되어주기도 하는 것이었다.

그렇게 희망을 따라 떠나라 부르면서도, 그리움을 간직한 채로 여자는 다시 꼭 돌아와야 한다고 말해주듯이, 끝없이 쿵쿵거리고 이 가을에도 울려오고 있는 계절의 맥박처럼…….

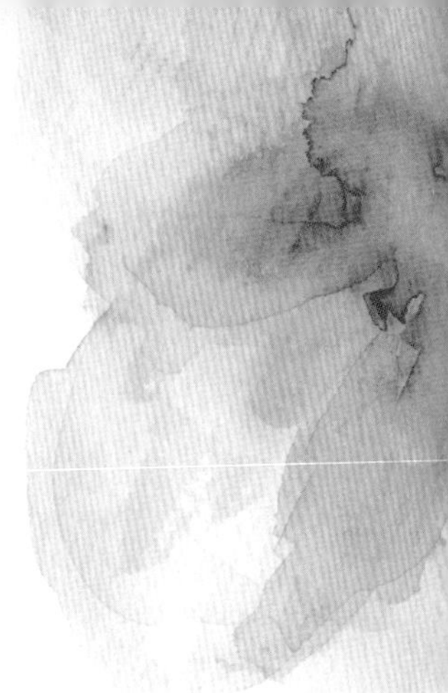

잊혀지는 것은 아름다움이 사라지기 때문

“고 루 안드레아스 살로메”라는, 정신분석학자 프로이드가 한 여인을 짝사랑하면서 쓴 책을 보면, 프로이드가 생전에 얼마나 그녀를 사랑했던가를 알 수 있다. 국제정신분석학회 바이마르 회의에 참가하러 왔던 네덜란드 페테부르그의 여류작가 루 살로메를 만난 프로이드는 유부녀였던 그녀의 아름다움에 빠져버렸고, 그녀가 세상을 떠난 후에는 바로 이 책을 써서 그녀를 기리였다고 한다. 그렇다면 그녀는 무슨 여인이었을까? 별로 알려지지는 않은, 그러나 독서(讀書) 만권을 돌파한 대단한 박식가였고, 작가였다고 한다.

자세하게 소개되어 있지는 않으나 생각 밖으로 인물은 별로 뛰어나지 못했다는 사실에 놀라게 된다. 그러면서도 무릇 그녀와 이야기를 주고받은 남자들은 모두 그녀에게 빠져버렸다고 하니, 과연 그녀에게는 무슨 매력이 있었던 것일까? 그것도 보통 남자들이 아니고 세계적인 철학자 니체로부터 처음 구혼을 받은 것은 21살 때, 그렇지만 니체는 거절당했고, 그녀는 카알 안드레아스라는 남자와 결혼하게 되며, 그 후에는 또 게르하르트라는 당시 유명한 극작가의 열렬한 구애(求愛)를 받게 되고, 그에 이어서 프로이드를 만나지만 그 남자들 역시 그녀를 짝사랑만 했을 뿐이었다.

그처럼 주변에 숱한 남자들의 그림자가 얼씬거렸지만, 그녀는 결국 한 남자의 아내로 켓딩켄 대학의 하인베르크 언덕에서 죽을 때가지 살았다. 남자가 많았다는 것은 우리 유교문화권(儒教文化圈) 민족에는 그렇게 정서에 맞는 여자가 아니지만, 그래도 끝까지 한 남자의 아내로 생을 마감했다는 사실은, 오늘날 집만 나서면 남편이고 자식이고 다 팽개치고 쌍쌍이 짝을 찾고 만나 살아가고 있는 남정 아낙네들을 생각하게 만든다. 그렇게 붙어살다가 싫증나면 또 금방 헤어져야 하고, 헤어지기 바쁘게 서로가 잊혀지는 우리 삶의 가장 보편적인 현상을 두고, 루 살로메에 대해서 생각할 때, 두말할 것도 없이 그녀는 분명 육체의 아름다움보다는 고귀한 정신의 소유자였으며, 만권의 독서로 자신의 내면세계를 불태웠고, 그 불태운 열정이 몸 밖으로 넘쳐흐르고 있었음을 알 수 있다. 그것도 또한 철학자 니체와 정신분석학자 프로이드가 사랑했던 여자라니 말이다. 또한 여럿 남자의 중심에 있었고, 이미 결혼한 여자이며, 나이도 어지간하지 않은 여자가 그 많은 남자들로부터 선망의 대상이 되었다는 것은, 그녀는 절대로 외모의 아름다움에 의존한 여성은 아니었다고 감히 장담할 수 있다.

외모는 그 아름다움이 사라지는 날, 바로 사람들로부터 잊혀지지만, 내면세계가 아름다운 사람은 먼저 자기 자신이 삶의 여유가 있고 또한 날이 갈수록 더해 가는 것이어서 노인이 되어서도 멋있는 삶을 누리게 되는 것이다. 그런 사람은 우리 앞에서 사라진 후에도 기억 속에는 오래오래 남아 있게 되는 것이다.

새해는 자신의 삶에 여유가 있는, 그런 아름다움의 여자와 한번쯤 만났으면 좋겠다. 싫증나서 금방 헤어져야 하는 단순한 목적의 여자, 서로가 서로에게 쉽게 싫어져 헤어지는 요즘 남녀들의 사랑 아닌 단순한 배설(排泄)을 위한 목적의 동거행위(同居行爲)가, 하루하루 시간이 가고, 벌어들이는 돈은 많아지는 대신 정신적으로는 한없이 퇴폐되고, 몰락의 일로를 줄달음치고 있는 우리들의 동포사회를 관망(觀望)하며, 그러나 올해 새해에는 너남이 한번쯤은 여자의 나이나, 또는 여자의 외모보다는 그의 내면세계를 들여다보는 멋도 배워두었으면 좋겠다.

봄 같은 겨울이 가고 있다. 대서양의 신선한 바닷바람에서 맑은 햇살을 받으며 겨울 같지 않은, 봄 같은 겨울이 가져다주는 자연에 대한 불안과 걱정을 떨어버려야 할 때다. 그래서 그런지 우리로 하여금 새해는 어떻게 살아야 하나고 작년을 돌아보며 올해 앞날을 생각하게 한다. 피어나는 봄 보다는 봄 같은 겨울을 보내는 우리의 내면을 더 아름답게 만드는 방법은 없을까?

나는 이럴 때, 동포들 모두 술상에는 적게 앉고, 노래방으로 적게 드나들고, 모두 저마다 좋은 책 한권씩이라도 손에 들고 친한 친구들과 마음의 여유를 나누며, 책 이야기로 우리의 삶이 장식되는 날이 빨리 와주었으면 고맙겠다. 그리고 그런 바람이다. 누구나 모두 좋은 책 한 권씩은 마련하여 자신이 먼저 다 읽고나서, 그것을 정성스럽게 메시지와 함께 사랑하고 좋아하는 사람에게 선물하는 새해가 되었으면 좋지나 않을는지?

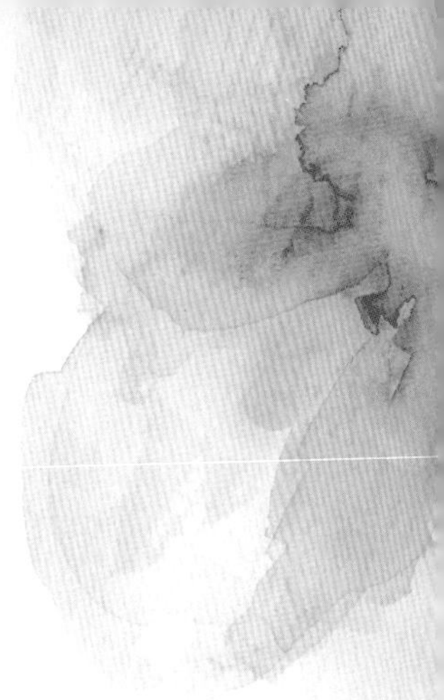

폭염인생

바른대로 말이지 나에게 해마다 찾아드는 여름은 늘 그 여름이다.

그런데 올해 여름이 나에게 주는 기분은 좀 다르다. 폭염 때문에 사춘기 소녀처럼 발끝부터 차오르는 열정에 숨막히는 공포가 인다. 이런 공포를 멋도 모르고 행복 바이러스라고 혼자 좋아했던 적이 있었다. 마냥 부석부석하게 잠이 모자란 듯한 얼굴에 윤기가 돌고 에스컬레이터에 올라 지하철에서 나올 때도 가만 서있지 않고 척척 올라 걸으며 나는 밤도 아닌 대낮에 이상하게도 엔도르핀이 분비되고 있는 것이 아닐까 하고 의심했다.

웃기는 일이다. 해마다 찾아드는 이 여름이 그처럼이나 세상을 볶으며 이 타는 가마 안에서 이리저리로 비틀리고 있는 사람들을 지독한 좌절감과 숨막히는 긴박감 안에다가 가슴을 타고 앉아 내리 누르지만 나는 여름을 내 삶의 모든 것을 표현할 수 있는 교향곡이라며 좋아했다. 물론 이 교향곡 안에는 나의 경험, 나의 고통, 나의 존재 나의 모든 인생관이 들어있다고 생각한다. 이 인생관을 숨막히는 헌신과 열정으로 녹음한 위대한 레코드판이 되어 이 여름을 달리고 있는 것이라고 생각했다.

어디서 흐드러진 솜같은 먼지가 날려와서 내 얼굴에 덮치고 또 어디서 끈끈한 수액같은 것이 나의 손에 묻어오며 인사와 악수를 청하기도 한다.

밤도 아닌 한 대낮에 어떻게 되어 길을 가면서 혼자 오르가즘이 느껴오고 순간 옥시토신이 분비되는 것일까 하고 의심하며 나의 손에 수액을 묻혀놓은 길가의 아름드리나무 밑에 서서 저마다 햇살 하나씩은 어김없이 키워가는 이 여름의 나무 한그루 풀포기 꽃 한 송이라도 어느 것 하나 사랑스럽지 아니한 것이 없었다. 바로 이 시간 매미가 맴맴거리고 우는 여름밤에도 산천초목은 무성하고 모든 생물은 경쟁하듯 성장의 고속 주행을 시작하는 시간에도 어느 시골학교의 시집 안간 처녀선생님은 힘들고 고닦해도 내색 한번 내지 않고 산골짜기 마을마다 학생들 가정방문 다니고 있을 것이다. 조랑조랑한 도랑물이 찰랑거리고 초가 흙담 볕 그늘 아래서는 코뚜레에 묶인 누렁소가 말없이 앉아 빨갛게 열린 토마토 밭을 물끄러미 바라보고 있을 것이다.

이 불볕더위, 찜통 여름에 사람이고 동물이고 가릴 것 없이 모두 나무와 숲의 울창한 그늘 속으로 숨어버리는 때도 하늘을 나는 새를 동경하며 매인 데 없이 훨훨 날 수 있기만을 바라던 여름이 이제부터는 중복, 말복을 다 넘어 가을로 가려고 한다. 마치 사과가 봄에 꽃을 피워 여름의 작열하는 태양의 뙤약볕 아래 폭염과 지루한 장마를 거쳐 가을에 풍성한 열매를 맺으려고 하듯이 말이다. 꽃이 진 자리에 아무도 모르게 생겨나 한 여름의 폭염과 천둥과 태풍, 비바람을 견디고 자라가던 이름도 모르는 맛있는 향긋한 냄새의 열매 하나가

나의 삶속으로 들어왔다가 내 인생의 폭염과 태풍을 견뎌내지 못하고 살그머니 사라져버렸다. 숨막히는 더위 속에서 천리 황톳길을 걸어가는 한센병환자 같은 내 뒷모습을 몰래 지켜보며 혼자서 예쁘게 더 달금하게 피겠다고 사라져버린 것이다.

길지 않은 인생동안에 경험하는 이와 같은 만남과 헤어짐이 나에게서는 흥분과 오르가즘을 반복하는 것처럼 옥시토신의 분비가 줄었다 늘었다 하지만 이런 인생의 터치는 스트레스를 누그러뜨리기는커녕 보다 나를 끝없는 반항과 절규 그리고 투쟁 속으로 몰아간다. 하지만 이렇게 한번 흥분하다가 한번 식어들 때에 나의 몸속에서는 면역글로불린이라고 불리는 항체의 수준이 떨어져가고 있다.

그리고 더는 어제처럼 에스컬레이터에서 훌쩍훌쩍 걸어 오르지 못한다. 이 잔혹해져버린 폭염 때문에 한번 무거운 몸을 움직일 때마다 눈앞에서 별들이 하나씩 빛을 내다가 빛을 잃어간다. 녹록치 않은 세상을 살아가는 내가 되고 만다. 지지리도 여자 복이 없는 내가 되고 만다고 냉소적이고 허무한 인생관을 나 스스로에게 주입시키는 일만 남아버리는 것이다.

그렇게 잠깐 눈깜짝 하는 사이에 나에게는 또 하나의 추억이 생겼고 이 추억의 오솔길로 더듬어가는 여름 밤, 우수(憂愁)의 달빛마저도 폭염 때문에 나른해 있는 여름밤의 타는 시간을 사랑하고자 한다. 모든 어제의 아픔을 추억하는 것을 향락하는 것만큼 사랑하는 나의 이 여름은 비록 거칠기 그지없지만 나 아니면 누가 이 거친 여름의 추억을 알 것이고 이 추억의 향락을 알 것이겠는가. 나처럼 이런 아픔 속에서 스스로 내 생명의 약동을 보고 내 생명의 법열(法悅)을 얻어가는 사람을 내놓고!

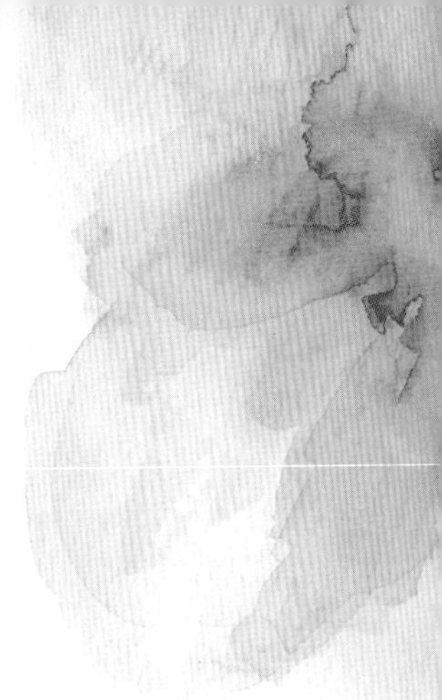

뽀뽀시대

왜서들 그렇게나 많이 '뽀뽀'를 하는지 모르겠다.

지하철이고, 레스토랑이고, 백화상점이고, 거리한복판이고 어디고 가리는 데가 없이, 잠깐만 서있는 사이에도 빽빽 소리까지 내가며 뽀뽀를 한다. 미국 사람들 말이다.

한번은 지하철을 타고 맨해튼으로 가는데 빈자리가 없어 잠간 문가에 서있으려니까 바로 나의 앞에서 젊은 남녀가 한 몸이 되어 뽀뽀를 하고 있다. 나의 얼굴과는 한 뼘도 되나마나한 거리에 두 남녀의 입술이 마주 붙어 있었다. 그래 당황하여 얼굴을 돌렸는데 돌린 이쪽에서도 또 두 놈이 빽빽거리고 뽀뽀를 해댔다. 그래 더는 돌아설 데가 없어 머리를 푹 떨어뜨리고 서있으려니까, 뒤에서 픽픽거리고 웃는 소리가 들렸다.

가까스로 빈자리기 하나 생겨서 재깍 차지하고 앉으니까 곁에서 또 어떤 남녀가 둘이 뽀뽀를 해대는데 흘깃 훔쳐보니 웬걸, 백발이 성성한 할아버지와 할머니가 마주 앉아서 뽀뽀를 하고 있지 않는가.

온 얼굴에 주름살이 조글조글한 것은 물론 입술까지도 깊은 주름이 내리덮였다. 그런데도 뭐가 그리 좋은지 입과 입을 부딪치면서 뻑뻑하고 소리를 내며 쉴 새 없이 "I love you"를 내뱉는다.

나는 멋쩍게 앉아 뽀뽀소리를 귀에 들으면서 가까스로 맨해튼까지 갔다. 그런데 이게 무슨 일이냐. 점심을 먹으려고 한 빵집으로 들어갔더니 줄을 서서 기다리는 사이에도 앞에서 또 어떤 연놈이 둘이 부둥켜안고 서서 뽀뽀를 해대느라고 정신이 없다. 앞에 줄을 섰던 사람들이 사라졌으므로 그 두 연놈의 차례인데 뽀뽀를 하느라고 정신이 없으니까 그의 뒤에 선 나와 다른 사람들이 모두 말을 못하고 묵묵히 서있을 따름이었다.

보다 못한 주인이 매대 안에서 "May I help you" 하고 냅다 소리쳤다. 그제야 정신 차린 그들은 떨어져서도 계속 손을 잡고 샌드위치를 시들고 자리를 찾아가는 것이었다. 그런데 마주 앉아서 샌드위치를 물어뜯기 전에도 두 놈은 또 거위처럼 앞으로 목을 빼들고 뽀뽀하는 것을 잊지 않았다. 그러니까 이 미국 사람들은 아마 아침 일어나서부터 저녁 잠들기 전까지 틈만 나면 뽀뽀부터 하는데 곁에 누가 있건 없건 상관없고 대낮이고 밤이고 줄곧 뽀뽀만 해대는데도 또 이혼은 얼마나 잘하는지, 아침에 뽀뽀하면서 결혼식을 올리고 저녁에 "빠이빠이"를 외치며 이혼하고 갈라져버리는 일이 너무 흔하게 일어나고 있다.

그래서 나는 미국에서 사는 동안 미국 사람들이 아침저녁으로 입술이 닳도록 뽀뽀도장을 찍어가면서도 툭하면 이혼하고 갈라져 혼자 사는 연놈들은 왜 또 그렇게 많은지에 대하여 가만히 생각해보았다. 틀림없이 미국 사람들의 뽀뽀는 사랑해서 하는 뽀뽀가 아닌 것 같았다.

마치도 하루라도, 한시라도, 한순간이라도, 뽀뽀를 하지 않으면 마음이 변하고, 마음이 변하면 갈라지게 되니 그것이 무서워 자꾸만 뽀뽀를 하는 것이다. 불안해서 뽀뽀를 하는 것 외에도 또 확인하기 위해서 뽀뽀를 하고 있는 것이다. 뽀뽀를 하고 있는 이 순간만큼은 아직도 헤어지지 않았다는, 아직도 사랑하고 있다는 그런 증거 같은 것을 위해서 뽀뽀를 하는 것이다.

놀라운 것은 뽀뽀를 하는 동안만이라도 사랑한다는 것이 확실시 된다면, 미국 사람들은 차라리 잠을 자지 않는다. 한순간이라도 확실시 되지 않는 사랑 없는 시간은 보낼 수 없기 때문이다. 그래서 어제도 뻑뻑, 오늘도 뻑뻑, 쉴 새 없이 뽀뽀를 하지만 나는 세상에서 제일 뽀뽀를 잘하는 나라의 사람들이 이혼도 제일 잘한다는 이론을 발견하기에 이르렀다.

끝으로 물론 이것은 아주 황당한 이론이라는 것을 승인한다.

창녀예찬

오 헨리의 '마지막 잎새'를 찾아

6

오 헨리의 '마지막 잎새'를 찾아

해리가 샐리를 만났을 때의 그 영화 속으로

페페로소 투고의 파스타

엘마 샌즈의 유령과 만나다

한 슬픈 여자와의 기이한 인연

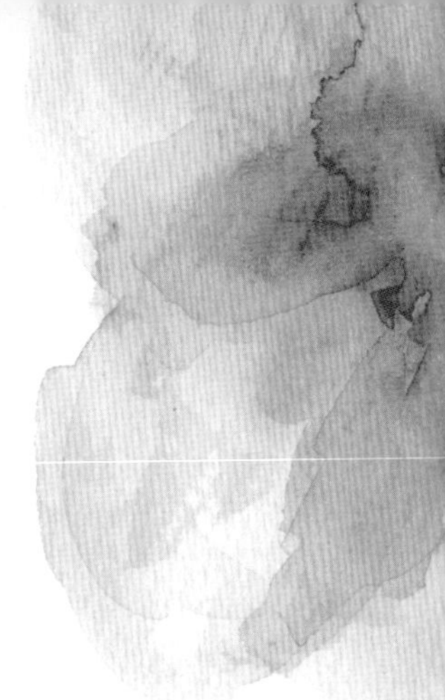

오 헨리의 '마지막 잎새'를 찾아

아무리 수많은 인종과 문화가 어울려 모자이크를 이룬 도시라고 해서, 아니면 다양한 가치관 문화를 있는 그대로 받아들이고 각자의 개성을 더해 멋진 조화를 이루어가고 있는 도시라고 해서, 뉴욕을 사랑스럽다고만 말할 수는 없을 것이다.

여기서 새로운 문화를 경험하고 싶고, 나와는 다른 사람들을 만날 수 있는 것만으로도 만족하는 젊은이들은 흔하다. 거리, 건물, 담벽, 지하철 어디서나 생각지도 않는 멋진 미술 작품들과 만나게 되고, 여기저기로 걷다보면 자기도 모르게 "어쩜, 저런 생각을"하고 이 뉴욕에서 숨쉬고 있는 사람들에 대한 감탄을 내뱉게 되는 갤러리와 미술관이 아닌, 갤러리와 미술관 속에 소장된 거대한 캔버스에 칠해놓은 페인팅들이 하나의 대형 작품이 되어 용수철마냥 통째로 세상 밖으로 튕겨 나와 인류 앞에 군림하고 있는 듯한 그런 착각을 일으킬 정도로 사람을 미치게 만드는 괴물과도 같은 뉴욕의 오만가지 명물 속에서도 가장 유명한 동네 하나가 있다.

내가 사는 플러싱에서 7번 지하철을 타고 40분가량 달려 40가의 타임스퀘어에 도착, 여기서 다시 A나 B, 또는 C, D, E, F 아무 노선이나 바꿔 타고 15분가량 달려 W4 역에 도착하여 밖으로 나오면 뉴욕대학교(NYU)와 디자인으로 유명한 파슨스(Parsons School. of Design)가 보이고 여기서 시작되는 워싱턴스퀘어의 튀는 듯 번잡한 사람들 속을 뚫고 남쪽 블리커 스트리트와 맥도갈 스트리트가 만나는 모퉁이로 접근한다. 여기 모퉁이에 자리하고 있는 르 피가로 카페(Le Figaro Cafe)는 세계적인 소설가로 모든 문학을 배우는 사람들이 모르면 안된다고 말할 수도 있을 성싶도록 너무나도 유명한 미국의 작가 오 헨리가 자주 찾던 곳이다.

아마 자세하게 모르긴 해도 세계 여느 나라의 교과서들에서도 오 헨리와 그의 유명한 대표작 가운데 하나인 『마지막 잎새』를 소개하지 않은 나라의 교과서는 없을 것이다.

폐렴에 걸려 나날이 병세가 악화해 가지만 삶을 포기한 채 창 밖 담쟁이의 잎만 세며 마지막 잎새가 떨어질 때 자신도 함께 죽게 될 거라고 말하는 뉴욕 그리니치 빌리지의 한 가난한 화가 존시와 그의 살려는 의지를 돋워 주기 위해 온갖 노력을 하는 친구 수우 그리고 아래층에 사는 화가 베어만 노인의 필생을 꿈꾸는 걸작과 현실에서는 싸구려 광고물이나 그리며 근근이 살아가는 모습의 이야기이다.

그런데 기가 막힌 것은 밤새도록 세찬 비와 사나운 바람이 불던 어느 날 아침 수우가 창문을 열어보니, 벽돌 담벽에 담쟁이 잎새 하나가 그대로 붙어 있다. 이틀째 마지막 잎새가 여전히 붙어 있자 존시는 생명을 포기하려던 마음을 고쳐먹고 살려는 의지를 가지게 되지만, 의사가 존시의 완쾌를 알려주던 날 수우는 그 마지막 잎새는 베어먼 노인이 비바람 몰아치던 밤 담장에 그려놓은 것이었으며, 노

인은 그날 밤 얻은 폐렴으로 죽었다고 말해주면서 이 소설은 문득 끝나버린다.

평생 동안 300여 편의 단편만 남긴 오 헨리의 작품은 예외 없이 기발한 착상과 페이소스로 알려져 있지만 그중 압권은 ‘놀라운 결말’, 즉 마지막에 스토리가 반전을 이루면서 예기치 않은 귀결을 맺는 구성의 묘미가 문학을 배우는 사람들에게는 하나의 독특한 매력이 아닐 수 없다. 특히나 그의 단편들은 무엇보다도 삶의 아이러니를 그리고 있는데, 긴 머리를 잘라 남편의 시곗줄을 산 아내와 아끼던 시계를 팔아 사랑하는 아내의 머리핀을 산 가난한 남편 이야기인 『크리스마스 선물』이 그렇고 20년 후에 한 명은 형사로, 또 한 명은 수배돼 도망 다니는 범죄자로 만나는 두 친구의 이야기인 『20년 후』도 또한 예외가 아니다.

여기서 『크리스마스 선물』의 원 제목은 『매치의 선물』로써, 내가 초중을 다닐 때 연변라지오방송에서 방송극으로 제작되어 방송되기도 했었다. 그러나 그래도 유명한 것은 『마지막 잎새』이며 이 작품 속에 담긴 이야기처럼 끊임없이 나를 놀라게 하고 자꾸 나의 의도와는 동떨어진 곳으로 줄달음치는 아이러니로 가득찼던 나의 문학도시절을 그려보게도 만드는 르 피가로 카페(Le Figaro Cafe)에서 나는 우울할 때마다 노트북을 꺼내놓고 구글에서 검색하여 컴퓨터 속에 저장해둔 오 헨리의 여러 단편소설들을 읽곤 한다.

로버트 데이비드가 “오 헨리는 미국 단편을 더욱 인간적으로 만들었다. 나는 우울할 때마다 오 헨리를 읽는다.”고 했던 말에 호기심이 동했고, 과연 우울할 때마다 오 헨리의 작품들을 읽으면 무슨 안위라도 받게 될 것 같은 믿음 때문이었다. 정말 놀라운 것은 읽다읽다 자기도 모르게 작품 속에서 늘 방황하는 영혼들에 대한 따뜻한 애정에 함께 젖어들고, 혼자 뉴욕이라는 이 지구의 반대편 외딴 카페에서 곁에 친구 하나 없이, 애인 하나 없이 쓴 커피를 마시면서 내가 떠나온 나의 조국을 생각하고, 나의 민족을 생각하고, 나의 문학을 생각할 때에 어쩔 수 없이 슬퍼지고 우울해지지만 그래도 세상은 살 만한 곳이라는 확신이 담겨지는 오 헨리의 작품들에서 나는 어제가 아닌 오늘을 만들고, 오늘이 아닌 내일을 꿈꾸는 것이다.

오늘도 퇴근길에 W4 지하철역에서 중도하차했다. 내가 매주 2일 동안 파트타임으로 나가는 회사가 여기서 두 정거장을 더 내려가 카날(Canal)스트릿트 역에서 내리는데 출구 남쪽으로 좀 더 내려가 서쪽을 향해 펼쳐지는 허드슨 강기슭에 위치한 그리니치 구역에서도 한때 가난한 예술가들의 보금자리였던 이 동네에 세계에서 알아주는 갤러리와 프레임샵들이 골목골목 숨어있다. 낮에는 조용하다 못해 거의 농촌 같기도 하지만 밤만 되면 불야성을 이루고 관광객은 물론이고 카페와 바에 학생, 교수, 예술가들이 모여들고 극장과 영화관에는 관객들로 붐비고 재즈 바와 음악 클럽에서도 밤늦도록 공연이 이어지는 동네다.

지금으로부터 백년 전의 이 동네에서 바로 오 헨리의 『마지막 잎새』의 주인공들이 살았고, 이 동네에서 주인공들의 삶을 체험했던 오 헨리는 역시 주인공들과 별반 다름없는 고된 작업 속에서 그리고 악화된 건강과 금전적 압박, 거기다가 알콜중독증까지 겹쳐 텁수룩한 머리에 끌개신을 질질 끌면서 르 피가로 카페(Le Figaro Cafe)까지 와서 싸구려 커피를 받아놓고 소설을 써내려갔다. 그래서 그런지 그의 작품 속의 주인공은 가난하거나 불행한 사람들, 고독하거나 전과가 있는 사람들이 많다. 그러한 서민들의 생활에 작가는 따뜻한 인간애의 눈길을 돌려, 감동적이며 온화한 인간미를 담고 있는 것이다.

오 헨리가 죽고 나서 정확히 26년 뒤에 역시 이 동네에 와서 살았던 극작가 유진 오닐(O'neill)은 1936년『느릅나무 밑의 욕망(Desire under the Elms)』으로 노벨문학상을 수상한다. 오 헨리와 유진 오닐 등 이 몇 사람들의 이름만으로도 그리니치의 분위기를 느낄 수 있는 동네다. 그리고 이런 동네들이 점점의 촛불마냥 골목골목들에서 스러질듯 말듯이 가녀리고도 은은한 빛을 발산하는 뉴욕의 매력 가운데서 첫 손에 꼽히는 것을 외워보라고 한다면, 나는 단연코 백층을 넘는 맨해튼의 빌딩숲이나 또는 리버티 섬(Liberty Island)의 자유여신을 외우지 않는다. 뭐니뭐니 해도 오 헨리의『마지막 잎새』가 태어난 뉴욕의 뒷골목 그리니치 빌리지의 그 통일되지 않은 건물들, 어둡지만 묘한 매력을 발산하는 뒷골에서도 또 뒷골목을 외우지 않을 수가 없다.

왜냐하면 무릇 오 헨리를 알고 있고, 오 헨리의『마지막 잎새』를 읽었던 적이 있는 사람들이 모두 이 동네를 다녀가면서 보헤미안적인 분위기가 넘치는 백년의 뉴욕을 지켜오고 있는 어마어마한 문화적인 힘을 느끼게 되기 때문이다.

르 피가로 카페(Le Figaro Cafe)는 언제나 만석이었다. 다행히도 오 헨리의 유명세를 노린 노천 카페들이 주변에 많이 생겼다. 르 피가로외에도 보르지아(Borgia), 단테(Dante), 란테르나(Lantena), 레지오(Reggio) 이런 이름을 단 카페들이 주렁주렁 생겼다. 물론 커피맛은 나같은 사람에게 있어서 모두 거기서 거기다. 뉴욕에 방금 도착했을 때 1불 하던 커피가 지금은 1불 75전인데, 8, 9불씩 하는 햄버거는 좀 비싼 편이다. 나는 몸이 무거워질까봐 샌드위치나 햄버거 같은 것에는 일절 입을 대지 않는다. 다만 오 헨리가 마셨다는 블랙커피만 손에 들고 천천히 그리니치 빌리지를 빠져나왔다.

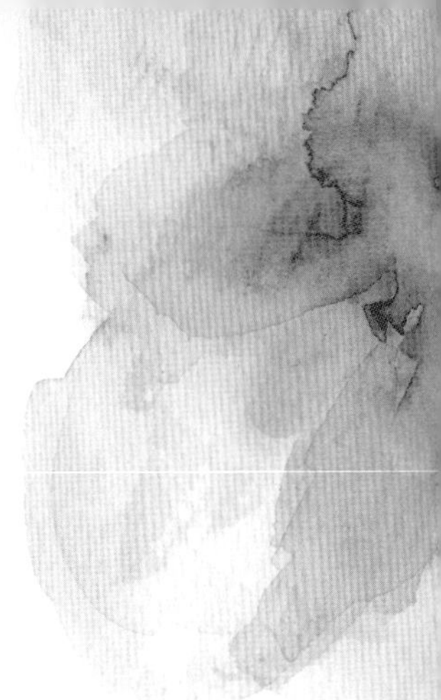

해리가 샐리를 만났을 때의 그 영화 속으로

과연 남자와 여자가 진정으로 친구가 될 수 있을까? 너무 심상하다 못해 별 의논의 여지마저 없어보일 성싶은 이런 시시한 질문을 한번쯤 던져본다. 하나같이 있을 수 있다고 확답하는 여자들과 절대 있을 수 없다고 도리머리를 젓는 남자들이 있을 것이다. 그런데 있다고 확답하는 여자의 곁에서 우정의 남자친구는 간단없이 에로스를 느끼고 있음을 알아야 한다. 이제 남은 것은 여자가 며칠 동안 더 진정한 우정은 얼마든지 있다고 마냥 큰소리 뻥뻥 치는가하는 문제만 남았을 것이다.

아니나 다를까! 믿던 도끼에 발등 찍힌단다. 우정으로 믿고 따라갔다가 당하고 돌아왔다며 눈물콧물을 범벅하고 "늑대같은 자식"하고 욕해도 그때는 이미 늦어버린다. 그냥 잠깐 아차하는 사이에 친구에서 친구 이상으로 가버렸기 때문이다. 그러나 친구 이상에서 아직은 연인 이하, 이때야말로 정신을 걷잡을 수 없을 만큼 극심한 홍분기로 거칠어진 심장의 고동 소리를 스스로 진정시킬 길이 없지만 작위하지 않는 삶 속에는 생동하는 흥취가 늘 차고 넘칠 것이다. 사물의 작은 변화조차도 설레는 흥분이 될 것이다.

까짓것! 어차피 남자라는 '늑대'한테 줘버리게 되고 말걸! 억울하고 슬프겠지만 이 모든 것을 위안할 만한 남자들의 진실은 언제나 여자들의 주변에서 존재하고 있음을 잘 보여주는 미국 영화 여러 편이 중국에 들어왔던 적이 있었고, 그것을 보았던 기억이 있다.

그 가운데서도 '문스트럭(Moonstruck)', '해리가 샐리를 만났을 때(When Harry Met Sally)', '러브 어페어(love affair)', '유브 갓 메일(You've Got Mail)', '뉴욕의 가을(Autumn in New York)', '세렌디피티(Serendipity)' 같은 로맨틱한 영화들은 지금도 잊혀지지 않는다.

특히나 친구 이상 연인 이하의 관계를 지속하면서 오랜 시간동안 만남과 헤어짐을 거듭하는 남녀의 이야기를 다룬 영화가 바로 '해리가 샐리를 만났을 때'다. 영화팬이라면 누구에게도 낯설지 않은 이야기, 로맨틱 코미디의 지존이라고 할 수 있을 만큼 전 세계에 알려진 이 영화 속의 한 배경으로 샐리가 오르가즘을 흉내내던 유대 식당 카츠 델리(KATZ'S DELICATESSEN)로 찾아가면서 나는 몇 해 전 뉴욕에서 개봉한 비슷한 내용의 또 다른 한편의 영화 '우리, 사랑일까요?(A Lot Like Love)'에서 시작부터 비행기 안에서 서로 부둥켜안고 키스에 몰입하는 러브신이 불쑥 떠올랐다.

그런데 몇 해째 미국에서 살다보면 길거리에서건 지하철에서건 부둥켜안고 키스하는 남녀들이 너무 많아서 이제는 하나도 희한하지 않다. 어제 '페페로소 투 고'의 파스타를 먹고 그저께는 오 헨리가 다녔던 르 피가로에서 커피를 마시고, 오늘은 카츠 델리에서 해리와 샐리가 먹었던 스프와 샐러드, 스타터를 맛볼 생각에만 골몰하는 사이에 부룩클린 방면으로 달리던 오렌지선 지하철이 이스트 세컨드애비

뉴역(East Side 2 Avenue)에 도착하였다. 카츠 델리는 지하철역에서 얼마 떨어지지 않은 곳에 있었다.

찾아온 사람이 많아 문 밖에까지 줄을 선 손님들 속에서 젊은 남녀들은 조금만 심심하면 금방 또 부둥켜안고 키스부터 시작한다. 남이야 보건 말건 상관없다. 실제로 훔쳐보는 사람도 별로 없었다. 지금 생각해보면 '해리와 샐리가 만났을 때'나 '우리, 사랑일까요?'나 모두 이와 같은 러브신에 주저와 거침이 없으나 이들은 모두같이 불안한 현재 가운데 장래를 염려하는 젊은이들이며, 미국이라는 이 서방 자유세계에서도 세계의 축소판으로 불리는 뉴욕의 자유분방한 역동적인 삶이 빚어내는 하나의 진풍경이 아닐 수 없었다. 이를테면 주인공 해리와 샐리가 식당에서 거짓 애정 표현에 관해 열띤 토론을 하다가 샐리가 가짜로 오르가즘을 느끼는 연기를 할 때, 옆에서 주문을 하려던 여자가 샐리를 가리켜 '저 여자가 먹는 걸로 주세요'라고 말하는 장면은 벌써 1980년대 쉽지 않은 섹스(sex)란 주제에 대해 로맨스와의 접목을 볼 때 뉴욕이 섹스에 있어 어느 정도 개방되어 있는지를 엿볼 수 있는 것이었다.

또한 중간 중간 여섯 쌍의 노부부들의 결혼 이야기를 삽입, 인간의 다양한 사랑 모습을 보여준 것이나. '우리, 사랑일까요?'에서 우연하게 비행기에서 만나 서로가 어울릴 수 없는 최악의 상대임을 단언하면서도 그 후 7년 동안 내내 관계가 끊어지지 못하고 이어지면서도 번마다 타이밍은 엉망진창이다. 서로 다른 연인과 다투고 일로 고민하고, 이별을 하는 과정을 거치면서, 그들의 우연한 만남은 이제 서로에게 모든 것을 털어놓을 수 있는 진실한 친구로서의 관계로 발전하는데, 그 친구에서의 이상은 결국 자신들이 진정으로 느끼고 있는 감정이 사랑과 흡사한 그 무엇일지도 모른다는 것을 깨닫게 되는 것이다.

물론 해리와 샐리도 그렇다. 처음 만나 18시간이나 걸리는 자동차 여행을 하면서 끊임없는 말다툼을 벌이지 않던가, 낙천적인 샐리는 남자와 여자가 서로 친구가 될 수 있다고 주장하지만, 비관주의자인 해리는 남녀 사이는 섹스가 방해하기 때문에 친구가 될 수 없다고 말하더니, 자기도 모르게 매력적인 샐리에게 끌리게 되고, 두 사람은 어쩌다가 잠자리를 함께 한 이후로 그 이전과는 뭔가 다른 아주 미묘한 감정의 변화랄까, 그로 인해 둘에게 일어나는 여러 가지 변화와 사건들은 이제 터진 봇물처럼 세상 밖으로 쏟아져 나오고 있는 우리 조선족들에게는 전혀 생소하지 않다.

일단 우정의 친구가 있다고 주장하는 바보같은 여자에게 가장 가까이에 여자를 낳아준 여자의 아버지가 있고 여자가 존경하는 친 오라버니가 있고 또 남동생도 있으니 이런 설명은 하나도 어렵지 않다. 이를테면, 이런 모든 남자들까지도 다 섹시하면서 지적인 여자, 날씬하면서 글래머인 여자를 우정의 친구로 두고 있을 때, 이 여자가 설사 자기와 아무런 성적 관련이 없더라도 만약 다른 남자와 만나는 것에는 너무나도 강렬하게 부정적인 반응을 보이는 것이다. 묘하게도 바로 이런 반응이 간단없이 드러나고 있을 때에도 여자들은 눈이 멀었는지 "우린 진정한 우정의 그런 친구거든." 하고 뽐내다가 자기도 모르게 이것저것 다 떼이고 마는 것이다.

이제는 나는 우정의 여자친구는 도저히 있을 수 없다고, 너무 성실하고 고지식하게 도리머리를 저어대는 남자들에게로 간다. 물론 나도 남자니까, 속궁리는 빤하다. 한창 나이의 남자가 '친구라는 울타리'의 빛 좋은 개살구를 입에 물고 여자의 가까이에 있으면서, 이 여자가 다른 남자와 접촉하게 될 때에 그것은 에로스 때문에가 아니

라 보다는 먼저 질투 때문이라는 것을 누가 모르겠는가, 남녀의 친구 관계를 부정하게 만드는 것은 에로스에 앞서 질투라는 것을 승인하지 않을 수 없다. 이것을 부정하지 않으면 지금 내가 우정의 친구로 만나는 여자의 행동을 공식적으로 제약할 수가 없으니까 말이다.

여기까지 뒤지고 나면 슬슬 '늑대'같은 남자들의 본심이 드러난다. 남자는 바로 여자를 믿지 못해서가 아니라 보다 더 근본적인 원인을 알아보면, 그것은 지금 내 여자친구가 만나는 그 자기와 똑같은 처지의 '우정의 친구'라는 남자를 믿지 못하기 때문인 것이다. 왜냐? 남자들끼리는 "서로가 늑대"임을 너무 잘 알고 있기 때문이니까!

이런 사실을 증명이라도 하듯이 오늘 갔던 '해리와 샐리가 만났을 때'의 영화 속 배경 카츠 델리에서 눈에 익은 조선족 남녀 한 쌍과 눈길이 마주쳤다. 남자는 모르는 사람이라 그냥 덤덤히 스쳐 지나는데 여자는 급기야 고개를 푹 떨어뜨리며 황망히 눈길을 피한다. 내가 아는 여자 아니면 분명 나를 아는 여자인데, 같이 온 남자가 남편이 아닌 것은 틀림없는 일이었다. 어디서 봤던 여자인지 도무지 생각나지 않다가 지하철을 타고 플러싱으로 돌아올 때 갑자기 떠올라서 하마터면 소리까지 지를 뻔하였다. 굳이 어떤 여자인지 말할 필요는 없겠지만 카츠 델리에서 받은 인상은 영화 속의 분위기와 하늘 땅 차이만큼이나 시장바닥이다. 어떻게나 떠들썩하고 요란스러운지 사람이 많은 탓에 친절하지도 않고 깨끗하지도 않고 가격도 싸지 않았다. 그렇지만 음식 맛은 제법이었다. 미국 남자들이 몸 팔고다니는 아시아여자들을 가리켜 좀 떠들썩하고 요란스럽고 깨끗하지도 않지만 가격은 싸고 맛도 제법이라며 좋아하는 시장바닥과 별반 다를 데가 없었다.

그런 시장바닥에서 만들어진 '해리와 샐리가 만났을 때'에서처럼 몇 해씩 시간을 들여가며 끊어지지 않고 종당에는 함께 하고마는 해리와 샐리의 사랑이 그립고, '우리, 사랑일까요?'에서처럼, 서로 쉽게 몸을 허락하고 섹스에 몰입하면서도 실제로 착실히 미래를 준비하는 올리버와 자유분방한 삶을 원하는 에밀리의 사랑이 그리운 세상을 다시 원래 자리로 되돌려놓을 수는 없을지 생각해본다.

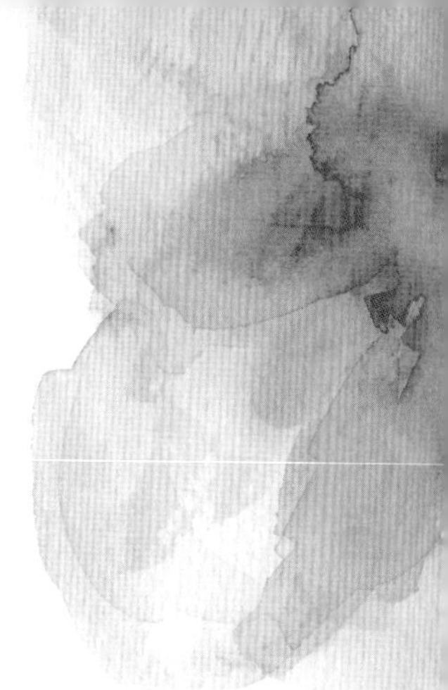

페페로소 투고의 파스타

만약 단 300석짜리 소극장에 알 파치노가 출연하는 연극을 하는데 전석 백 불에 학생할인, 러시 티켓 하나 없는 판국에 초대권으로 본 뉴욕타임즈의 비평가가 백 불이 아깝지 않다는 리뷰를 쓰며 잴 때, 먹으면 죽는다는 브루클린(Brooklyn)의 스테이크 집이 일인당 최소 50불 깨진다는 정보에다가 그나마 몇 달 후까지 손님이 밀려있다며 예약마저 안될 때 이런 도시에 먼저 와서 살고 있는 내가, 어제도 오늘도, 그리고 내일도 이 도시를 바라고 수천수만리의 장정(長征)을 거듭하고 있는 나의 동포들한테 정말 잘 왔다고 반겨주고 자랑해주고 가이드해줄 만한 어떤 것이 있을지가 의문이다.

물론 나도 예외는 아니겠지만 여느 나라의 이민자들도 모두 방금 미국에 왔을 때, 그것도 미국에서 세계의 심장으로 불리는 뉴욕에 왔을 때 맨해튼의 타임스퀘어(timesquar)에서 거의 전부가 80층에서 100층 사이의 빌딩숲을 두리번거리며 세계 각국의 음식들이 널려있는 길가 레스토랑의 번뜩거리는 네온광고판에 눈 돌아가는 줄 모른다. 말그대로 뉴욕은 그냥 천국이다.

'상상만 해 보시라!' 뉴욕시 전역에 2만여 곳의 식당과 매점이 깔려 있어서 미식가들이 찾는 핫도그에서부터 일류 식당까지, 50년 동안 매일 다른 곳에서 각기 다른 음식을 먹을 수 있다는 것은 이생의 또 다른 즐거움이 아닐 수가 없다. 더구나 이민자들의 도시라는 뉴욕의 특성에서 이 2만여 가지의 식당에서 나오는 음식들이 모두 서로 다를 뿐만 아니라, 서로가 서로에게 이국적이고 생소하니 말이다.

그중 많이 알려진 차이나타운(chinatown)의 중국 음식, 리틀 이탈리아(Little Italy)의 이탈리아 음식 등 동네별로 다양한 요리를 맛보는 것도 좋겠지만, 좀더 반경을 넓혀 더 이국적이고 생소한 걸 먹는 것도 어렵지 않다. 왜냐하면 각자 자기나라에서 들여온 자기 민족 고유의 요리를 파는 레스토랑만 있는 것이 아니고, 텍사스 멕시코(Tex-Mex) 요리를 비롯해 쿠바식 중국 요리, 인도식 프랑스 요리 등 있을 법하지 않은 별의별 요리들까지 다 나오는데, 여기에 지구의 어느 가시끝머리쯤에나 위치하였음직한 우리 조선족의 전통 음식 연길냉면도 있다는 것을 잠깐 밝히고 넘어간다. 한마디 더 보탠다면 뉴욕의 조선족 식당에는 순대와 모두부, 찰떡, 입쌀밴새 없는 것이 없다.

어느 나라 어느 도시든, 물론 연변도 마찬가지다. 돈만 많으면 즐겁게 살 수 있겠지만 뉴욕은 돈 없는 사람에게도 하루나, 이틀쯤만 일하여 번 자그마한 돈으로도 어떻게 즐길 수 있을지를 눈앞에 바로 펼쳐보여 주니까 그게 문제다. 하지만 이런 푸념 자체는 일부에 지나지 않는다. 대부분의 시간은 분수에 맞는 한도 안에서 최대한의 즐거움을 뽑아내려는 몸부림과 그 과정을 즐기는 지혜를 배워야 한다. 그것이 내가 터득한 이 글의 부제목 '뒷골목에서 또 뒷골목으로'다. 다시 말하면 찾아내는 즐거움, 거기서 얻는 상상했던 것보다 훨씬 엄청나게 큰 기쁨과 만날 때의 황홀함이다.

물론 그렇다고 꼭 뒷골목으로만 가라는 것이 아니다.

주머니 사정이 넉넉하지 않더라도 맨해튼 안에서 '먹고' 사는 건 어렵지 않다. 마천루의 숫자만큼이나 10불 이하의 매우 저렴하고도 맛있는 식당들도 의외로 줄을 서있기 때문이다. 갓 구운 빵냄새로 죽여주는 각종 빵집과 멋진 카페들의 커피 가격은 스타벅스의 반값이며, 뉴욕 스타일 베이글, 또띠야를 파는 무수한 멕시코 요릿집, 한 블럭에 하나씩은 있는 듯한 중국 레스토랑에 수많은 개인 피자집들이 선두를 차지하고 있다. 게다가 저렴한 가격대를 유지해주는 인도, 타이 요릿집에 심지어는 티벳, 캄보디아, 아프리카 요리점, 발에 채일 정도로 많은 샐러드바를 완비한 델리가게까지 가세하기 때문에 가격대비 성능비를 생각해도 고를 수 있는 식당은 너무도 많은데도, 나는 여전히 뉴욕의 진정한 매력을 알려면 '뒷골목에서 또 뒷골목'으로 들어가볼 것을 주장한다.

단연코 음식도 마찬가지인 것이다.

오늘 내가 손에 지도까지 들고 여기저기 물어가면서 찾아간 이탈리아의 가장 대표적인 음식의 하나인 스파게티와 파스타로 유명한 '페페로소 투 고(Pepe Rosso To Go)'는 단 돈 20불이면, 한 끼에 2백 불을 내고도 모자랄 것 같은 고급 레스토랑의 맛을 빰칠 수 있는 음식집이다. 세계에서 몇 번째 부자에 속하는 뉴욕시장 마이클 블룸버그(Michael Bloomberg)도 어디서 소문을 듣고 이 집의 파스타를 먹기 위하여 보좌관 한 사람만 데리고 몰래 와서, 그것도 직접 줄을 서서 한 그릇 사먹었다는 음식집인데, 이 근처의 한 유명 예술가의 스튜디오에서 일하였던 대만 신임 총통 마영구의 큰 딸 마유중(馬唯中)도 아버지가 아직 대만총통에 선출되기 전에 집이 이 근처인 듯

작은 자전거를 타고 와서 자주 파스타를 사먹었다고 이 집의 젊은 웨이터가 소개하고 있었다. 그만큼이나 대단하다는 소리겠다.

'페페로소 투 고' 과연 이 집의 스파게티와 파스타는 어떤 맛일까?

나는 가끔 파스타를 먹고 싶지만 웬만한 이탈리아 레스토랑에는 아직까지 들어가 본 경험이 없었다. 멋모르고 한번 잘못 들어갔던 아는 사람이 하는 말을 들었는데 웨이터가 와서 와인은 뭐 먹겠느냐, 전채는 뭘 먹겠느냐고 자꾸 물어오는데, 꼭 안 먹을 거라는 대답을 확인하러 오는 게 아닌가 싶을 정도였다고 한다. 그럴 때 만약 체면 때문에 이것저것 다 거절할 수도 없고, 두루뭉술해서 아무렇게나 고개를 끄덕였다가는 나갈 때 2, 3백 불은 쉽게 깨져야 한다는 것이다. 하지만 뉴욕의 뒷골목에서 또 뒷골목으로 들어와 찾아낸 이 좁디좁은 음식집은 좋았다.

몇 백 억 달러도 쌓아놓고 사는 부자 시장이 소문 듣고 찾아와서 그것도 줄까지 서가며 사먹었다는 이탈리아 음식을 아무라도 찾아오면 단 돈 20불이면 배부르게 먹을 수 있다는 것이 흐뭇하지 않을 수 없다. 거기다가 분위기 또한 이만저만하지 않다. 크기는 참새 방앗간처럼 쬐꼬매서 테불 서너 개에 의자 일여덟 개가 고작인데 주변에 함께 있는 '원스 어폰 어타르트(Once Upon a Tart)' 같은 여전히 초미니 타르트 가게에도 찾아오는 손님들이란 거의가 전 세계에서 열 손가락 안에 드는 그런 대단한 예술가들이라는 것이다.

세계적인 명성에 어울리게 음식맛도 정말 맛있었다. 서있기도 좁아 보이는 내부 공간과 자그마한 테이블 두어 개가 고작인 이 작은 음식집의 벽에 써놓은 파스타의 종류만도 무슨 '줄처진 반쪽의 펜(mezze penne rigate)'이니, '작은 폭풍우(tempestine)'니, '천사의 머리카락(capelli d'angelo)', '테이프 리본(fettucce)', '작은 놀라움(sorpresine)'

같은, 듣기에도 아름다운 시 같은 이름을 단 수백 가지가 있었다. 그렇다고 시처럼 읊으며 흠상하며 먹을 수는 없었다. 직접 매대로 가서 주문하고 선불해야 한다. 그러고 나서 음식이 나올 때까지 잠깐 서서 기다리다보면 파스타와 함께 먹는 빵조각은 종이냅킨에 싸서 거의 던지다시피 뿌려져 나오는데, 이 집의 단골들은 옆 테이블에서 주인이 던지는 빵을 야구하듯 받아내고 있었다.

그것을 보다가 하마터면 "어" 하고 비명을 지를 뻔했다. 그 빵조각이 내 얼굴로 날아들지 않나 놀랐기 때문이었다. 지금은 모두 물가가 올라서 원래 5~10불 수준의 파스타가 오늘 먹을 때보니 세금까지 붙어 14불이었다. 자리가 무지 좁기 때문에 빨리 먹고 나와줘야 하는 분위기에다 합석은 기본. 수많은 배달맨들이 이 집에서 식사 때우는 걸 보면 이건 완전히 자장면 후루룩 비벼먹듯 눈 깜짝 할 사이에 사라지지 않으면 안 되었다. 나는 고향에서 연길냉면 먹듯이 파스타를 담은 그릇을 아주 왼손에 받쳐 들고 오른손에는 아직도 익숙지 않은 미국 갈퀴를 부지런히 휘둘러댔다.

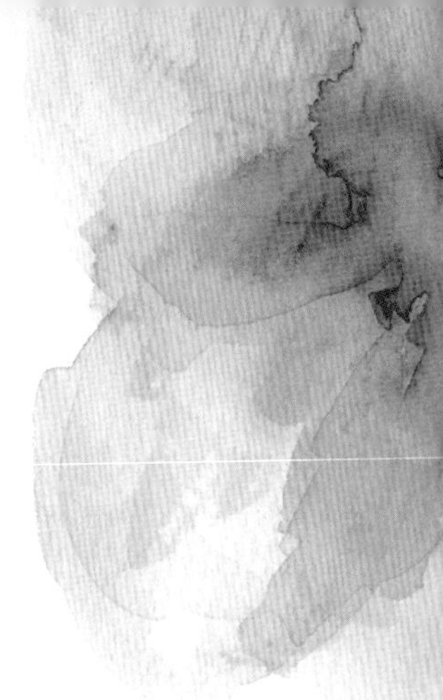

엘마 샌즈의 유령과 만나다

차이나타운에서 지하철로 한 정거장 떨어져 있는 스프링스트릿트(Spring Street)에서 구경하다가 한 프랑스레스토랑 앞에서 사진을 찍었던 적이 있었다. 디카를 산 지 얼마 안되어 사용법이 익숙하지 않았던 나는 여기저기 돌아다니면서 무작정 셔터만 눌러대었다. 저녁에 집에 돌아와서 컴퓨터에 USB를 잇고 낮에 찍은 사진들을 꺼내보다가 놀라서 하마터면 기혼할 뻔 하였다.

30여 장 찍은 나의 모든 사진들 뒤에는 이상하게 사람그림자 비슷한 것이 비쳐 있었는데, 유독 레스토랑 앞에서 찍은 사진 뒤에는 그림자가 아닌 확실한 사람모양의 불빛이 머리를 맞대고 마주앉아 나를 훔쳐보고 있었다.

나는 여러 가지로 추측해 보았다. 내가 이런 사람 둘이 나를 따라다니고 있었던 것을 미처 발견하지 못하였을까, 만약 정말이라면 무슨 사람이 할 일 없이 나의 뒤를 따라다닌단 말인가, 그리고 설사 따라다녔다고 해도 어떻게 이런 이상한 그림자가 나의 뒤에서 나타날 수 있는 것일까, 하도 궁금해서 몇몇 사람들에게 사진을 보여주며 이 의혹을 풀어보려고 하였지만 누구도 이 이상한 현상에 대하여 해석할 수가 없었다.

이것은 이미 오래 전의 일이였다. 올해 추석을 앞두고 나는 퇴근길에 갑자기 스프링스트릿트의 그 프랑스레스토랑에 한번 들려보고 싶은 생각이 들었다. 주소는 정확히 맨해튼 스프링스트릿트 129번지(129 Spring Street, Manhattan)였다. 바로 이 집 앞에서 내가 몇 년 전에 찍었던 사진 속에는 이상하게도 알 수 없는 사람그림자가 그냥 뒤에 붙어 따라다녔던 것을 생각하며, 오늘도 다시 한번 사진을 찍어보자. 그래서 과연 그때 사진 속에 나타났던 수상한 사람그림자가 또 나타나줄지 말지 한번 확인해보고 싶었다. 그런데 유감스럽게도 지하철역에서 조심치 않아 그만 층계를 빗디디고 발목을 크게 상하였는데 자그마치 10여 일이나 출근할 수 없게 되었다.

이 10여 일 동안을 평소 친하게 지내는 K군이 중국 약방에서 개가죽고약(狗皮膏藥)을 몇 장 사다주어서 발목에 붙이고 하루 종일 집구석에 틀어박혀 책만 읽고 있었다. K군이 몇 개 빌려다준 책을 사흘 만에 다 읽고 다른 책을 더 가져다달라고 했더니 "그럼 이거나 읽어보라."면서 자기가 보던 책 한 권을 던져주고 갔는데 그 책이 20세기 초 미국 문단을 대표하는 이디스 워튼(Edith Wharton 1862~1937)이라고 하는 아주 유명한 작가의 대표작으로 불리는 『거울』이었다.

『거울』은 어떤 책인가, 바로 전문 귀신을 다룬 책이었다. 아주 특유의 섬세하고 아름다운 문체로 귀신 이야기를 쓴 책인데. 이 책을 쓴 이디스 워튼은 미국에서 퓰리처상을 수상하였고 이 『거울』이라는 책을 통하여 세계 여러 나라의 인종들이 몰려들어 살고 있는 미국이라는 이 나라의 시대적 풍습과, 각양각색의 심리 묘사를 아주 완성도 있게 표현하고 있었다.

이 책 속에 담긴 이야기들은 모두 귀신을 쓰고 있지만 하나도 무섭지 않고 아주 재미있었다. 책 속에 '켈르폴'이란 이야기는 죽었던 개들이 유령으로 되살아나 복수하는 것을 쓴 것이고 '홀리다'라는 이야기는 사람과 연인이 된 젊은 여자 유령을 추적하는 것이었다. 죽었던 하녀가 불현듯 나타나는 '벨소리' 같은 이야기도 있는가 하면, '미스터 존스'는 무덤 속 유령이 몇 대째 대저택을 관리하는 이야기였다. 내가 읽어내려가면서 은근히 기대했던 환한 대낮에 아무도 없는 데서 사진을 찍었는데도 사진 속 배경에는 이상한 사람그림자가 비쳐든다는 것 같은 그런 이야기는 결코 없었다.

귀신과 유령의 이야기를 잘 쓰기로 유명한 이디스 워튼은 이 책을 쓰기 위하여 무릇 어디서 귀신이 출몰했다거나 또는 유령이 자주 떠돌아다닌다는 동네를 발견하면 어김없이 그리로 찾아가서 이야기를 발굴했고 여차하면 반드시 귀신과도 직접 만나서 대화도 나누곤 했다는 것이다.

나는 『거울』을 다 읽고나서 K군에게 전화했다.

"이보게 나하고 같이 귀신보러 갑세."

"귀신이 어디에 있나?"

하고 묻는 K군에게 나는,

"내가 전에 한번 만났던 적이 있었네. 그런데 그때는 유감스럽게도 내가 모르고 지나쳤다네. 어서 갑세. 오늘이 마침 추석이라 귀신이 꼭 나와줄 걸세."

나는 아직도 신통치 않은 발목을 끌고 앞장에서 스프링스트릿트로 향했다.

저녁 무렵에는 맨해튼에서 비까지 구질구질 내리기 시작했는데 오래전에 와보았던 거리가 잘 생각나지 않아 지하철입구에서 사람을 붙잡고 맨해튼 스프링스트릿트 129번지가 어디냐고 물었더니 지하철 입구의 건물은 230번지쯤 된다고 알려주었다. 그래서 남쪽으로 한 10여 블록을 더 걸어가는 사이에 비에 맞아 온 몸이 축축해졌다. 내가 아주 심각한 표정으로 귀신과 만나러 간다고 하고, 절뚝거리면서 앞장에서 걷는 것을 보자 K군은 슬그머니 겁에 질렸다.

"이런 세상에, 그러다가 정말 귀신이라도 나오면 어떡하려나?"

"겁나말게. 워튼의 『거울』을 읽어보니 미국의 귀신들은 그렇게 무서운 귀신이 아닐세."

"하긴 유 선생의 사진 속에 따라다녔던 귀신도 사람을 해치지는 않았지."

우리 둘은 맨해튼 스프링스트릿트 129번지에 도착하였다. 시뻘건 니무틀로 된 대문과 창문들을 활짝 열어놓은 시커먼 레스토랑 안에는 손님들이 별로 많지 않았다. 나는 그때 찍어두었던 디카사진을 꺼내보며 "이보게 K군, 바로 여길세."하고 소리쳤다.

바로 여기서 귀신을 만났었기 때문에 다시 한번 사진을 찍어보면 확인이 될 것 같은 생각이 들어서 나는 레스토랑 앞에 포즈를 취하고 섰다. 디카를 들고 저만치 가서 나를 조준하고 샤타를 찰칵 누르고난 K군은 부랴부랴 방금 찍은 사진을 열어보더니 아니나 다를가 "에구마니나, 귀신이야!"하고 비명을 질러댔다.

"왜?"

"이봐, 이게 뭐란 말인가? 진짜 귀신이 왔네."

얼굴이 새파랗게 질린 K군은 손에 들고 있던 디카를 나에게 던졌다.

"이보게 난 가겠네."

"그러지 말고 서게. 나하고 함께 이 집에 들어가서 좀 물어봅세.

이게 왜 이 모양인가고."

나는 K군을 잡아끌고 그 시커먼 프랑스레스토랑으로 들어갔다. 흑인 웨이터 하나가 우리에게로 와서 말을 걸었다.

"Can I help you?(뭘 도와드릴까요?)"

"Excuse me, can we ask you something first?(죄송하지만 뭐 좀 알아봐 주실 수 있을까요?)"

나는 디카를 켜서 사진을 보여주었다.

"Would you have a look at this photo? I took it here a few minutes ago but there seems some weird shadow up there.(이 사진 봐주십시오. 방금 여기서 찍은 사진인데 이상한 사람그림자가 그냥 뒤에 나타나거든요.)"

그랬더니 웨이터가 깜짝 놀라며,

"It must be the ghost.(아 이건 귀신이 맞습니다.)"

라고 하는 것이 아니겠는가!

"Oh, My God! A ghost? Does it really exist?(세상에, 그럼 정말 귀신이 있단 말입니까?)"

"It certainly does.(있고말고요.)"

"Then can you tell me a little more about it? Where did the ghost come from? What ghost? Why does it haunt this house?(그렇다면 좀 자세하게 이야기해 주실 수는 없겠습니까? 이것은 어디서 온 귀신입니까? 무슨 귀신입니까? 어떻게 되어 이 집에 있습니까?)"

흥분한 나는 거침없이 질문을 들이댔다.

웨이터는 손에 들고 있던 메뉴판을 내려놓고 달려가더니 레스토랑의 주인을 불러왔다.

마리아(Maria)라고 부르는 프랑스할머니인데 K군이 나서서 나를 중국에서 온 아주 대단한 '대' 소설가라고 과장해서 소개했다. 가뜩이나 베이징올림픽도 방금 끝났고 중국을 모르는 사람이 없는 터인데다가 중국은 원래 영국보다 미국보다 프랑스와 훨씬 더 친한 나라라서 그런지 모르겠다. 마리아 할머니는 무척 반가워하면서 나에게 무엇을 마시겠는가 묻더니 내가 커피를 마시겠다고 하자 특별히 마일드 모카(mild moca)를 한잔 타오라고 웨이터에게 시켰다. 그리고는 내가 내미는 디카를 받아 한참 들여다보더니 말했다.

"Sir, take your time and have a coffee. Let me tell you the story. This ghost is called Elma Sands, living in the basement of this restaurant. She died more than 200 years ago with injustice. That's why on every rainy day, her soul would always show up here to remind us of her sad story.(선생님, 급해마세요. 커피를 드세요. 제가 천천히 알려 드릴게요. 이 귀신의 이름은 엘마 샌즈입니다. 우리 식당의 지하실에서 삽니다. 억울하게 죽은 지 2백 년도 더 되는 처녀애인데 지금까지도 원혼이 되어 이렇게 비오는 날만 되면 어김없이 나타나곤 한답니다.)"

나는 급기야 수첩을 꺼내들고 마리아 할머니가 들려주는 스프링스트릿트의 처녀귀신 엘마 샌즈(Elma Sands)의 이야기를 적어내려갔다. 대략적인 줄거리는 머릿속에 기억하고 주요하게는 시간과 년대, 주요 등장인물들의 이름과 그들의 운명의 귀추에 대하여 간단간단하게 메모하기 시작했다.

먼저 마리아 할머니는 스프링스트릿트라는 동네 이름이 어떻게 연유(緣由)되었는가에 대하여 이야기했다. 영어로 스프링(Spring)은 봄이라는 뜻도 되고 우물이라는 뜻도 되고, 또는 용수철이라는 뜻도 되는데, 분명하게는 우물이라는 뜻으로 이 동네 이름을 스프링스트릿

트라고 부르게 되었다는 것이다. 그 증거로 자기 식당의 지하실에 큰 우물터가 그대로 보존되어 있는데, 이 우물이 원래는 2백여 년 전 이 동네에서 살았던 사람들의 생계수였다고 한다. 그러던 이 우물이 갑자기 말라들기 시작한 것은 지금으로부터 정확히 209년 전인 1799년에 발생하였던 어느 한차례의 살인사건 때문이었다.

눈이 펑펑 쏟아져 내리는 어느 날 이 우물에서는 한 젊은 처녀의 시체가 발견된다. 경찰이 와서 조사한 결과 이 처녀의 이름은 엘마 샌즈(Elma Sands)였고 나이는 22세였다. 경찰은 대뜸 이 처녀의 남자 친구 래비 윅스(Levi Weeks)가 바로 엘마 샌즈를 죽인 살인 흉수라는 것을 알아내게 된다. 취조결과 흉수였다는 것이 사실로 확증되기까지 하였지만 법정공방에서 이 흉수는 결국 무죄로 석방되고 말았다.

미국을 뒤흔들었던 이 살인사건의 피의자였던 래비 윅스의 변호를 담당한 2명의 대단한 변호사 덕분이었다. 이들은 훗날 미국의 제3대 부대통령까지 되었던 대변호사 애런 버(Aaron Burr)와 역시 미국의 대법률가이자 정치가, 재정가이며 정치사상가로 미국 '건국의 아버지(Founding Fathers)' 중 한명으로 뽑히는 알렉산더 해밀턴(Alexander Hamilton)이었다.

당시 미국에서 둘째가라면 서러워할 만큼 유명했던 이들 두 대변호사는 어렵지 않게 래비 윅스를 무죄로 만들어놓았다. 검찰은 또한 명문장가이며 명연설가이기도 하였던 이 두 변호사 앞에서 기를 펴지 못하였다. 정말 무죄여서 무죄로 만들어놓은 것인지 아니면 살인 흉수인 것을 알면서도 변호를 위탁받자 유죄도 무죄로 만들어놓는 것이 바로 미국 변호사의 천직이라도 되는 것처럼 판사와 배심단을 향하여 무죄판결을 내리게끔 설복하였다. 결국 래비 윅스는 놓여나왔고 그를 변호하였던 헤밀턴은 조지 워싱턴 대통령의 초대 미국 행정부에서 재무부 장관으로 재직하게 된다. 그러나 이때로부터 사람죽인 흉수를 무죄로 만들어놓았던 이 두 사람에게는 엘마 샌즈의 원혼이 따라다녔다. 미국의 정계에서 호풍환우해왔던 이 두 사람은 갑자기 한 하늘을 이고는 같이 살 수 없을 정도로 정적이 되어 싸우기 시작했고 종당에는 사나이답게 결투하자고 각자 서로 요청하기에 이른다.

결과 명사수였던 애런 버는 해밀턴을 사살하게 되고, 경찰은 당시 부대통령이었던 애런 버를 살인죄와 반역죄로 체포한다. 애런 버의 파란만장한 정치생활은 이로써 끝장나고 만다. 애런 버가 죽고 나서 아버지를 찾으러 떠났던 애런 버의 딸도 뉴저지에서 뉴욕으로 돌아오는 길에 실종되었다는데 지금까지도 종무소식이라고 한다.

여기까지 들려주고 나서 마리아 할머니는 미국 초대 알렉산더 해밀턴 재정부 장관과 미국 제3대 애런 버 부대통령의 운명이 이처럼 불행하게 된 것은 바로 자기 집 지하실 우물 안에서 죽었던 엘마 샌즈의 원혼이 유령으로 나타나서 이들 두 사람에게 복수를 하였기 때문이라고 설명한다.

나는 마리아 할머니에게 물었다.

"In many Chinese and Korean ghost stories, people who died of injustice would also come back to take revenge, but those ghosts usually disappeared the time they did it. Why does Elma Sands still haunt here even today? Didn't she take her revenge? (우리 중국이나 한국의 귀신이야기에도 억울한 사람이 귀신이 되어 세상으로 나와서 복수하는 일들이 많습니다. 그런데 복수하고 나서는 보통 사라지고 다시는 나타나지 않는데 엘마 샌즈는 무엇 때문에 지금까지도 계속 나타나서는 떠돌아다니는 거나요? 그는 이미 복수하지 않았나요?)"

"Yes, she did, so she never appeared before 1970. Then she suddenly showed up again. It's really weird that many people said they saw her ghost wandering around here whenever it rained.(글쎄요, 엘마 샌즈는 그때 이미 복수하고 나서 다시는 나타나지 않다가 1970년대에 갑자기 다시 나타난 것이 이상하게도 지금까지 사라지지 않고 있군요. 비오는 날에 이 우리 집 근처에서 엘마 샌즈의 유령과 만난 사람들이 적지 않습니다.)"

"People really saw her?(실제로 본 사람도 있대요?)"

"Yes, even I have seen her for several times.(그럼요. 나도 여러 번 만났어요.)"

"What does she look like?(어떻게 생겼던가요?)"

"She was wearing vines.(몸에 이끼를 입었어요.)"

"Vines?(이끼라니요?)"

"She lives in the well, which is covered with moss and vines, so she always appears with green vines over her body. People might suspect about what I said if I was the only person to have seen her, but it was seen by many others. Even the police knew it. But as shown in your photo, the ghost can never be caught by any camera. Only some weird shadow appears somewhere in the background.(우물 안에서 살다보니 우물벽에 시퍼렇게 들러붙은 이끼를 그대로 쓰고 다닙니다. 내가 혼자 봤으면 남들은 믿지 않을지 모르겠지만 본 사람들이 무지 많아요. 경찰들도 다 알아요. 그런데 선생님 카메라에 나타난 것처럼 실제로 귀신 모습은 잡히지 않아요. 그냥 이상한 사람 그림이 배경에 나타날 뿐이에요.)"

마리아 할머니는 엘마 샌즈의 유령을 그린 그림을 한 장 보여주었다. 푸른 이끼로 된 머리발을 늘어뜨렸고 입술은 새빨갛고 가슴은 풍만하나 두 팔과 손등은 고기가 없는 뼈다귀뿐이었다. 슬픔에 어린 큰 두눈을 하고 손에는 꽃묶음을 들고 있었다.

"Ah, Elma Sands, a ghost that was still wandering around for justice.(아, 원혼이 되어 지금도 사라지지 못하고 있는 엘마 샌즈.)"

나는 떨리는 손으로 그림을 받아 한참 들여다보다가 그 그림을 안고 사진을 한 장 찍었다.

"Has Elma Sands possibly returned to her well now?(지금쯤 혹시 엘마 샌즈가 우물 안에 돌아가 있지 않을까요?)"

나의 물음에,

"Who knows? so you want to have a look into the well?(그건 모르지요. 혹시라도 선생님은 우물 안에 들어가보고 싶은 것은 아니겠지요?)"

하고 마리아 할머니가 빤히 나를 쳐다보았다.

나는 곁에 도정신하고 앉아 귀신이야기에 빠져버린 K군에게 말했다.

"디카를 들고 내 뒤 따르게. 내가 앞장에서 들어가겠네."

"관두게. 난 관둘라네."

K군은 펄쩍 뛰었다.

"만나겠으면 자네 혼자 만나게. 난 귀신이 싫네."

"How about you?(선생님은 어떡할 거나요?)"

마리아 할머니가 나를 쳐다보았다.

"I'd like to meet her. If I am lucky enough to see her, I want to talk to her, listen to her story and comfort her.(나는 만나겠습니다. 정말 만날 수 있으면 엘마 샌즈와 말도 건네고, 그녀의 슬픔을 위안하여 드리겠습니다.)"

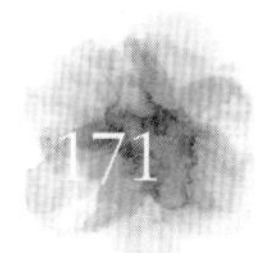

마리아 할머니는 웨이터에게 자물쇠를 주었다.

"이 선생님이 지하실로 들어가 보게 해라."

내가 절뚝거리고 일어서자 K군이 참지 못하고 따라나섰다.

"카메라를 나 주게. 내가 뒤에서 따르겠네."

"안 무섭나?"

"이 귀신은 그렇게 무서운 귀신 같지 않네그려."

"슬픔안고 죽은 어린 처녀였다잖아."

우리는 웨이터를 따라 지하실로 내려갔다. 지하의 화장실 곁으로 난 작은 철문을 열자 이끼와 곰팡이냄새가 콱 뿜겨져나왔다. 비좁은 복도가 나졌다. 그 복도를 따라 한참 앞으로 걸어들어가자 갑자기 너른 공간이 생기면서 바로 정면에 토담으로 둥그렇게 쌓아올린 큰 우물터가 그대로 보관되어 있었다. 지금은 원혼이 된 22세 미모의 처녀 엘마 샌즈의 시체가 발견되었던 우물가로 다가선 나는 뒤를 돌아보다가 눈앞이 새까매지고 말았다.

웨이터도 K군도 보이지 않았기 때문이었다.

다만 카메라 렌즈빛만이 찌르듯이 나를 쏘아보고 있는 가운데서 엘마 샌즈의 이끼옷을 입은 그림자가 우물벽에 마주 비껴있었기 때문이었다. 그 그림자는 아주 크게 나의 몸 위로 천천히 접근해왔다.

"Oh, Elma Sands. Elma Sands.(아, 엘마 샌즈여, 엘마 샌즈여.)"

나는 실체는 보이지 않는 그녀의 그림자에 대고 떠듬거렸다.

"Do you know me?(그대는 나를 아는가?)"

"I've met you several times.(나는 당신과 여러 번 만났어요.)"

'엉 정말 들리네.' 나는 속으로 놀라고 있었다.

"You call me ghost, but I saw more sorrow and pain in your eyes. That's why I've never disliked you.(나를 귀신이라고 생각하

는 당신의 얼굴과 눈빛에도 항상 나 못지않은 슬픔과 설움이 어려 있었어요. 그래서 나는 당신을 싫어하지 않아요.)"

"Really?(정말인가?)"

"Yes.(네.)"

하고 나는 대답했다.

"이보게 됐네. 정신 차리게."

K군이 갑자기 나를 흔들며 소리쳤다.

"어서 나갑세. 우물토담이 부스럭거리고 흘러내리네. 건드리지 말고 어서 이리 돌아오게."

"어, 알았네. 그래 이만 나갑세."

나는 발목을 상한 사람같지 않게 정신없이 지하실에서 뛰어나왔다.

웨이터가 뒤쫓아 나오면서 나를 불렀다.

"Sir, slow down. Elma Sands went back to her well.(선생님, 천천히 걸으십시오. 엘마 샌즈가 우물 안으로 들어가버렸습니다.)"

나는 웨이터의 말을 믿을 수가 없었다.

뒤도 돌아보지 않고 제일 앞장에서 달려나왔다. 카운터에 있던 마리아 할머니가 나를 보더니 빙긋이 웃으면서 다가와,

"Did you meet Elma Sands?(엘마 샌즈 만났나요?)"

하고 물었다.

"Yes, I did.(네. 만났어요.)"

"Then you are really lucky. Weren't you scared?(다행이네요. 겁나지 않던가요?)"

"A little.(조금 겁났습니다.)"

그랬더니 마리아 할머니가 나의 귀에 대고 소곤거렸다.

"Are you a columnist of a newspaper? If you promise me that

you won't publish this story anywhere in the newspaper, I can tell you another story. Recently, American is the world of ghosts, not only Elma Sands. Not long ago, another ghost also appeared. That was the daughter of Aaron Burr, who was one of the lawyers who defended the murderer of our Elma Sands and made him acquitted. Finally Aaron Burr got punished and lost his life. At West 4 Street, a restaurant, which used to be Aaron Burr's carriage house, was haunted days ago by Aaron Burr's daughter. People often see glasses falling off the table and the frames on the wall dropped to the floor for no reason. Recently, it was said that some people even saw the daughter's big eyes staring out of the ashtrays. The scary scenes made all the waitresses quit their jobs, so only waiters are working there now. Anyway, I can show you the address if you are interested. It seems that you are specially favored by ghosts.(선생님은 신문의 전란작가지요? 이 이야기를 절대 신문에 내지 않는다고 약속해주셔야 합니다. 그러면 제가 또 하나 알려드릴 이야기가 있어요. 요즘 미국은 온통 귀신 세상이에요. 엘마 샌즈뿐이 아니에요. 얼마 전에 우리 슬픈 엘마 샌즈를 죽인 흉수를 무죄로 만들어놓고 벌받아 죽은 애런 버의 딸이 또 귀신이 되어 나타났대요. 웨스트 포 스트릿트에 애런 버가 살던 옛집이 있는데 역시 레스토랑이 됐어요. 거기 술잔이 자꾸 흔들고 벽에 걸어놓은 프레임들이 걸핏하면 땅에 떨어져요. 얼마 전에는 재떨이에서 애런 버의 딸의 눈이 커다랗게 나타나서 끔쩍거렸대요. 그래서 웨이트리스들이 모두 기겁해서 일하러 안나와요. 요즘 모조리 웨이터들만 쓴다고 그러던데 그것은 잘 모르겠어요. 하여튼 나한테 주소

가 있으니 한번 가보겠으면 가봐요. 제가 보기에 선생님은 귀신과 친하는 특별한 사람 같습니다.)"

나는 마리아 할머니가 알려주는 주소를 받아적었다.

지하철 E트레인을 타고 맨해튼 다운타운 쪽으로 웨스트 포(West 4 Street) 역에서 내려 밖으로 나온 뒤 서쪽으로 한참 가다보면 184번지라고 써놓은 집이 나오는데 그 길을 따라서 30여 미터 곧추 더 가다가 왼쪽으로 굽어들면 바로 애런 버가 살았던 뉴욕 맨해튼의 옛집이 보인다고 한다. 일단 184번지만 찾으면 된다는 말을 기억하고 길을 걸으면서도 내내 184번지만 두리번거리고 찾았다. 한바퀴 돌았는데 184번지는 보이지 않았다. 두 바퀴 돌았는데도 계속 보이지 않았다. 183번지도 보였고 185번지도 보였는데 유독 184번지는 없었다.

"참 귀신이 곡할 노릇이군."

나는 길가의 한 커피숍에 들려 아이스커피를 한 잔 사들고 계속 184번지를 찾아 돌아다녔다. 오후 네 시쯤 거의 두 시간 남짓하게 주변을 샅샅이 돌아다니면서 184번지를 찾다가 슬슬 땅거미가 들기 시작할 무렵에야 어떤 골목으로 빠져나오다가 바로 정면에서 헐망한 나무대문 위에 흰 색으로 184번지라고 적어놓은 숫자를 발견하게 되었다. 어찌나 기뻤는지 "필시나 엘마 샌즈의 영혼이 나를 도운 게로다."고 중얼거리며 한달음에 달려갔다.

그런데 참으로 살다살다 별스러운 문패번호와 만나게 되었다.

완전히 184번지인 것이 아니고 184와 3/4번지라고 쓰여 있었다. 어안이 벙벙해지고 말았다. 이건 무슨 산술에서 나오는 근호인지 사사오입인지 하는 것도 아니고 무슨 번지수가 184와 3/4이란 말인지 알 수 없었다. 그래서 잡담제하고 먼저 카메라에 담아 놓고 본다고 디카를 꺼내드는데 뒤에서 웬 여자가 말없이 다가오더니 나의 오른

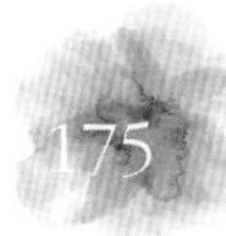

어깨에 얼음장같이 차가운 손을 얹어놓으며 살포시 말을 건네왔다.

"Hello, sir, do you want me to take the picture for you?(선생님, 제가 찍어드릴까요?)"

"What the hell is that?(아, 이게 누구나요. 어떻게 당신이.)"

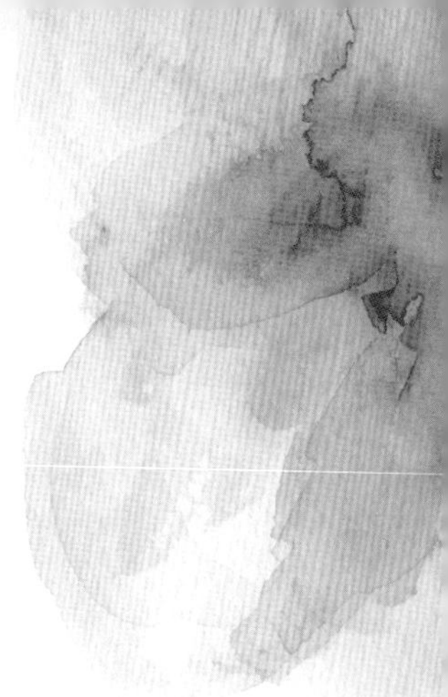

한 슬픈 여자와의 기이한 인연

2년 전 엘머스트에서 살 때 당한 일이다. 그때 나는 미주세계일보 지상에 '성중애마'를 일일 연재하고 있었다.

거기다 토요일에는 또 내가 직접 책임지고 편집하는 '뉴욕조선인동포사회'가 2면 나오는데다 벌써 1년째 매주 고정칼럼을 줄곧 이어대고 있다보니, 거리바닥에 나의 얼굴을 아는 사람이 많아지게 되었다.

하루는 74가의 뉴욕종합식품에서 섹션이 없는 무료보급판 신문 10여 장을 들고 나와서 루즈벨트애비뉴의 십자가를 건너려는데 뒤에서 갑자기,

"자기야!"

하는 여자의 목소리가 들리기에 '설마하니 나를 부르는 걸까?'고 생각하면서 계속 네거리를 건너왔는데 그 여자의 목소리가 점점 나의 뒤로 가까워 왔다.

"자기야! 자기 맞지? 자기 어떻게 여기 있어?"

여자의 목소리는 갑자기 울음으로 변해버렸다. 그리고 바투 나의

뒤로 가까워오는데다 곁을 살펴보니 나말고 다른 사람은 없는지라 멈춰서서 뒤를 돌아보았다. 말소리를 들어보면 한국여자가 분명한데 나이는 20대 중반 아니면 후반쯤 되어보였으며, 나는 한번도 만나본 일이 없는 여자였다.

"혹시 저를 부릅니까?"

하고 내가 어리둥절하여 물을 때 총알같이 나의 가슴팍으로 뛰어들어온 그 여자는 나를 부둥켜안고 이마로 나의 가슴을 몇 번 들이박으며 소리내어 울음을 터뜨렸다.

"자기야, 자기 끝내 돌아왔네."

나는 어리둥절하여 아무 대답도 못하고 우두커니 섰을 뿐이었다. 나는 이 여자가 혹시 사기치는 불량녀가 아닌가도 생각하고 그의 모양을 살펴보았다. 말투도 그렇거니와 조선족 여자는 분명 아닌데 별로 치장을 하지 않은 얼굴을 살펴보니 좀 가난하고 힘들게 사는 여자가 틀림없었다.

"혹시 사람을 잘못 보지 않으셨나요?"

내가 가까스로 이렇게 묻자,

"자기야, 이러지마, 왜 지금도 계속 이렇게 심한 농담해? 나는 자기를 3년이나 기다렸단 말이야."

이러면서 그 여자는 마침내 엉엉 소리까지 내가며 울었다. 울면서 오른손으로 나의 어깨를 때리고 이마로는 가슴을 쥐어박는데 잠깐 새에 몇 대 얻어맞고 나니 벌써 온 몸이 얼얼해났다.

'사람 잘못 본건가? 아니면 정신에 이상이 온 건가?' 하고 나는 궁금했다. 혹시 나는 이 여자가 나의 소설의 애독자가 아닐까도 생각해보았다. 예전에도 나의 소설 애독자라는 여자가 신문사로 많이 찾아도 오고 또 편지도 보내오고 했으나 이런 경우는 좀처럼 있어본 적이 없었다. 여자의 얼굴이 온통 눈물바다가 되는 것을 보고 나는 당황했다.

"자기 지금 집 가는 길 맞지?"

하며 그 여자는 나의 손을 잡는 것이었다.

"네. 집 가는 길이 맞기는 맞습니다만."

하고 나는 부지중 이렇게 대답했다.

"수정이가 벌써 세살이 됐단 말이에요. 수연이는 올해부터 학교 가요."

하고 그 여자는 나를 쳐다보면서 눈은 우는데 입은 웃고 있었다.

수정이와 수연이라는 두 아이의 이름을 대면서 내가 마치도 이 두 아이의 아빠라도 되는 것처럼 말했다. 그 여자는 나의 오른 팔을 꽉 잡고 네거리를 건너 74가 지하철역 근처의 '청기와'라고 부르는 한 한인이 운영하는 레스토랑 앞까지 와서,

"자기야, 이렇게 돌아올 줄은 정말 몰랐어. 난 자기가 사고로 죽었는지 알았잖아. 아니면 나를 사기치고 도망갔을 거란 생각도 했단 말이야. 그렇지만 아무리 생각해도 저렇게 예쁜 수연이하고 수정이 두고 도망갈 수는 없잖아. 그래 꼭 사고난 줄로 알고 얼마나 많이 울었다고. 흑흑."

이러면서 다시 울음을 터뜨리기 시작했다.

마침 '청기와'로 들어가고 나오는 사람들이 몇몇 있었다. 그 속에는 내가 근처의 한인교회에서 몇 번 보았던 적 있는 장로가 한분 있었다. 그 장로의 눈에 띌까봐 급기야 여자에게 잡힌 오른팔을 빼내려는데,

"자기 왜 이래? 또 도망가려고? 이제는 안 놔줄 거야!"

이러면서 여자는 다시 앞으로 나의 옆구리를 부둥켜안았다. 나는 당황하여 손에 들고 있던 신문을 떨어뜨리고,

"실례지만 나는 당신을 모르는데요. 사람을 잘못 본 것이 분명합니다."

라고 말하면서 허리를 부둥켜안은 그 여자의 손을 뒤로 풀어보려고 하였다. 그때 '청기와'에서 나온 장로가 그 여자를 알아보고 이쪽으로 허둥지둥 달려왔다.

"실례지만 이 여자 남편 되신다는 그분인가요?"

그 장로까지 이렇게 묻는다. 나는 기가 막혔다.

"아닙니다. 나는 유순호란 사람이외다."

"알아요. 프린스턴서 신학원에 다닌 적 있는 그 유 선생님 아닌가요?"

"성씨는 유가가 맞지만, 저는 그런 어마어마한데 다닌 적 없습니다."

"원, 이런 변이 있나! 맨해튼 한인교회에서 전도사로 봉사하셨지요?"

"네, 거기에서 신앙생활을 시작하고 또 봉사도 했지만, 전도사로 임명받지는 못하였는데요."

"이봐, 나 자네를 알아. 자네 코리안타운서 노방전도(路傍傳道) 하는 것을 본적 있어."

"네, 그것은 사실입니다만."

하고 나는 머리를 끄떡이며 일단 사실은 승인하고 나서,

"그러나 이 여자는 진짜로 모르는 여자인데요."

하고 대답하니 장로는 이번에 그 여자에게 확인이라도 하듯이 따져 물었다.

"원, 세상에! 확실히 맞지? 제대로 봤지?"

새파랗게 질린 여자는,

"자기야! 자기 나빠! 어떻게 나한테 이럴 수가 다 있어?"

이렇게 악을 쓰면서 나를 부둥켜안았던 손을 풀더니 번쩍 오른손을 들어 나의 얼굴을 때렸다.

그 바람에 머리에 쓰고 있던 중절모자가 땅에 떨어졌고, 나는 떨어지는 중절모자를 붙잡느라 팔꿈치에 끼고 있었던 신문들을 떨어뜨렸다. 결국 중절모자도 못 잡고 신문까지 땅에 흩어진데다가 내가 그것을 붙잡으려고 허리를 굽히는데 여자가 뒤에서 나의 몸에 걸친 스프링코트 허리띠를 잡아당기는 바람에 코트자락이 펄럭거렸다. 이것을 본 장로는,

"이건 아니야. 수정이 엄마, 이래선 안돼. 저기 경찰이 보고 있어."

하고 소리치면서 우리 둘을 잡아끌었다.

"우리 저기 가서 좀 조용히 이야기합시다."

"네. 그러지요."

우리는 길건너 '미도파' 백화상점 맞은편에 새로 오픈한 지 얼마 안되는 '고려당'이라고 부르는 한 자그마한 빵집으로 들어갔다. 그 여자는 줄곧 나의 손목을 붙잡고 따라왔다. 그리하여 장로가 나대신 땅에 떨어진 신문과 중절모자를 주어들고 뒤따라 '고려당'에 들어왔는데, 그때 '고려당' 옆집 비디오가게서 아르바이트를 하고 있었던 아가씨 하나가 커피 사러 들어왔다가 나를 알아보고,

"어머 안녕하세요, 유 선생님?"

하고 알은체하였다. 그런데 그 아가씨도 심상찮은 분위기를 눈치챘는지 두 눈이 휘둥그레지면서 더 이상 말을 건네지 않았다. 내가 허둥지둥 머리를 끄떡여 보이면서,

"아, 네."

하고 응수하였다. 뒤따라 들어온 장로가 비디오가게 아가씨한테,

"인경아, 너 이 사람 아니?"

하고 묻는다. 인경이라고 불리는 그 아가씨는,

"어머, 장로님 모르셨어요? 신문에 매주 토요일마다 칼럼 쓰시는

유순호 선생님이 이분이신데요."

하며 허둥지둥 밖으로 나가버렸으나, 그 아가씨는 창문 밖에서 서성거리며 안을 들여다보고 있었다.

내가 혼자 사는 것을 아는 비디오가게 주인이 전에 나한테 여자를 소개해주겠다고 하는 것을 내가 거절하였더니, 어디 다른데 몰래 숨겨둔 여자 있나보다고 놀려주었던 적 있었고, 그때 인경이라고 불리는 그 아가씨는 눈이 동그래서 나의 얼굴을 쳐다보았었던 생각이 났다.

'무슨 꼬락서니람?' 하고 속으로 중얼거리면서 이마에 흘러내린 머리카락을 쓸어 올리려고, 나를 남편으로 착각하고 있는 그 여자에게 잡힌 오늘 손을 빼자고 돌아보니, 이미 그 여자는 나의 손을 놓은 채로 곁에 앉아서 얼굴을 싸쥐고 울고 있었다.

"선생님 죄송합니다."

나도 놀라고, 장로도 놀라고, 빵집 안에서 우리를 훔쳐보고 있던 빵집의 아주머니도 놀랐다. 중절모자가 벗겨지고, 비디오가게의 아가씨가 알은체하고, 또 주고받는 말 가운데, 나의 말투가 완전히 다른 것을 발견한 것이었다.

"제가 사람 잘못 본 것입니다."

그러면서 여자는 "자기야, 수정이 아빠야."라고 외치며 슬프게 울었다.

나는 그 여자가 불쌍하여 커피 받아와서 드리며, 장로한테 물었다.

"잘 아시는 분이세요?"

"제가 대신 사죄할게요. 더 이상 묻지 말아주세요."

장로는 그 여자를 데리고 먼저 나갔다.

이미 여자는 울음을 멈추고 나가면서 머리를 돌려 물끄러미 나의

얼굴을 쳐다보았다. 아마도 내가 그렇게 그 여자의 남편을 닮았던 모양이었다. 아니, 그 도망가버린 남편이란 남자가 나와 꼭 같이 생겼던 모양이었다.

그런데 그냥 이 일로 끝나면 나는 혹시 세상에서 살면서 별일이 다 생긴다고 일소에 붙이고 말 일이나, 그 여자와의 인연은 이로써 끝나지 않았다.

3개월쯤 지났다. 그때 나는 74가 '청기와' 근처의 셋방이 너무 추워 다른 데로 이사하려고 하였다. 신문에 난 셋방 광고를 몇 번 찾아가보았지만 신통치가 않았다.

내가 새로운 셋방을 찾는다는 것을 안 비디오가게의 인경아가씨가 '벼룩시장'에서 보았다는 좋은 셋방을 하나 소개했는데, 셋방주인의 말씀인즉, 혼자 사는 남자이면 좋겠고, 혼자 사는 남자이면서도 중국에서 온 동포라면 더욱 좋겠다는 것이었다.

그 말을 들은 나는 호기심을 금할 길이 없었다. 보통 셋방을 내놓고 있는 뉴욕의 한인들은 중국동포 여성들이 취사(炊事)를 적게 하고 셋방만 잡아놓고 타주에 나가서 일하다가 한달에 한두 번 꼴로 셋방에 돌아와서 며칠씩 쉬고는 또 가고하기 때문에, 중국에서 온 여성들에게 셋방을 내주기 좋아하였다. 그런데 인경아가씨의 소개를 듣고 나는,

"저는 매일 저녁 집에서 밥 해먹어야 하는데요."

하고 셋방 주인한테 전화하여 사정 이야기를 하였더니,

"누군들 밥 안먹고 살아요."

하면서 매일 취사하는 것을 꺼려하지 않았다.

"그리고 제가 그렇게 깔끔한 사람이 아닌데요."

했더니, 셋방 주인은,

"그건 내가 만나서 얼굴만 보면 금방 아니까, 언제 집보러 올래요?"

하고 물었다. 내가 퇴근할 때 들려 갈 것이니까 저녁 여덟시쯤 찾겠다고 하였다.

그런데 전화를 끊으려고 하니,

"확실히 혼자 사는 총각 맞아요?"

하기에,

"총각 아니고 나그네인데요."

했더니,

"아, 그래요, 하여튼 혼자 살면 되니까, 저녁에 한번 만나요."

이런다.

그날따라 아침부터 날씨가 흐리면서 눈발이 바람 속에 하나 둘 휘날리더니, 오후부터 검은 구름과 함께 눈이 점점 내리기 시작했다. 며칠 전부터 폭설이 내린다는 뉴스가 있었고 그 까닭에 나는 평소 즐겨 쓰고 다니었던 중절모자 외에도 목에 검은 수건을 또 두르고, 손에도 역시 검은색 가죽장갑을 끼고, 엘머스트 병원 뒷길에 위치한 빌딩을 찾아갔다.

그런데 그쪽은 퀸스의 82가와 비교적 가까운 거리에 있었고, 중국사람들이 많이 사는 동네였다. 날씨가 좀 어둑어둑한데 내가 주소를 잘 몰라 길가에서 무엇인가 팔고 있었던 한 중국사람 장사꾼한테로 가서,

"말 좀 물읍시다."

하고 말을 건네면서 안호주머니에서 전화수첩을 꺼내들려고 했더니,

"아, 난 몰라요. 난 아무것도 모른단 말이에요."

하고 기겁하듯이 연신 손을 내저으면서 무작정 나를 피해버리는

것이었다.

내가 하도 이상하여 가까운 근처에 있는 다른 사람을 돌아보았더니 그들도 역시 나와 눈길이 마주치는 것을 여간 꺼려하지 않는 것이었다.

"이 동네 사람들이 참 별일이로군."

나는 혼자 중얼거리며 전화수첩에 적어두었던 주소대로 여기저기 돌아보면서 가까스로 렌트를 주는 셋방이 있는 그 빌딩까지 찾아갔다. 층집 번호대로 벨을 누르자, 핸드폰으로 듣던 때와는 좀 다른 여자의 목소리가 들리는데,

"제가 저녁에 집 보러 오기로 약속했던 사람입니다."

하고 말했더니,

"아, 그 혼자 사는 중국 동포 아저씨 맞지요? 잠깐만 기다려요. 내가 금방 내려갈게요."

라고 하는지라,

"저 셋방 보러 왔는데요."

하고 한마디 더 했더니,

"아, 글쎄 일단 거기서 기다리라니까요. 금방 내려가요."

하면서 문을 열어줄 생각을 하지 않았다.

나는 빌딩 로비로 통하는 대문 앞에 10여 분가량 서 있다가, 마침 빌딩에서 사는 다른 사람 하나가 밖으로 나오면서 문을 여는 바람에 그 틈을 타서 로비로 들어와 중절모자와 수건에 붙은 눈을 털었다. 머리에 쓰고 있었던 중절모자를 벗어 손에 들고 서있으려니까, 엘리베이터 곁의 복도 굽이에서 할머니 하나가 얼굴을 내밀고 바라보더니 히죽히죽 웃으면서 다가왔다.

"아까 우리 집 벨을 눌렀던 그 아저씨 맞나요?"

"왜 이렇게 늦으셨나요?"

내가 되묻자,

"에그머니나, 맞네, 아저씨 무슨 옷차림이 그러세요? 시커먼 코트에다가 중절모자까지 꾹 눌러쓰고, 완전히 갱단이 아니고 뭐예요."

할머니는 나의 얼굴을 쳐다보면서,

"그런데 모자를 벗은 것을 보니 생긴 얼굴이 밉지 않더라고요."

라고 말하면서 그제야 비로소 방을 보러 올라가자고 했다.

엘리베이터에서 할머니는,

"아저씨 차림이 완전히 갱단이야요. 밤에 보면 사람들이 놀랄거야요."

"아, 글쎄 그러기에 아까 오면서 길을 묻는데 길가의 중국 장사꾼들이 나를 보더니 완전히 기겁하더라고요. 그래서 이상하다고 생각했더니 원래는 그런 영문이었군요."

"지금 사람들은 중절모자를 별로 쓰지 않아요. 그렇지만 중절모자 쓰면 멋있어요. 전에 우리 사위가 중절모자 쓰고 다녔지요. 아저씨처럼 키도 크고 공부는 또 얼마나 많이 했다고요. 정말 좋은 대학에서 공부했어요. 옷차림이 아저씨하고 너무 비슷해요. 새까만 코트 입고 손에는 성경책을 들고 척 나서면 따라 다니는 여자애들이 많았어요. 노래는 또 얼마나 잘 불렀다고요. 우리 사위가 슬픈 찬송가를 부를 때면 모두 울곤 했어요."

묻지도 않는 말을 혼자 널어놓는 할머니는, 내가 방을 보러 온 사람이라는 것을 잊은 듯이 한참 사위 자랑을 마치고나서 이번에는 또 딸 자랑을 시작했다.

"아저씨 우리 집에 들면 반찬걱정은 별로 안해도 괜찮을 거야요. 우리 딸이 '잔칫집'에 나가 전문 반찬 만드는데 남는 반찬을 공짜로 가져올 때가 많아요. 너무 많아서 우리도 다 못 먹어요. 우리 애가 반찬 잘 만들어요."

내가 듣다못해 웃으면서,

"에구, 할머니도. 잘 만든다는 반찬이 팔리지 않아서 남아도나요?"

하고 한마디 했더니 할머니는 그제야,

"어서 방이나 봐요."

하며 나를 데리고 렌트를 내놓으려고 하는 방으로 안내했다.

방은 원래 살던 사람이 짐을 챙겨가지고 나간 지 얼마 안된 듯, 컴퓨터 책상 하나만 있는데, 10살 쯤 된 계집애 하나가 동생이 되어 보이는 더 어린 계집아이 하나 곁에 앉히고 열심히 컴퓨터 게임을 하며 놀고 있었다.

"수연아, 수정아, 어서 이리 나오너라."

할머니가 아이들을 불렀다.

수연이라고 불리는 좀 큰 계집아이가

"안녕하세요. 아저씨."

하고 나에게 인사를 건네고는 훌쩍 동생을 안고 방에서 나가버렸다.

그런데 방안을 다 둘러보고 거실로 나오려고 몸을 돌리는데 뒤에 수연이라고 불리던 계집아이가 문어귀에 기대서서 초롱초롱한 눈길로 나를 쳐다보고 있는 것이 아니겠는가. 나와 눈길이 마주치자 계집아이는 급기야 돌아서서 다른 방으로 숨어버렸다.

"아, 저쪽에도 또 방이 있나보군요. 좀 돌아봐도 됩니까?"

하고 내가 물으니,

"그 방에 지금 애들 엄마가 있어요."

창녀예찬

노처녀 만세

7

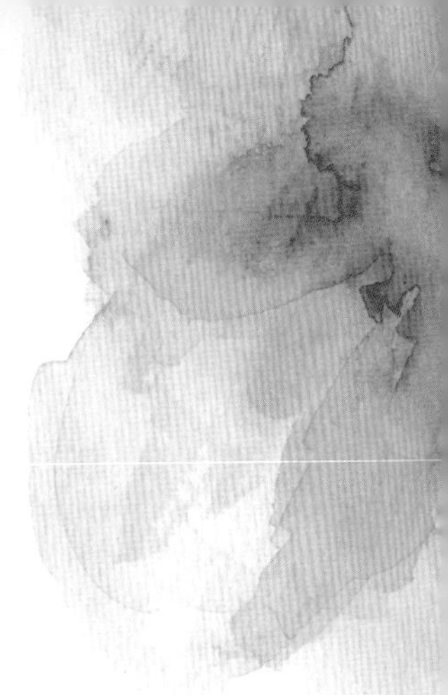

노처녀 만세

어쩌면 처녀와 노처녀를 구별하려는 생각은 아주 웃기는 짓일지 모른다.

그래도 구별해야겠다고 굳이 고집하면 혹시 돌 맞으려나? 어쨌거나 어린 처녀도 아차하면 노처녀로 변해버릴 수 있는 요즘 세상이요, 노처녀라고 해서 다만 슬프기만 한 것은 아니기 때문에 확실하게 구별해본다고 해서 그렇게 나쁠 것도 없을 것 같다. 그러나 다시 한 걸음 들어가서 자세하게 생각해 본다면 처녀와 노처녀의 차이는 나이로만 결정되는 것이 아니니, 진정으로 멋진 노처녀는 아무나 쉽게 되는 것이 아닌 것 같다.

나는 그런 점으로 보아서 우선 처녀와 노처녀를 떼놓고 생각한다. 하긴 노처녀도 본바탕은 처녀에서 오고 여자에서 오는 것인 바에야 누구라도 나이 들도록 시집 안가다가는 노처녀는 찍어놓은 당상이다. 그러나 혹시 몰라, 안 간 것이 아니고 못 간 것인지도! 그러는 가운데서 다소의 차이로 진짜 노처녀와 가짜 노처녀가 슬그머니 한데 섞여있을 수도 있을 것이나, 진정한 멋진 노처녀라면 도리어 그것은 시집가고 못 가고 문제가 아니고 시집가기 이전에서 직전까지의 노처녀라는 주가의 단가를 얼마만큼이나 값비싸게 스스로 치장해가는 가에서 결정적이 될 것인 줄 안다.

덮어놓고 얼른 상식적으로 생각할 때 노처녀를 박대하는 우리 사회의 노골적인 시선에 분기탱천하는 노총각들은 별로 없다. 구구하게 변명이나 늘어놓으며 우리도 불쌍한 존재이니 제발 예쁘게 봐 주세요! 하고 통사정하는 항복 노처녀들은 더욱 없다. 따라서 아직까지 독신주의를 옹호하는 우리 민족사회의 노처녀 공화국에서 어떤 당당한 독립선언서가 한번도 발표되어본 적이 없다는 것은 20세에서 30세로 넘어가며 이들 노처녀들은 해가 바뀌고 봄이 다가오고 여름이 가는 동안 여기저기서 빨리 남자 얻어 결혼하라는 얼마나 많은 성화와 지청구에 시달려 오고 있는가를 먼저 알아주어야 할 것 같다.

그렇게 별로 입증도 아직 안 된 맞선까지 줄줄이 보거나 말거나 또는 가만히 앉아 떡 줄 백마왕자만 하늘에서 떨어져주기를 기다리는 사이에 세월은 자꾸 흘러가고 이제 우리의 노처녀들은 20세에서 30세가 아니라 30세에서 40세를 바라고 가는 '노 땡큐'의 세대교차기에 덜컥 와버린 것이다.

큰일 났다. 하루 이틀 잔주름이 늘어가고 기미까지 드러나고 있다. 슬슬 허리까지 실해지고 아랫배에 군살까지 처지기 시작한다면 정말 미쳐버릴지도 모른다.

거기다 소개팅을 넣고 있는 소개자가 와서 줄 놓고 있는 총각놈이 '노 땡큐'에서 '고려해보겠다'는 쪽으로 바뀌고 가까스로 선심이나 쓰 듯이 한번 만나주겠다는 쪽으로 선회할 때는 그냥 콱 농약병이나 들이켜고 죽고 싶은 심정일지도 모른다. 그렇게라도 두툼한 분가루를 덮어쓰고 만났던 총각놈을 어렵사리 잡았다가 놓쳐버렸을 때는 정말 목매는 노처녀들이 흔치않게 나진다는 풍문도 더러 있다.

원래 매력적인 노처녀의 적극적인 공략은 반갑지만, 단지 결혼이 목적인 '노처녀'의 포로남에 대한 닦달과 성화는 무섭기까지 하다는 것이 노처녀에게 혼살 맞고 가까스로 탈옥하고 나온 총각죄수들의 진솔한 고백이다. 원인은 난 연상이니까, 넌 어리니까, 식의 자세다가, 미울 때는 애써 어려 보이려고까지 하는 징그러운 애교가 더 싫어지더라는 것이다. 은근히 바랐던 경제적인 안정과 정신적 육체적인 성숙함, 편안함 등은 하나도 없더라는 것이다.

이쯤되면 노처녀들은 두 가지 가운데 하나를 선택해야 한다. 진짜로 죽어버리고 말든지 아니면 반성하던지 해야 한다. 당연하게 나는 반성하는 쪽을 권고한다. 가운데서도 먼저 반성해야 할 것은 뭐니뭐니해도 부모님들의 성화에 못 배겨 여기저기서 닥치는 대로 맞선을 보는 일이다. 이런 맞선은 걷어치워야 한다. 맞선 자체가 노처녀로 항복하고 들어가는 첫 걸음이 되기 때문이다. 때문에 나는 맞선보다는 소개팅이 좋고 소개팅보다는 자기절로 우연히 만나는 인연을 좋다고 주장한다.

내일의 전쟁을 대비하여 노처녀들은 이미 얼마나 많은 시간동안을 창칼에 기름칠하며 인연을 기다려왔던가. 때문에 우연을 거절하지 말고 인연을 놓치지 말아야 한다. 진정한 사랑은 쟁취라고 했지만, 쟁취를 위해서는 용기가 필요하며, 용기를 위해서는 자신감이 있어야 한다.

때문에 노처녀는 무엇보다도 남자를 보는 구태의연한 낡은 잣대부터 집어던지고 남자에게보다는 스스로를 위한 투자와 나이도 장점으로 부각시킬 수 있는 자기 자신에 대한 여유로움에 먼저 신경을 기울여야 한다. 어제까지는 자존심으로 버텨온 세월을 이제부터는 여유로움을 가지고 조금만 더 버티면 된다.

행여나 누가 물어보면 나이 들어 용돈 타쓰는 게 자존심 상해 취직했다는 말을 하지 마라. 적어도 남들만큼은 해야 자존심이 덜 상할 것 같아 죽어라 일하다보니 좋은 남자들을 다 놓쳤다는 말을 하지 마라. 좀 능청스럽더라도 예쁘고 돈 많은 여자 좋다고 뒤돌아가는 남자 붙드는 게 자존심 상해서 잡지 않았다고 해라. 여성이라고 무시당하기 싫어 노처녀가 되도록 이 자리를 꿋꿋이 지켜왔다고 해라.

눈가에 주름이 자글자글하다고? 웃기고 있네. 직장에서는 팔팔한 후배들이 치고 올라오고 있다고? 꿈 깨라고 해라. 동료들은 "결혼 언제하냐?"는 말로 인사를 대신한다고? 그게 뭐가 어째서! 집에서는 '치워야 할 애물단지' 취급을 받고 있다고? 그것은 노처녀의 진짜 비밀을 모르는 거니까 눈 감아주면 되는 거다. 견디다 못해 혹은 외로워서 눈을 돌려도 주위에 쓸 만한 남자는 다른 여우같은 계집애들이 이미 다 채갔다고 한탄할 것도 없다. 그나마 '매물'이 있어도 "어리고 예쁘고 돈 많은" 계집애들에게 침 흘리는 속물들 아무에게나 힘들게 지켜왔던 자존심의 노처녀를 가볍게 던지기엔 그동안 노력하고 쌓아왔던 시간이 너무 아깝다.

조선족의 노처녀들아, 고개를 쳐들고 가슴을 내밀어라! 뭐가 아쉽잖으냐! 자유가 있겠다. 돈도 있겠다. 지위도 있겠다. 고단한 처지를 슬퍼하지 말고 비관하지 마라. 주어진 것에 만족하지 말고 차려진 것에 체념하지도 마라. 구두소리 요란하게 딸깍거리고 엉덩이도 맘껏 흔들어라. 일백 번 소개팅하고 이백 번 맞선봐도 탁 털고 돌아서면 너희들에게는 영원한 자유가 보장되어 있지 않으냐. 이백 번 데이트하고 삼백 번 바람피워도 너희들의 체면은 연애라는 명분이 지켜주고 있잖으냐.

처녀 인생은 내 맘대로 가주지 않지만 노처녀 인생은 내 맘대로 가주는 것이 특징이다. 이리 치고 저리 치이는 피곤한 인생을 살지 말고 요가와 다이어트에도 열심히 되어라. 안 되는 연애 때는 되는 바람피우기를 무서워하지 마라. 지금 막 세상은 경제력 있는 싱글, 불룩한 노처녀의 주머니를 탐내는 '바깥세상'의 움직임도 빨라지고 있다는 것을 모름지기 알아두기 바란다. 주머니를 허벅지 안쪽에 단단하게 감춰두어라. 그래서 그동안 몇십 몇백 날의 고독의 십자수를 놓았던 허벅지는 먼저 내주고 돈 주머니는 나중에 내주어라.

그러나 종당에는 다 내주어야 한다. 어느 것 하나 내주고 어느 것 하나 걷어 안고 가기에는 20대의 전율과 30대의 흥분에서 안정의 40대를 바라고 가는 이 목마름의 길목에서 요동치는 노처녀들의 피가 아직은 너무 뜨거운 것이요, 식히기에는 너무 아까운 것이다. 서른 넘어 내가 이렇게 살 줄 몰랐어." 하며 혼자 눈물짓지만, "외로워도 슬퍼도 나는 안 울어." 하며 한손으로 눈물을 쓱 훔치고 계속 앞으로 달려야 한다. 나에게는 아직도 희망이 있다고! 그래서 룰루랄라 노래 부른다고!

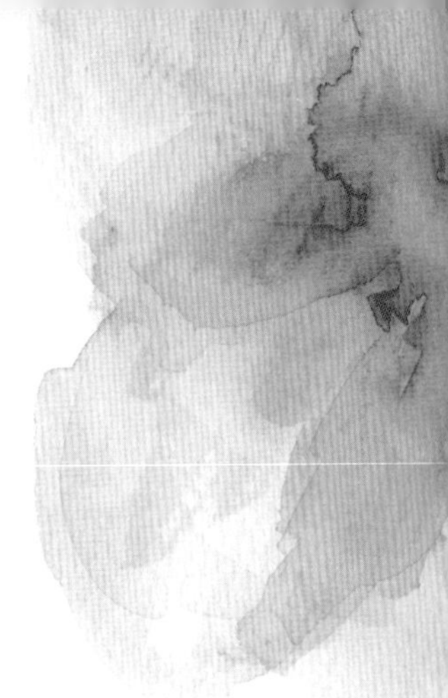

사랑하라! 내일이 없을 것처럼

나는 총각시절 연애를 몇 번 하면서, 사랑이 가진 모든 힘과 위대함에도 불구하고 사랑은 참으로 어렵다는 생각을 자주 하곤 했다. 사랑을 얻지 못할까봐 두려워했고, 얻은 다음에는 그것이 오래가지 않을까봐 두려워하면서, 사랑하는 여자로부터 미쳤다는 소리를 자주 얻어듣곤 했다.

원래 상상 잘하는 모병 때문에 여자를 많이 의심했던 모양이었다. 그래서 미쳤다는 소리를 들었고, 다시 사랑에 한번 빠지자 얼마나 많이 집착했던지 여자로부터 사람이 사랑만 먹고 어떻게 사냐고, 일도 해야 되고, 돈도 벌어야 되고, 또 어려서부터 꿈이었다는 잘난 작가도 되어야 할 것이 아니냐며, 맨날 여자한테만 붙어서 지내고 싶어하는 나를 미쳤다고 말하는 사람이 여자말고도, 어머니와 형님과 동생까지 더 나지게 되었다.

뒤에서 어머니와 형님이 나를 두고, 저놈이 미쳐도 한참 미쳤다고 소곤거리는 소리가 귀에까지 들려왔다. 나를 빠지게 만들었던 여자가 키도 작고 눈도 작고 거기다 허리와 다리까지 잘룩해서 보는 사람들마다 모두 나와 어울리지 않는다고 했던 모양이었다. 그런데도 나는 혼이 빠진 사람처럼 매일 잘난 내 여자밖에 없다며, 잘난 여자 말고 다른 여자들은 모두 못났다고, 못난 여자를 잘난 듯이 차고다니다가 어느 날 잘난 여자에게 보기좋게 채이고 나 혼자만 진짜 못난 남자가 되고 말았다.

연애하면서 미쳤다는 소리를 푸술하게도 많이 들었던 못난 나의 미치는 모습을 상상해도 좋을 것이다. 진정한 사랑이란 지식, 학벌, 권력과는 아무 관계가 없다고 글들에서는 버젓하게 소개되지만, 그렇게 미쳤다는 소리를 많이 들었으면서도 결국 여자한테 채이게 된 일등가는 원인은 고중밖에 나오지 못한 것 때문이었다.

그렇게 채이고나서 의심도 많고 집착도 많았으니, 나를 싫다고 달아나버린 못난 여자가 어느 날 나보다 더 잘난 남자를 차고 손바닥만한 시내에서, 나의 눈앞에서 폼잡고 다닐 때를 생각하면, 지금도 나는 속성상에서 사랑은 사람을 미치게 만드는 측면이 있다는 말을 믿지 않을 수 없다. 사랑할 때에 미치다보니 아주 정신까지 없어지는 것이다. 그러나 정말 정의 내리기조차 매우 힘든 이런 정신까지 없게 만드는 미치는 사랑이야말로 나의 삶에서 유일하게 진실하고 오래 남는 경험이었다.

나는 글을 쓰면서 그런 경험을 상상할 때가 자주 있다. 미국에서 혼자 사는 나에게 혼삿말이 들어왔던 적이 있는데 딸애가 하나 달린 젊은 과부였다. 두 번인가 만나는 도중에 나의 상상하는 모병이 도지고 말았다. 그 어린 딸애가 예쁘고 착한 계집애였다고 하자, 학교에서 공부도 잘하고 선생님들의 사랑을 받는 계집애였다고 하자. 세월이 지나 계집애가 여고생이 되었을 때, 엄마는 마음씨 좋은 나와

재혼해서 1년 넘게 행복하게 살았다고 하자. 나는 계집애의 엄마에게 친절했고, 성실하게 일하면서 새로 만난 가족에게 부족함이 없도록 최선을 다했다고 하자.

이때까지는 정말 하나도 미치지 않고 말쑥한 정신이었을 것이다. 그런데 어느 날 미치게 될지도 모르는 상황이 발생하고 만다. 나와 1년을 함께 살았던 여자가 교통사고로 죽고 나는 또다시 홀몸이 된다. 여자가 두고간 딸애가 하루가 멀다하게 나를 찾아와서는 아빠라고 부르면서 같이 살자고 한다. 그러면서 말한다. 저 나이 어리지 않아요, 학교 기숙사에서 친구들이랑 술 마시다가 그런 일 경험했어요. 좀 어렴풋하지만 그런 거 할 때 즐거움이 뭐라는 것도 다 알아요, 그런데 이제는 기숙사에서 나오고 싶다고 한다. 자기도 같이 살 수 있게끔 조금만 더 큰 집으로 이사하면 안되냐고 나를 재촉한다. 입으로는 아빠라고 부르지만 같이 살다보면 무슨 일이 발생할지는 아무도 장담하지 못하기 때문이다.

이것은 내가 미쳤다는 소리를 듣곤 했던 십수 년 전의 옛날 사랑과는 완전히 레벨이 다르다. 열 몇 번도 싸대기를 치고 갈만큼의 정상급이다. 그러다가 남자인 내가 실수하게 될지도 모른다는 나에게, 계집애는 같이 실수하면 되지 않느냐고 한다. 실수하면 미치게 된다고 하는 나에게 계집애는 또 같이 미치면 되지 않느냐고 한다. 그렇게 미치면 우리에게 더는 내일이 없을 것이라고 하니, 그냥 없을 것처럼 미쳐보자고 한다. 미치는 것은 두려움의 반대말이고 관계의 본질이며 행복의 근원이라는 것이다.

나는 지금도 살아가는 동안의 모든 위선과 천사로 둔갑하고 다니는 위선인간들이 마냥 저지르곤 하는 모든 행위의 너머에 야수(野獸) 같은 털북숭이 모양 그대로의 사랑 같은 것은 없을까 하고 상상한다. 만약 있다면 그것이야말로 우리 삶에서 결코 사라지지 않는 인류의 유일한 선물일 것이라는 것을 믿어 의심치 않는다. 환상과 꿈, 그러나 실제에 있어서 공허함으로 가득찬 세상에서 진실의 근원이 될 것이라는 것을 믿어 의심치 않는다.

어리면서 어리지 않은 여자와 함께 살면 꼭 그런 사고가 발생할지는 아무도 장담하지 못하지만, 아빠도 없고, 이제는 엄마도 없고, 더는 공부를 할 돈이 없는 여자는 남자가 아닌 아빠같은 아저씨가 그립다고 한다. 나가서 연애를 하라니, 연애할 만한 놈들은 한놈도 의탁되지 않는다고 한다. 그러면서 고모나 이모가 있지만, 같은 값이면 여자보다는 남자와 함께 있고 싶다고 한다.

나는 여기까지만 상상하겠다. 아무런 의심의 여지가 없다. 이것은 백분의 백의 미치는 사랑이다. 어쩌면 미치는 종착점까지 날아간 것인지도 모른다. 종착점에서 야수시절의 털북숭이가 되어버린 것인지 모르겠다. 털북숭이에서 다시 천사로 돌아올 때에 남자나 여자나 모두 상처를 입게 되리라는 것은 자명한 일이다. 그러나 인류가 오늘에 이르기까지 몸에 씌워졌던 이 천사의 가면을 벗어던지며 좀 피흘리고 상처를 입는다는 것을 무서워해서는 안되겠다. 그리고 그것이 우리 자신들을 이루는 가장 깊은 부분이고 원래 야수였던 우리 안에 살면서 야수와 천사 사이를 연결해주는 에너지일지 모른다는 생각을 한다.

미칠까? 말까? 고민한다. 나는 젊은 남자가 늙은 여자와 사랑하는 거나, 또는 어린 여자가 늙은 남자와 사랑하는 거나 미치지 않고는 가능하지 않은 일이라고 생각한다. 젊고 건강한 모델 같은 여자가 낼 모레 죽게 될 할아버지 같은 암환자를 사랑하는 것도 미치지 않고는 가능하지 않은 일이거니와, 남자와 남자가 결혼하고, 여자와 여

자가 결혼하는 이런 이상한 현상들도 어제까지 하늘과 땅이 맞붙지 않고는 도저히 가능하지 않았을 성싶던 일이었는데, 그러나 결국 하늘땅이 맞붙지 않았지만 오늘은 가능해지고 말았던 것을 생각하면서 고민한다.

하지만 그러나 오늘 우리 시대의 비극은 젊은 남녀들이 너무 정신이 말쑥해서 사랑하기 때문에 아닌가 싶다. 이런저런 이해관계와 이해득실을 따지는 데만 몰입하다보니, 그런 시대에 있어서 나처럼 정신없이 사랑하고 싶은 것은 오로지 정신없는 사람들만이 하는 짓일 것이다. 미치도록 사랑하고 싶은 것은 미친 사람들이나 하는 짓일 것이다. 그렇게 자꾸 미치도록 사랑하는 사람들과 만나기 때문에 자꾸 행복한 것이 아닌지 모르겠다. 그래서 오늘도 미치도록 사랑하고, 정신없이 사랑하는 사람들을 만나면 나는 정말 미치도록 즐겁고, 정신없도록 행복하다.

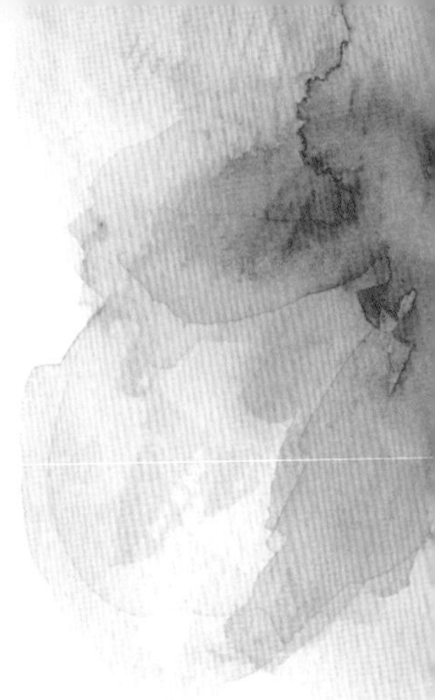

사랑하는 순간에도 사랑하라!

같은 여자 정도라면, 나는 어린 여자보다 그래도 조금 나이 든 여자가 좋고, 같은 노처녀 정도라면, 나는 노(老)가 아니라, 노(NO)라고 외칠 줄 아는 노처녀와 만나고 싶다. 왜 그런지 설명을 길게 할 필요는 없지만 얼른 생각나는 것은 도통 숙맥 노총각이었던 우리 작은 삼촌이 나이 삼십을 넘기고 허둥지둥 맞선 보고 다닐 때 그 뒤를 쫄랑쫄랑 붙어 다니면서 내가 수두룩하게 눈팅해왔던 우리 조선족의 그 당당하던 노처녀들이다.

제법 궁금하다. 지금은 그 당당하던 누나들, 언니들, 동생들이 모두 어디에 가서 숨어버렸으며, 오늘도 무슨 모양을 하고 다니는지 모르겠다. 누구의 글에선가, 노처녀는 노을진 석양의 바다를 더 좋아하고, 숫처녀는 밤바다를 더 좋아하며, 유부녀는 아침바다를 더 좋아한다고 했다만, 나는 아직 뉴욕의 대서양 기슭에서 단 한번도 바다를 산책하는 조선족의 노처녀들과 만난 적이 없다.

떠도는 우스갯 시체말로 비유한다면, 오늘도 못 사는 연변의 농촌들에는 장가 못 든 노총각들만 바글거리는데, 연변에 뿌리를 두고, 장가 못 든 조선족의 노총각들은 멀리 등 뒤로 한 채, 한국으로, 일본으로, 미국으로 날아가버린 우리 조선족의 노처녀들에게 지금 남아있는 것은, 온통 허영과 손톱과 콤플렉스뿐이라고들 한다. 그러나 그마저도 당당하게 노(NO)라고 외칠 줄 아는 멋진 노처녀들에게나 어울리는 비유요, 거기다가 비록 노(老)일망정 콧대가 또 엄청 높아서 자신의 이상형에 맞는 사람이 나타날 때까지는 절대로 '결혼'과 타협하지 않는다던 우리 조선족의 멋쟁이 노처녀들이 어떻게 하다나니 이상하게도 순결이란, 처녀란 싱그러움을 너무나도 허망하게 교사(狡詐)스런 늑대들한테 다 잃어버렸는지 모르겠다.

그럼에도 오늘까지 늑대들의 눈에 노획물로 드러나있는 우리 조선족의 노(NO)의 노처녀나, 노(老)의 노처녀나 오늘날 그 숫자는 함부로의 상상을 불허한다는 것이다. 그렇게 많은 노처녀들로 붐을 맞는 해외의 조선족 노처녀들과 만나고 지내면서도 나는 아직까지도 내 몸에서 오랫동안 내풍겨 왔던 꾸깃꾸깃하고 꾀죄죄한 홀아비 냄새를 거두지 못한 채로 오늘까지 살아가고 있다. 누가 봐도 초라하고 궁상맞기 그지없다.

혼자 사는 남자들끼리 어울리던 좀 젊었을 때의 호기(豪氣)는 이미 온데간데없이 사라져버렸고, 과거 바람에 나풀거리는 생머리의 여자가 아니면 노(NO), 얼굴이 부실 정도로 예쁘지 않으면 노(NO), 짧은 스커트를 입었을 때 아, 하는 감탄사가 나올 만큼의 다리가 예쁜 여자가 아니라면 역시 노(NO)했던 나날들을 슬프도록 후회할 때도 있지만, 그러나 오늘까지도 꾸준하게 노(NO)를 연발하는 우리의 조선족 노처녀들에 반해서, 노(NO)자에는 체념한 채로 숙명의 노(老)자를 받아들임으로써 그 잘났던 콤플렉스와 허영(虛榮)마저도 모

조리 늑대같은 한국 사내놈들한테 강도당하고 진짜로 '뭐도 떼우고, 뭐도 빼우는 빈털터리'가 되어버렸을 때에, 나는 나의 슬픔같은 것을 한탄하지 않는다.

오히려 이럴 때 우리의 조선족 노처녀들은 물론, 그 흔한 노처녀들마저도 없어서 장가 못 들고 있는 우리 고향의 바보스런 조선족 노총각들에게 무슨 위안의 말을 어떻게 해주어야 할지 모르겠다. 우연의 일치인지는 잘 모르겠지만, 물론 소수에서도 또 소수의 한국놈 늑대들은 외관상 대부분이 핸섬한 외모를 갖추고 있으며, 겉으로 보나, 말소리로 듣거나 참으로 매력으로 넘쳐있어 어디를 뜯어보아도 조선족의 노총각들은 그 엄두에 가도 미치지 못한다. 결과적으로 늑대들에게 한번 맛을 들인 노처녀들은 자신들이 그 한국놈 늑대들한테 강도당했다고 생각하지 않는다. 대개 공범으로 가는 경우가 많고, 이쯤 되면 그 한국놈 늑대들이 씹다씹다 내버린 일명 노처녀들은 어딜 가나 퇴물(退物) 취급이고, 재고상품(在庫商品)이 되어 버리는 것이다.

얼마나 억울하고 분한 노릇인가. 그렇게 어영부영 세월 가는 줄 모르고 한 몇 물 넘기고 난 뒤에 다시 적극적으로 연애에 나서자니 '급하긴 급한가 보군'하는 놀림감이 될 것 같아 무섭고, 다소곳이 있자니 결혼하기는 점점 더 힘들어질 것 같고, 그렇다고 결혼을 아주 안 하면 이번에는 또 '어디에 문제가 있는 여자'로 취급당하니 슬퍼도 이만 저만 슬픈 일이 아닌 것이다. 그러나 만약 오늘까지도 노(老)자보다는 보다 입에 노(NO)자를 달고 다니는 노처녀들이 있다면, 나는 그런 노처녀들이야말로 당당함에 있어서나, 순결함에 있어서나 언제까지라도 하이틴 로맨스에나 나올 법한 멋진 노총각들을 이상형으로 꿈꿀 만도 하다고 생각한다.

우선 무엇보다도 언제라도 노(NO)자를 내뱉을 수 있는 노처녀들은 두루뭉술하지 않고 어디가 달라도 다르게 모가 졌기 때문이다. 그리고 모가 진 것들끼리는 어느 모서리로든지 빨리 부딪치게 되며, 부딪치는 틈서리에 마찰이 쉽게 생기며, 생기는 마찰에서는 열과 함께 쉽게 불이 일고 불과 함께 쉽사리 탈 수도 있기 때문이다. 이것은 결코 화학(化學)으로만의 진리(眞理)가 아니다. 그렇게라도 실화(失火)하여 사랑할 수 있을 때 사랑하는 것이 인생의 권리이자 최대의 축복이 아니겠는가. 결코 눈을 사르르 감고 관능에 몸을 맡기거나 영혼이 떨리는 듯한 충일감에 젖어 드는 순간의 사랑도 좋을 것이지만, 절대로 내 인생 중에 일부를 그냥 황폐화시키는 일 없이 오늘도 사랑하고, 내일도 사랑하고 심지어는 사랑하고 있는 순간에도 열심히 사랑할 것이다.

만약 윤회설(輪回說)이 참말이라서 내가 다시 태어날 수만 있다면, 나는 무엇으로 태어나기를 원하는가, 두말할 것도 없이 정말 한 순간에 노총각으로 태어나고 싶다. 노총각으로 태어나 노처녀들의 주변에 가서 어슬렁거리고 싶다. 물론 노(老)가 아니라, 노(NO)라고 외칠 줄 아는 보다 진취적이고 도전적이고 멋지고 쿨한 우리 조선족 노처녀들의 주변에서 말이다.

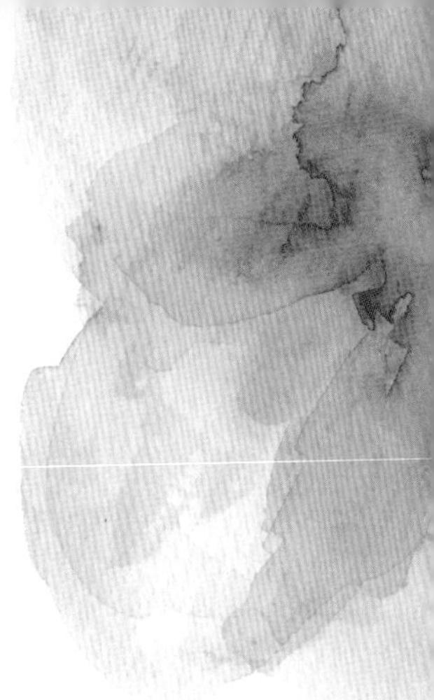

웃는 얼굴에 침 못 뱉는다

노랗고 빨간 나무 잎새들이 한 잎 두 잎 다 떨어져버리고 차가와지는 바람에 살갗이 움츠러드는 이 고독한 가을을 이겨내는 좋은 방법을 소개하겠다. 첫째도 웃는 것이요, 둘째도 웃는 것이요, 그리고 셋째도 웃는 것이다. 감사(感謝)와 봉사(奉仕)는 그다음, 다음의 일이다.

그렇다고 하릴없이 그냥 실실거리고 웃으라는 말은 아니다. 남자가 실없이 웃음만 달고 살면 무게가 없어질 수 있고 여자가 때없이 배시시 웃으면 정숙해보이지 않을 수가 있으니까, 내가 주장하는 것은 가볍게, 부드럽게, 소리없이 웃자는 것이다.

평소 느긋한 표정에 따뜻한 미소를 보여주는데서 인색하기로 정평 나있는 한국인들 속에서도, 특히 우리 중국에서 온 조선인 동포들은 잘 웃지도 않고 항상 근엄하게 굳은 표정을 하고 있어서 좋지 않다. 왜 이렇게 되었는지 모르겠다. 우선 나부터라도 중국에서 살 때는 절대 이런 모습이 아니었는데 말이다.

굳게 다물어져 있는 입은 굳센 의지(意志)가 돋보여서 좋지만, 원체 언어소통이 자유롭지 못한데다가 웃음마저 없으니 만나는 상대방에게 전혀 '당신과 가까워지고 싶다'는 친지(親知)의 의사를 느끼지 못하게 만드는 것이다. 대수롭게 넘길 문제가 아니다. 얼굴에 웃음이 없으니, 나같으면 그냥 소박하고, 순진하고, 좀 촌스럽게만 봐주어도 괜찮을 성싶은 것을, 여기 미국 사람들은 그렇게 생각하지 않는 것이다. 결국 웃음을 보여주지 못하니, 보지 못하는 그들은 우리를 웃음에 인색하다고 할 수밖에, 따라서 감사(感謝)에도 인색하며, 봉사(奉仕)에도 다 인색한 줄 안다. 거기다가 영어까지 잘 못하니, 결국 우리의 진정이 곡해(曲解)되곤 할 때가 많은 것이다.

어떻게 하겠는가? 말 못하는 대신 눈동자와 얼굴 표정으로라도 상대방으로 하여금 따뜻하고, 편안하고, 친절한 모습을 느끼게끔 만들어줘야 하는 것이다. 미소는 먼저 건너가는 것이며, 그 바탕에는 정과 함께 감사가 따라간다. 일하는 노동자나, 일 시켜먹는 고용주나 서로에게 감사한 마음은 마찬가지일 것이다. 부러진 제비다리를 치료해준 흥부의 인정 어린 선행과 제비가 물어다 준 감사의 박씨같은 것처럼, 서로의 감사한 마음을 가슴속에 묻어두기보다는 모든 사람들에게 건네주어야 하는 것이다.

약속한다. 조금만 기다리면, 우리 모두의 가슴속에서 미소가 우러러 나올 때가 있을 것이다. 결코 여기 사람들처럼 하루에도 수십 번씩 연발하는 그런 '땡큐(Thank you)' 같은 입에 발린 미소가 아니기를 감히 믿어도 좋다. 스쳐가는 미소의 바탕에도 뜨거운 정으로 넘쳐 있는, 지금은 그런 정을 보여주는 일이 급하다고 생각한다.

웃음만 있으면 영어서껀 잘 몰라도 살아가는 데는 아무 지장이 없다. 'Yes'와 'No' 외에 또 하나 더 'OK'라는 말만 배워가지고 길가는 미국 경찰을 불러 세워 놓고 아무렇게나 우리말로 한번 건네 봐라, 손짓 발짓해가며 뜻을 전달하다보면 신통하게도 그 경찰이 다 알아듣는다. 비결이 뭐냐면, 정작 뜻을 전달하는 데 있어서 말(言語)은 30%밖에 작용하지 못한다는 것을 알아야 한다. 나머지는 모두 얼굴에 어린 미소와 다정한 눈빛이다. 그게 각각 35%씩 차지하니 합쳐서 자그마치 70%로나 되는 것이다.

그러니 지금 당장 영어 배워내는 일은 무리더라도, 몸에 갖고 있는 웃음만은 그대로 묻어두지 말고 있는대로 다 꺼내 써야 할 것이다. 원래 없는 것도 아니고 남들보다 더 많이 갖고 있는 것이 바로 우리만의 자랑인 미소와 마음속 깊은 곳에 잘 간직해두고 있는 푹푹한 인정이 아니던가, 그것을 왜 사용하지 못한단 말인가, 의학적으로 볼 때도 한번 웃을 때마다 몸에서는 '엔돌핀'이라는 것이 생성(生成)되기 때문에, 그것이 몸 안의 암을 비롯한 허다한 나쁜 병균을 죽일 수 있다고 하니 웃으면 건강에도 좋다.

힘들어도 웃어 보이고, 번 돈이 적어도 웃어 보이고, 못된 고용주 앞에서도 항상 웃어 보이라, 가볍고, 부드럽고, 따뜻하게, 그러면 곧 만사가 다 풀어질 것이요, 이 을씨년스런 늦가을 또한 그렇게 상쾌하고도 포근하게 느껴지지 않을 수가 없을 것이다. 오죽하면 중국 속담에도 '소문만복래(笑門萬福來)'라고 했겠는가! 집안에 웃음이 넘치니 복이 저절로 찾아온다는 것이다. 우리 모두 웃자, 웃으면서 살자!

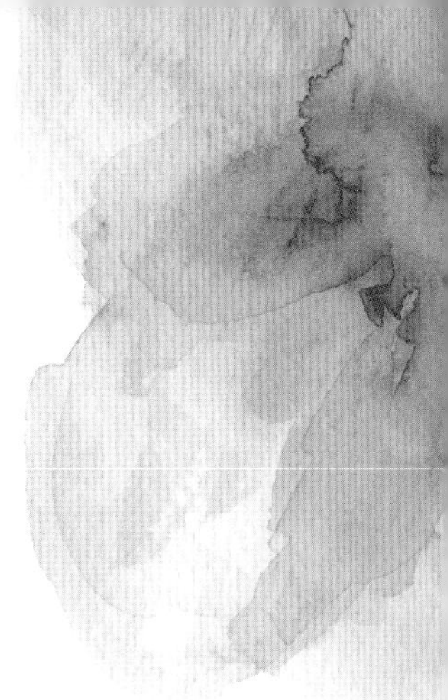

쥐불놀이

어렸을 적에 화룡현 동성공사 보성대대에서 살았던 적이 있었다. 연길중앙소학교에서 음악교원으로 교편을 잡고 계셨던 할머니가 보성대대 소학교 음악교원으로 쫓겨가는 바람에 방학만 되면 보성에서 원단, 춘절을 다 보내고 개학 때에야 집으로 돌아오곤 했다.

가장 잊을 수 없는 것이 원단 새해 첫 쥐날에 풍년을 기원하는 마음에서 마을들 마다 논밭에 볏짚을 쌓아놓고 불을 지르는 일이었는데, 일명 '쥐불놀이'라고 불렀다. 매년 한번씩 있게 되는 '쥐불놀이'에 불이 큰 동네 쥐들이 모두 불이 약한 동네로 도망가기 때문에, 그렇게 되어 쥐가 없는 동네는 풍년이 들고 쥐가 몰려든 동네는 흉년이 들게 된다는 것인데 그야말로 가관이었다.

그러나 실제로 쥐들은 벌써 이날만 되면 마을 농민들이 논두렁 밭두렁으로 볏짚을 옮겨오고 불을 지른다는 것을 알고 굴속에 깊숙이 틀어박혀 전혀 나오지 않기 때문에 몇 마리 타죽지 않는다. 그렇더라도 이날만큼은 쥐들이 재난을 당하는 날인 것만은 틀림없었다.

물론 이것은 농경 사회에 뿌리를 둔 전래의 전설에 불과하다. 들판에 불을 놓는 까닭은 쥐의 피해가 심하므로 쥐를 박멸하기 위함과 논밭의 해충을 제거한다는 것이었다. 내가 시내에서 온 아이라고 '쥐불놀이'를 시작할 때 다른 아이들처럼 논밭에 가까이 다가서지 못하게 하였다. 아이들은 두 팀으로 나누어 서로 호루라기를 불면서 깃발을 들고 지그재그 뛰어다니며 헌 신발에 불을 붙여가지고 서로 인계하였다.

볏짚에 불을 달고 쥐들을 태워 죽인다고 난리를 피울 때 꼬리에 불 달린 큰 들쥐 한 마리가 우리 할머니 집 쪽으로 빠져 달아났다. 할머니가 "에구머니나, 저 쥐가 화재 일으킨다."고 소리치면서 나를 데리고 쥐를 쫓았다. 쥐는 부엌으로 뛰어들어 땔나무 무지 속으로 숨어버렸는데 잠깐 사이에 부엌으로부터 불길이 치솟아 오르기 시작했다. 그리하여 '쥐불놀이'가 '집불놀이'가 되어버리고 말았다.

그때 한창 유행이었던 '왈쯔'머리에다가 나팔바지를 입고 다녔던 나는 머리카락을 불에 태우고 손등 발등 어디 할 것 없이 불에 데어 붕대를 딩딩 감고 집으로 돌아왔는데, 그러나 그 다음해에도 나는 또 동성으로 갔다. 아마도 보성에서는 그 일이 있은 뒤부터 다시는 '쥐불놀이'를 하지 않았던 것 같다.

겨울방학에 내가 보성에 가면, 그때 연변가무단에서 피아니스트로 활동하고 있었던 고모도 설 쇠러 보성에 오곤 하였는데 한번은 총각을 데리고 왔다가 할머니한테 벼락을 맞고 쫓겨났다. 굉장히 예쁘게 생겼던 고모의 나이가 그때 20대 후반이었던 것으로 기억나는데 선자리가 들어오는 총각들마다 이 총각은 공산당원이 아니라서 퇴박 놓고, 저 총각은 또 군대갔다 오지 않았다고 퇴박 놓고 하면서, 어느덧 고모의 나이가 30살 가까워졌던 것 같다.

그러던 중에 어쩌다가 해방군에도 갔다 오고 또 군대에서 공산당원에까지 들었던 총각이 나타났더니 이번에는 그 총각이 뱀띠라서 안 된다는 것이었다. 보다 못해 우리 아버지가 할머니를 보고 "작은 엄마, 저러다가 선희 노처녀 만들지도 모르우."라고 했더니 할머니가 "뱀띠는 사람 잡아먹어."라고 대답하던 생각이 난다. 마침내 이모의 나이가 30살 넘기던 해에 할머니는 보성에서 연길중앙소학교 음악교원으로 다시 돌아왔다. 그때 군대도 갔다 오고 또 당원이고 띠도 뱀띠가 아닌 총각이 나타났더니 이번에는 "쥐띠는 더 싫어." 하고 할머니가 퇴박 놓는 것이었다.

하긴, 그 어렵던 나날에 쥐 때문에 한겨울에 집을 다 태우고 한지에 나앉았던 일을 생각하면 할머니는 쥐띠를 좋아할 리가 없었다. 그러다가 쥐띠에 대한 인상이 슬슬 바뀌기 시작한 것은 어느 해엔가 중국에서도 방송되기 시작한 디즈니만화 '도널드 덕과 미키 마우스'를 보게 되면서부터였다. 말년에 어린이 동화에 재미를 붙인 할머니가 이 만화에 푹 빠져 고양이가 쥐한테 골탕 먹는 장면만 보면 어린이들처럼 무릎을 때리면서 웃어대곤 하더니 하루는 나를 보고, "얘 순호야, 저 미키 마우스가 바로 쥐란 말이지? 쥐도 다시 보니 굉장히 사랑스럽구나. 너는 어떠냐?" 하고 묻기에, "쥐라고 다 얄밉고 더러운 것만은 아니래요. 흰 쥐는 얼마나 예쁘다고요. 그리고 논밭에서 사는 쥐는 부지런하고 좋은 쥐죠."라고 대답했다.

그랬더니 할머니는 "어쨌든 쥐는 도둑이야."라고 말하며 씁쓸하게 웃었지만, 결국 할머니는 딸을 쥐띠 총각에게 내주고 말았다. 가짜 농약병을 사들고 와서 쥐띠한테 시집 안보내주면 둘이 같이 죽겠다고 위협하는 고모와 고모부한테 할머니가 손을 들고 말았던 것이었다.

고모부가 장사를 하다가 망했을 때 할머니는 "저 쥐 같은 도둑놈이 내 딸을 훔쳐다 이 고생 시킨다."고 구시렁거렸다. 그러나 지금 고모부가 다시 장사에서 성공하여 돈을 많이 벌고 명절마다 꼬박꼬박 와서 인사하고 효성하고 하니 쥐띠에 대한 인상이 많이 바뀌기 시작하더니 마침내 2008년 무자(戊子)년이 오자 "에구야, 다 사람 나름이지, 쥐띠고 뱀띠고 그게 무슨 상관이라더냐."고 하루아침에 삼백팔십도로 전환하고 말았다.

쥐띠 사위가 들어와서 돈을 잘 버니 할머니는 만나는 사람들에게마다 "쥐해에 태어난 사람은 모두 부자로 산다."고 말해준다. 분명하다. 생리적으로 볼 때 더도 말고 한 3일쯤만 굶어도 쥐는 꼼짝없이 굶어 죽기 때문에 천성이 부지런해야 하고 인내심과 지속력으로 양식을 찾아 헤매고 다녀야 한다. 그래서 다산과 풍요의 상징으로 불리기도 한다는 것은 세상이 다 아는 일이 아니던가.

어디 가서 점쟁이도 만나보았던 모양이었다. 할머니는 쥐띠에 대한 말이 많아졌다. 쥐의 장끼인 다산성은 잠시 제쳐두고라도 무자년은 글자풀이만으로도 풍성한 해임에 틀림없다고 한다. 중국 육조 시대의 '세설신어'에 따르면 무(戊)는 만물이 자라서 풍성하게 얽혀 있는 모양을 본뜬 글자이고, 자(子)는 태아가 자리 잡은 모습을 본뜬 글자여서 자손을 의미한다는 뜻이니, 무자년에는 모든 사람들이 돈과 재산과 자손까지도 틀림없이 풍성하리라고 한다.

그러면서 작가인 나에게 "한국의 최인훈(소설가), 신경림(시인)이 다 쥐띠라더라."고 말하고, 또 피아니스트인 고모한테까지 전화해서 "한국의 엄앵란, 임권택이 모두 쥐띠고 모차르트까지도 쥐띠라더라."며, 매일과 같이 쥐띠에 대한 관심이 이만저만하지 않다. 어디서 많이도 알아보았던 모양이다.

그래 내가 "어디 그뿐인 줄 압니까, 서태지, 배용준, 장동건, 심은하도 모두 쥐띠고, 또 우리 인터넷 문학 사이트의 밍씽(名星) 임매화도 쥐띠랍니다."라고 주어댔더니, 무척이나 정정하신 할머니가 "임매화가 누구냐? 별루 못 들어본 이름인데. 그애도 한국 탤런트냐?"고 물으신다.

내가 정숙한 표정으로 "네, 요즘 아주 잘나가는 신인배우예요. '니카'라는 드라마에서 나오거든요. 근데 고향이 화룡 용화라구 그럽디다. 내가 보성서 들쥐 잡다가 불에 데던 해에 태어났던가 봐요."라고 둘러댔더니 할머니가 "요즘 원체 드라마가 많아서, 미처 생각나지 않는구나. 사진 있니?" 하고 또 물으신다. 그래 금방 프린트해두었던 임매화의 사진을 드렸더니 "아이, 이 애구나, 본 적 있어. 내 이 애 드라마 보고 얼마나 많이 웃었다고, 이 애 되게 웃기는 애 맞지?"라고 하신다.

창녀예찬

빛의 건축과 틈새의 미학

8

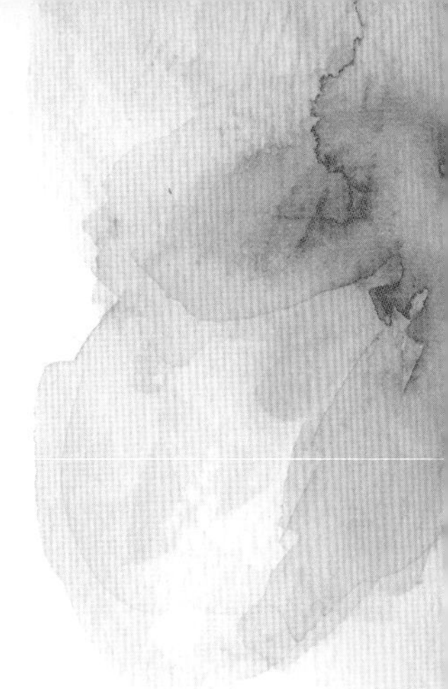

빛의 건축과 틈새의 미학

나의 단편소설 '바퀴벌레'의 모티프가 되었던 커다란 곤충 '로치'를 만들어 자신의 스튜디오 작업실 벽에 걸어두고 있는 작가 임충섭 화백과 만났다.

한국 현대미술의 '세계적 위치를 가늠케 하는 2008년 가을 Atelier 705'에서 개최된 'Objectes-Perception-Landscape'를 마치고 얼마 전 미국으로 돌아온 임충섭(66) 화백과 만난 것은 바로 며칠 전의 일이었다. 가을도 다 가고 있는 11월 중순경, 허드슨 강 바람이 곧게 뻗은 트라이베카 거리(소호의 남서쪽 방향) 골목골목을 시원스럽게 휘젓고 다니는 자연의 경관 속에 자리잡고 있는 임 화백의 스튜디오는 아마도 나의 평생에 두고두고 잊지 못할 추억을 남긴다.

안으로 들어서면 온갖 종류의 작업 공구와 쌓여있는 돌덩어리, 길게 드러누워 있거나 우뚝 세워진 큰 설치물, 벽에 붙어있는 독특한 형태의 조각들이 시야에 가득 들어온다. 그 조각물들 속에서 스튜디오의 출입문과 마주하고 있는 벽 중간에 들어붙은 거대한 로치가 눈길을 끈다.

“아, 교수님 이게 무엇입니까?”

“딱정벌레.”라고 했다가 다시 “아니지, 바퀴벌레지.”라고 했다.

작업이 한창 진행 중인 공사장을 방불케 하는 펼쳐진 조각물들 사이의 공간을 조심스럽게 골라 디디며 스튜디오를 돌아보았다. 그리고 돌아나올 때는 다시 바퀴벌레 앞에 서서 한참 구경하였다.

첫 눈에도 벌써 질감이 두드러지고 안팎이 포개진 형태의 수십 수백 가지의 조형물들은 비행기 안에서 혹은 높은 지대에서 아래를 내려다보았을 때 접하게 되는 어떤 지형(地形) 혹은 어느 날 불현듯 꿈속에 체험하는 기묘한 사물, 그것은 어떤 사물일까, 나는 곤충이라고 판단한다.

몇 해 전 내가 이 스튜디오에서 파트타임으로 조수 일을 할 때 매일같이 설치작품들을 켜고 베고 붙이고 뜯어내고 하면서 의문나는 것들을 물으면 종래로 싫증을 내는 법이 없이 소탈하면서도 간결하게 답을 해주었지만 당시로서는 쉽사리 납득될 리가 없었다. 첫째는 내가 생판 미술을 모르는데다가 더구나 현대미술이라는 시각언어를 통해 자신의 모국인 한국에 대한 기억들을 갈고 닦는 작업을 펼치는 작가의 설명은 도통 나의 수준으로는 이해가 불가능한 작품들에서 느껴지는 것과 유사하게 설명적이기 보다는 비유적이고 대단히 함축적이었다.

그때로부터 나는 꾹 이태 동안 이 작가의 스튜디오에서 무릇 나의 손을 거쳐 보조작업이 진행되고 뚝딱거리고 만들어지고 포장되어 세계 각국의 전시장으로 나갔던 설치작품들에 대한 현대 미술계의 세계적 석학들의 평론을 하나도 빼놓지 않고 탐독하기 시작했다.

이것은 서구문학을 공부하려고 미국에 온 나에게 단지 미술이라

는 영역을 넘어 현대 문화예술의 심장부에서 사유하고 작업해오고 있는 한 작가의 천재적인 사고의 흐름과 깊이에 대하여 그 끝이 어디까지일까 하고 가늠해보는 행복하고도 즐거운 시간이었다.

이런 공부는 정말 돈을 주고 배울 수 없는 것이었다.

서울대 미대에서 석, 박사를 마치고도 다시 미국으로 유학하고 있는 젊은 아티스트들이 간단없이 임충섭 화백의 스튜디오를 방문하여 수백여 장의 작품 슬라이드와 사진 자료, 등을 구경하면서 환성을 지를 때에 그 얼굴에 어리는 천진난만한 표정들은 백분의 백 소년의 황홀한 감동 그것이었다. 그것은 그만큼이나 현대미술의 최심장부가 갖고 있는 심도와 잠재력, 그리고 그것과 부딪치는 순간에 만나게 되는 삶과 미술의 또 다른 지평을 발견하게 되기 때문이다.

임충섭 화백을 찾아오는 세계적인 석학들이 커피를 마시며 담소할 때에, 가끔씩 열 몇 시간의 긴 비행시간도 마다하지 않고 태평양을 날아 넘는 한국의 미술계 학자들과 만나면 나는 어림없이 "임충섭 화백의 작업을 통해 한국의 현대미술이 세계수준의 어디까지에 와있다고 판단하는가?"라는 질문을 자주 던져본다. 물론 이것은 과거 이 스튜디오에서 일하며 아르바이트로 밥을 벌어먹었던 한 이민자 작가의 궁금증만은 아니다.

비로소 내가 다시 기자로, 작가로 활동을 복귀하면서 나름대로 내가 나온 이 지구의 어느 가시 끝머리에나 위치하고 있음직한, 조선족이라는 민족집단의 문학세계를 새롭게 개변시켜보려는 꿈을 가지고 한국이라는 한 자그마한 나라에서 태어났던 젊은 청년이 어떻게 현대미술의 최심장부에까지 접근해갔는가 하는 것은 무척 궁금한 일이었다. 그리고 그것을 구경하고 있는 한국의 미술계가 이 작가에 대하여 어떻게 받아들이고 있는지도 의문이 아닐 수 없었다.

대체적으로 현대미술의 최심장부에까지 접근한 임충섭 화백의 설치작품들을 통하여 한국은 자신들의 미술지평이 국내 외 미술 모두에 걸쳐 상당하게 높은 경지에까지 도달해갔음을 자랑스러워하고 흐뭇해한다. 절대적으로 비방하거나 조소하거나 시샘하거나 질투하거나 그러지 않는다. 일단 그들은 한국 미술의 제일 큰 병폐이기도 하고 또 세계적 수준으로 돌진하는 과정에서 제일 큰 장애가 된다고 볼 수 있는, 단선적인 형식이나 주제의 진화과정을 추적하는 창작방식을 아주 철저하게 뒤집어엎었기 때문에 인간적인 품평을 떠나 작품에서 굴복하고 든 것이다.

아, 어떤 작품일까. 어떻게 만드는 작품 속에 스며들어있는 세계적인 사색을 한국의 미술계가 임충섭 화백의 작품들에서 부딪치고 경배하고 있는 것일까.

나는 전문 미술을 배운 미술 비평가가 아니다보니 특히나 현대미술을 둘러싼 많은 미술사적, 비평적 언어의 의미 그리고 그것이 갖는 아우라(aura)에 대하여 설명을 못한다. 그러나 내가 직접 손으로, 노동으로 이태동안 접촉해온 임충섭 화백의 설치작품들은, 그것도 한국의 미술을 세계 현대미술의 최심장부까지 접근시켜간 창작방식은 한마디로 단선적인 사색이 아닌 복선의 사색이 드러나 있다는 것, 사색의 아우라를 회피하거나 비껴가는 것이 아니라 깨버리고 뒤집어버리고 있다는 것, 그리하여 오늘도 임충섭 화백의 스튜디오에서 펼쳐지고 있는 작업들을 보면 일직선으로 고리 고리 이어지며 쭉 뻗어가는 것이 결코 아니라 오늘도 내일에도 계속 넓고 둥글게 분포하여 마치 하나의 중심없이 흩뿌려져 있는 은하계의 별들처럼 작품들이 끝없이 사처로 산포되고 있다는 것, 여기까지 쓰고 나니 매번 어느 전시장에 출품했다가 팔리지 않고 되돌아왔을 때에 그것을 두들겨

부수며 임충섭 화백이 나에게 하던 말이 귀전에 울린다.

"없애버려야 또 새 것 만들지."

이제는 나이도 반백을 훨씬 넘기었고 귀밑머리가 흰 화백은 그렇게 분산과 결집을 쉼 없이 반복하면서 자신이 그 안에서 스스로 자라오르는 심미적, 지적인 유희를 놀고 있다.

다시 말하자. 남들이 정해놓은 어떤 형식이나 스타일을 쫓는 작가는 진정한 작가가 아니다. 진정한 작가는 그 형식과 스타일이 발분될 때의 근원으로 잠복한다. 이 근원에 대하여 임충섭 화백은 하나의 정점 같은 것이라고 설명하지 않고 반드시 심연과 같은 '그런 어떤 것'이라고 한다. 거기서 남들이 예상치 못했던 또 다른 '그 무엇'을 건져 올리고 올려낸 다음에는 그것을 다시 녹여버리는 작업을 끝없이 반복하는 과정이 바로 현대미술의 최심장부가 자기 심장을 스스로 끓게 하는 연소탄(燃燒炭)이 되기도 한다.

나의 글 몇 편을 읽고나서 좋다고 했다. 잘 다듬어진 도로에서 조금이라도 남보다 먼저 앞질러가는 사람을 잘 났다고 말하는 사람이 없다. 아마 이것은 '이미 남들이 정해놓은 어떤 형식이나 스타일을 쫓아가는 작가'에 대하여 하는 말일 것이다. 앞질러 나가려는 태도를 거부하고 반대로 포장도로에서 벗어나 작은 오솔길이나 샛길로 멀찌감치 혼자 빠져나가라고 한다. 그것이 혼자 영웅이 되는 길이고, 다른 사람들도 따라오게 만들면 다 같이 영웅이 되는 길이라고 한다.

웃기는 말 같은데 이런 창작방식을 고집하는 임충섭 화백의 모든 창작 행위는 엄청난 공력이 투입되고 있다. 때로는 혼자 그냥 오솔길이나 샛길로 빠져만 나가는 것이 아니고 포장도로는 물론이요, 그 곁으로 나온 오솔길도 물론이요, 샛길의 또 다른 바깥 면에서 바싹 몸을 포개어 그 길들을 뒤틀거나 뒤집는 흥미로운 일을 한다. 그것을 증명이라도 해주듯이 무심결에 벽에 들어붙어 있는 바퀴벌레를 한번 어루만졌는데, 갑자기 바퀴벌레의 몸에서 아름다운 음악소리가 울려나왔고 여기저기서 불빛이 번뜩거렸다. 대화 중에 했던 임충섭 화백의 말이 또 있다.

"노리개 장난질을 하면서도 노리개를 만들어 놓고 자꾸만 미학 실험을 하려드는 것이 문제다. 이것이 예술의 난센스가 아닌가. 그렇지만 현대미술이라고 별 것인가. 다 노리개 장난질로 시작됐지. 인간도 마찬가지요. 저 바퀴벌레와 인간이 뭐가 다르오. 생명공학으로 보면 인간도 곤충도 다 번데기에서 오지 않았나."

나는 미술작품을 감상하는 관객이나 문학작품을 읽는 독자나 작가가 왜 어떤 특정한 형태 내지 현상을 그러한 방식으로 보여주고 있는 가를 생각하고 유추하면서 작품을 보고나서 오랫동안 생각하게 만들어야 한다는데 도를 덜지 않는다. 물론 관객과 독자의 수준에 작가의 절대적인 생명력이 좌우될 것이라는 생각도 하지 않을 수 없다. 그게 요즘 3천여 자 남짓한 단편소설 '바퀴벌레'를 쓰고 나서 내가 당하고 있는 봉변들이다. 모르는 사람들은 한마디로 나를 미친놈이라고 한다. 변태라도 이만저만한 변태가 아니라고 한다. 그러나 지난 이태 동안 임충섭 화백의 조수로 일하면서 전시장에서 되돌려온 작품을 힘들게 두들겨 부술 때에 내가 속으로 투덜거리던 때를 생각하면 다 이해가 되는 일이다.

가끔 이런 생각을 할 때가 있다.

우리 조선족의 문학은 너무나 잘 닦아진 포장도로에서 신호등을 가리키며 딱지를 떼는 교통순경과 같은 공산당식의 문화환경에 너무 잘 적응하여있기 때문에 이 포장도로에서 함께 달리기를 거부하고 곁으로 빼져나온 샛길로 혼자 도주하는 나에 대하여 이들은 열 번

죽었다가 스무 번 다시 태어나도 이해하지 못한다. 그러나 남들이야 알아주건 말건 "나는 내 작품을 통해 나 자신의 맨몸뚱이를 세상에 있는 그대로 드러내보이고 싶다."고 말하는 임충섭 화백의 작품이 결국 현대미술의 최심장부에까지 접근해가 있다는 것을 생각한다. 이런 말을 하는 임충섭 화백은 '내면적 이주'를 숙명으로 긍정하는 작가이기도 하다.

한국 충북 진천에서 태어나 어린 시절을 보낸 임충섭 화백은 자기 고향의 삶과 농촌의 경험들이 모든 작품과 작업의 모티프가 되어 있다. 아련한 개인적 기억, 간직하고 있던 문화적인 향수가 다 그의 작품과 작업 속에서 묻어나고 있다. 그리하여 이 작업 속에서 삶과 그 삶이 구성되는 방법을 시각적으로 끊임없이 제시하는 것에서 내가 받는 충격은 간단치 않다. 한국에서 나온 작가로서 한국 문화를 전면에 내세우는 작업을 하는 것이 아니라 자기 개인과 자기 한 사람 자신에게만 충실하면서 자기 자신만의 예술적 정체성을 만들어가는 과정인데, 세계 모든 민족의 문화들을 등에 업고 나온 인종들 개개인이 땀 흘리며 만들어가고 있는 이 과정들의 하나하나가 모여서 세계적인 문화가 만들어지고 있다고 보면 틀림없을 것 같다.

그런데 임충섭 화백의 작품과 작업에서 구경할 수 있는 이런 세계적 문화의 꽃들을 피우는 작품의 소재라던가, 이 소재를 예술로 만들어가는 도구들이 모두 우리의 일상에서 너무나 흔하디흔하게 만날 수 있고 주어들일 수 있는 실이요, 그릇이요, 흙더미요, 돌덩이요, 하는 것들이라는 것을 알게 되면 어리벙벙해진다.

그리고 이렇게 만들어진 임충섭 화백의 작품들이 세계 최고의 권위를 자랑하는 뉴욕 메트로폴리탄미술관에 소장되어 있다. 대부분의 작품들이 화백 자신이 지금 살아가고 있는 나라의 문화환경에서 나올 수밖에 없는 서구적인 형식미와 화백 자신이 태어나고 성장했던 어린 시절의 한국적인 정서가 그대로 절묘하게 접목되어 있다. 떨데 없이 세계문화의 정수를 자랑하는 작품들 모두가 그 작품을 만든 작가가 속해있었던 가장 민족적인 것에 작업의 첫 단초가 잡혀있다. 그리하여 가장 민족적인 것이 결국 "가장 세계적인 것으로 되어있다."는 말을 다시 한번 증명이라도 해주듯 한다.

나를 통하여 조선족에 대하여 알고 있는 임충섭 화백은 작년에 중국 북경에도 다녀왔다. 친구들 속에는 중국에서 미국에 나와 활동하고 있는 세계급 화백들도 더러 있다. 중국에서도 길림성은 중국 대륙의 한 귀퉁이, 연변은 이 귀퉁이의 또 귀퉁이다. 이에 대하여 임충섭 화백은 "귀퉁이에서 나온 사람임을 부끄러워하지 말아야 한다."고 한다. 자신의 고향 충북 진천이라는 고장도 연변보다 별로 크지 않은 한국이라는 나라의 어느 귀퉁이에서 또 귀퉁이라고 소개하면서 자신은 '미스터 유(나를 이렇게 부른다)'보다도 더 형편없는 시골에서 왔다고 한다. 중요한 것은 세계와의 접촉을 통해 가장 민족적이고 가장 토속적인 것이 새로운 생명력을 얻게 되는 것이라고 말한다.

"매트로폴리탄에 가보지 않으셨소. 거기에 소장되어 있는 작품들을 보세요. 세계의 모든 대가들의 작품들은 거의 모두가 그 대가가 소속되어 있었던 민족에서 제일 오래가도록 썩지 않고 녹슬지 않고 죽어 없어지지 않는 토속적인 것이 살아남아 이 세계로 나오게 되면서 빛을 발휘하는 것이라오. 관건은 그것을 이 세계로 나오게 만드는 과정에서 작가가 어떤 '기기묘묘(奇奇妙妙)'한 상상의 작업을 펼치는가에 달려있는 것이예요."

이제 30년 이상의 미국 생활을 경험하고 있는 임충섭 화백과 겨우 10년을 눈앞에 바라보고 있는 나와의 사이에서는 이 작업의 기법

에 대한 대화를 주고받는다. 그런데 이런 대화는 말로 받는 것이 아니고 지금 이 글로도 전수되지 않는다. 다만 얼마나 '奇奇妙妙'한가는 지금 저 벽에 걸려 있는 투명 재질의 합성물질로 만들어놓은 축 늘어진 부처님 귀 하나만 봐도 좋다.

이 귀를 만들어놓은 작가가 입을 열지 않고 비평가들에게 맡겨버리면 온갖 판단이 다 나온다. 결가부좌한 부처의 발목 위에 수인한 손을 턱 붙여놓은 것이라고 말하는 비평가가 있는가 하면, 거기에다가 나무 막대들을 휘고 접붙이니 말 뒷다리와 지붕의 처마선 이미지가 합성된 조형물 '말-지붕'이 되어 보인다며 절찬을 아끼지 않는 비평가도 있다. 어디 그뿐인가, 투명 물질로 떠서 걸어놓은 아기 보행기 모양의 덩어리는 세상을 떠다니는 노아의 방주 같다고 생각하는 사람도 있고, 그저 낯선 덩어리 같지만, 자세히 보면 형상의 맥락이 있고, 세상에 대해 뱉고 싶은 이야기가 있다며 전시장에서 감탄하는 관객들도 수두룩하다.

구경 뭐냐고 물어봐야 소용없다. 작가의 손에서 작품이 만들어져 나온 뒤에 이미 작품의 해석권은 작가에게 있지 않다. 비평가의 몫이고 독자와 관객이 몫이 되고 마는 까닭이다. 이럴 때 입을 다물고 있을 수밖에 없는 것도 매번 단단한 덩어리로 작품을 빚어내는 작가의 절제와 사색의 힘이 아니고는 안된다. 그런 의미에서 나는 임충섭 화백의 '바퀴벌레'를 모티프로 창작한 나의 단편소설 '바퀴벌레'를 두고 정말 하고 싶은 말이 많았지만 서울대 국어국문학과에서 문학연구생으로 공부하고 있는 어린 처녀 이미옥 양의 판단에 복종하기로 하였다.

그의 비평은 어떤 '강력함'과 나의 창작의 '일관성'에 대하여 해부하였다. 내가 내 삶으로부터 나의 창작을 지켜내려는 작가적 지조 혹은 관조의 수동성을 넘어서는 어떤 지점으로 몰아갔다. 나는 그 지점에 대하여 어떻게 불러야 하는지 모른다. 모르는 지점이므로 모르는 그것을 표현할 수 있는 단어나 명사도 없기 때문이다.

그러나 좀 추상해본다면 바퀴벌레처럼 흔하게 있고, 천(賤)하게 있고, 낮게 있어도 모두를 볼 수 있는 영역 같은 것은 아닐까. 그래서 더욱 비참한 것 같지만 거기에 고강도의 연속성이 머물러 있고 생성의 바람이 늘 불어오는 지대이며, 어떤 정상을 향해 올라갈 필요도 없고 다른 외부로 향해 달릴 필요도 없으며 오로지 자신 안에서 진동하면서 머무는 강력하면서 긴밀하고 행복스러운 행위를 반복하는 '바퀴벌레'의 주인공처럼. 그리하여 세계가 바퀴벌레를 향하여 당연시해왔던 허구의 의미, 감각, 양식들을 단순히 무시하는 것에서 탈출하여 나는 그것을 뒤집거나 쪼개어 재포착하면서 침묵 속에서 더욱 자신이 거가는 일을 하고자 올해도 세속 이 미국이라는 나라를 떠나지 못하고 있는 것이다.

내가 프린트해가지고 갔던 단편소설 '바퀴벌레'와 이 소설에 대한 서울대 문학연구생 이미옥 양의 평론을 읽고나서 임충섭 화백은 가타부타 아무런 태도표시도 하지 않는다. 좋다는 소린지 나쁘다는 소린지 모르겠다. 그러나 평자가 평론에서 말했던 것처럼 "경계라는 것은 고정된 점이 아니라 늘 '새로운 출발'이 개시되는 지점"이라는 하이데거의 생각과 일치하다는 것은 틀림없을 것 같다. 나더러 한마디만 더 보충하라고 하면, 나는 결코 경계를 넘어서기 위한 꿈을 꾸는 것이 아니다. 왜냐하면 나는 '바퀴벌레'를 쓴 사람이지 '바퀴벌레'의 주인공이 아니기 때문이다.

나는 이런 주인공을 하나, 둘 씩 더 만들어냄으로써 경계의 중심점을 파고들어 새롭고 넓은 또 다른 지대를 발견하려는 것이다. 역학을 역설로 해석하면 중심점은 정점이 되는 것이 아니라 사방으로 터져버리는 새로운 시작일 뿐이다. 정점과 모델을 상정하지 않는 너른 고원을 달리고 싶다. 인간의 육안에는 고원이 지평선을 이루는 것 같이 보이지만 실지 그것 들은 작은 봉우리를 만들며 끝없이 뻗어가고 있다는 것을 잊지 말아야 할 것이다.

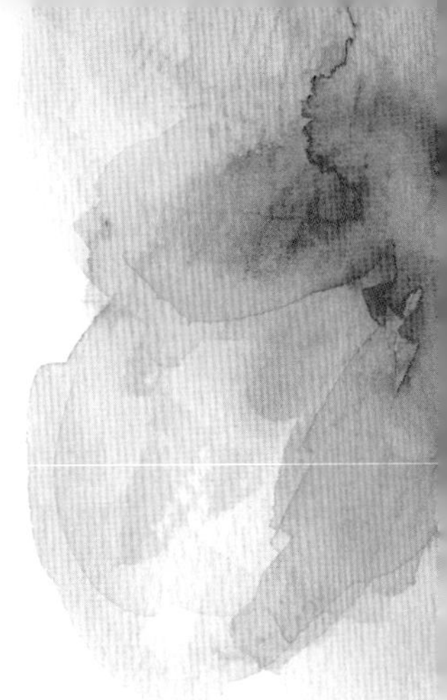

내 문학의 면영

나는 작가(作家)로 인생을 시작한 사람이 일생을 대과(大過)없이 보낼 수 있다고 꿈꾸어서는 안된다고 생각한다. 실제로 그런 꿈을 실현한 작가들 중에 성공한 좋은 작가들을 별로 보지 못하였다. 정말 쉬운 듯하면서도 너무 어렵기 때문만 아니다. 사실상 거의 불가능한 일이라고도 할 수 있을 것이다. 그래서 과감하고 용기있는 작가를 논(論)할 때 우리는 러시아에 두 사람의 고리끼(Maxim Goriki, 1868~1936)가 없고, 중국에 두 사람의 노신(魯迅)이 없으며, 조선족에 두 사람의 김학철(金學鐵)이 없는 것을 발견하게 된다. 이런 작가들을 우상(偶像)으로 삼고 문학공부를 시작하다보니 자기도 모르는 사이에 좋은 작가를 논(論)할 때, 나는 그 첫 번째도, 두 번째도, 그리고 세 번째도 모두 용기(勇氣)라는 두 글자에다 기준(基準)을 두게 되었다. 왜냐하면 용기가 없이는 결코 고리끼나 노신처럼, 그리고 김학철처럼 진정으로 민생의 질고와 사회현실의 폐단(弊端)을 과감하게 말하고, 용감하게 고발(告發)할 수 없기 때문이다.

그래서 오늘날 글을 쓴다는 우리 조선족 작가들의 잘난 인생들을 한번 돌아보는 시간을 가졌다. 매일 매부 좋고, 처남 좋고, 아프지도 않고, 가렵지도 않고, 차갑지도 않고, 뜨겁지도 않은 '뜨뜻미지근'한 그런 작품들을 열 편, 백 편씩 써내려가면서도, 그들은 자기도 모르는 사이 어느새 나폴레옹을 단념하고, 세익스피어를 단념하고, 렘브란트를 단념하고, 지어는 어렸던 시절 산 올라 고갯마루 너머 좀 더 큰 동네로 나가본다던 아름답고도 소박한 시골 꿈까지도 다 잃어버리고 말았다. 물론 나도 한때는 모든 것을 단념해 버리고 비에른손의 '아르네'마냥 그냥 아내의 옆구리나 뒤지는 재미로 인생을 보낼까 하고 낙심(落心)했던 적도 여러 번 있었지만, 그러나 그 역시 이만저만한 용기를 필요(必要)로 하는 일이 아니었다. 어떻게 되어먹은 생리(生理)인지 남들이 다 좋다고 즐기는 그런 풍정낭식(風靜浪息)한 인생도 나에게는 괴로움의 극치였다.

그렇다고 연변같은 환경에서 내가 평소 숭상(崇尙)해왔던 고리끼나 노신, 또는 김학철같은 사람들로부터 배운 단 한 가지의 문학사상에 충실하고 그 사상을 나의 머리 바깥으로 끄집어내어 남들 보는 앞에서 빛나게 하고 발양(發揚)시킬 수는 없었다. 어떻게 할 것인가, 나는 「소비에트의 여행기」를 쓴 앙드레 지드(Andre Gide)를 생각했던 적도 있었고 『닥터 지바고』를 쓴 보리스 파스테르 나크(Boris L. Pastemak)를 생각했던 적도 있었다. 그러나 여기서 한걸음 더 물러나 우리 조선족의 현실에서 나와 가장 가까운 인연을 가지고 망년지교(忘年之交)로 지냈던 한 작가를 생각하고 싶은 것은, 문단정치판에서 절개를 지켜내지 못하였던 그의 얄팍한 인내(忍耐)와 기득권 세력 앞에서의 전변성(轉變性)과 작가로서의 무절조(無節操)를 조소하기 위함이 아니다.

세상을 살다보면 언제 어디서나 순일한 정신을 지키지 못하며, 불타던 신념과 눈물겹던 정성과, 냉철하던 확집(確執)을 갑자기 버리는 변절자들은 참으로 많았다. 변절자들은 나름대로 여름에 아이스케이크 장사를 하다가 가을바람 불어오니 어쩔 수 없이 단팥죽 장사로 간판을 바꾸는 것일 뿐이라고 변명하기도 하지만, 결과적으로 보면 항상 좋은 데서 나쁜 데로 바뀌고, 곧고, 바른 방향에서 오히려 나쁜 방향으로 바뀌어버린 변절자들의 인생은 더러운 물을 뒤집어쓰지 않고 깨끗이 임종을 마친 예를 역사상 보지 못했다. 그래서 이런 변절자들은 내가 쓰고 있는 매편의 글들의 진수(眞髓)를 알 수가 없는 것이다. 다시 말하자면 나의 글속에 스며들어 있는 나만의 사상과 정신의 일관성은 그동안 내가 얼마나 새까맣게 그을린 지하도 속을 혼자 숨가쁘게 빠져나왔는지를 잘 설명해준다.

지하도의 저편에서는 언제나 광명이 나를 기다리고 있었다. 물론 그 광명은 언제나 지하도를 뚫고 나가는데서만 어김없이 오는 것이었다. 그리하여 변절자들의 끊임없는 출현은 나의 문학을 상(傷)하기는커녕 오히려 나 자신을 조탁(彫琢)하는 타산지석(他山之石)으로 되어주고 있었다. 하나나 둘이면 딱히 안성맞춤일지도 모르나 오늘날 누구보다도 선비의 것이어야 하고 교양인의 것이어야 하는 지조를 헌신짝같이 차던지고 다니는 그 같은 변절자들의 무절제와 장사꾼적인 이욕(利慾)의 계교와 음부적(淫婦的) 환락의 탐혹이 살벌한 것은 바로 우리 조선족의 숱한 작가들로 하여금 비에른손의 '아르네'로 만들어 그저 얼마간 욕망(慾望)하다가 얼마간 단념하고, 아주 단념도 못하고 아주 좇아가지도 않는, 그래서 참으로 지게소쿠리에 넘치도록 많아봐야 단 한명의 반항아(反抗兒)에도 못 미치는 속인(俗人) 처세술(處世術)로만 범람하는 문단으로 만들어놓고 말았다.

결과는 그 문단 속의 모든 작가들로 하여금 학문을 단념하게 만들고 새로운 것을 단념하게 만들고 발명을 단념하게 만들고 드디어는 진실을 말함으로써 착한 사람이고자 하던 인간의 과감한 본성(本性)까지도 단념하게 만드는 것은 우리 조선족의 문단이 바야흐로 인간적으로나, 또는 작가적으로나 얼마나 위태롭고도 한심한 고난의 시기에 처하여 있는가를 잘 설명하여 준다. 이런 때에 자칭(自稱), 또는 타칭(他稱) 작가라는 덤터기를 쓰고 다니는 사람들은 문학적으로도 인간적으로도 오로지 진실을 호소하고 자유를 구가(謳歌)함으로써 아름다울 수밖에 없었던 고리끼나, 노신, 또는 김학철 같은 작가들의 위대한 문학 정신을 배우지 않으면 안된다.

모두가 자기가 옳다고 생각하였던 바를 '용감'하게 바꿔가고 아직은 별로 배가 고프지 않음에도 진리까지 팔아 최대한의 급각도로 전환하여 살아가는 세상이니 탁류에 항(抗)하는 나의 시련의 패기는 실로 더 반발적으로 또는 마찰적으로 강조되고 있는 것이 아닌지 모르겠다. 결코 재주나 자잘한 말솜씨로 되는 것이 아닌 나만의 문학에다가 나는 고리끼나, 노신, 또는 김학철 같은 우리 시대의 가장 지도적인 문학적 정신을 담아냄으로써 한때의 적막을 받을지언정 결코 만고의 처량한 이름이 되는 일은 없도록 할 것이다. 그러기 위하여 나는 결국 비에른손의 '아르네'보다는 끝없이 새로운 것을 추구하고 돌진하고 대립하고 깨뜨리고 불타다가 생명의 마지막 불꽃마저 다 꺼진 뒤에라야 끊어지는 생활태도를 가지려고 한다. 돈 후안처럼, 베토벤처럼, 『장 크리스토프』의 주인공처럼 그리고 랭보가 그랬고 로렌츠가 그랬고, 고갱이 그러했듯이…….

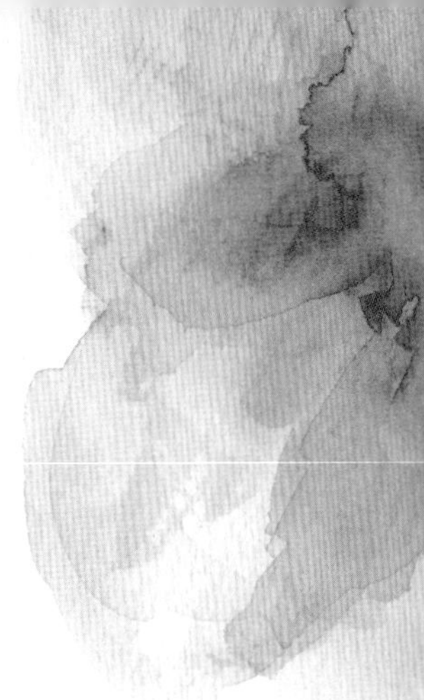

빛이여, 틈이여

나로 하여금 여자를 하나의 건축물(建築物)로 구축(構築)하도록 만드는 것은, 어쩌면 나의 직간접적인 다른 많은 여자들로부터 얻었던 아픔의 경험으로 유래하는 요소들일 수 있다. 글쎄, 벽돌이나 기와장이 아닌 피와 살로 숨쉬는 여자를 구축하다니, 그것도 내 맘속에다가, 마치도 내 맘이 무슨 흙이나 땅이라도 되는 것처럼, 그리고 여자가 무슨 그렇게 만들어지는 콘크리트 벽이라도 되는 것처럼, 그러나 아니다. 감각적 기억들로부터 여자를 건축물로 만드는 것은 바로 나 자신의 감각에다가 영원성을 부여하기 위함이다.

그리고 영원성은 오로지 여자와의 사랑을 통해서만이 가능해지기 때문이다. 왜냐하면 여자들이야말로 사랑, 또는 증오로부터 오게끔 되어 있는 빛과 틈을 추출하고 집약(集約)하며, 결국 사랑에서 사랑으로 이어가는 에센스는 물론, 관습적인 행동과 의식(儀式)들로부터 파생되는 그런 빛과 틈의 사랑으로 변화하기 때문이다. 그리고 그 사랑의 완성도 또한 오로지 여자를 통해서만 가능해지기 때문이다.

그러던 그 사랑이 어느 날 갑자기 별처럼 아름다웠고 꿈처럼 행복했던 시간들을 모조리 뒤로 한 채 만약 머물고 간 바람처럼 기약 없이 나로부터 멀어진다면, 나는 다시 지지 않는 한송이 사랑으로 내 가슴에서 피어나 달라고 슬프게 노래를 부르지는 않을 것이다. 그냥 건축학적 구조로 섬세하게 다듬어진 제스처와 같은 사랑이지만, 이제는 눈을 감고 있을 때나, 아니면 눈을 뜨고 있을 때나 오로지 사랑이라는 하나의 완벽한 건축물이 되어서 눈물과 빛과 함께 나의 앞으로 살며시 다가와서 내려앉는 그런 여자와의 홍분을 그리며 살아가고 싶다. 어찌 신통하게도 서예(書藝)처럼 휘어진 옛 농가 처마 밑에서 물레방아가 돌아가며 떨어지는 물소리를 들으면서 서로를 어루만지며 느꼈던 그런 기분같은 홍분이 재현된다면 나는 더 이상 무엇을 바라랴. 그렇게나 나의 여자는 이미 나에게 있어서 나의 작품만큼이나 홍미로운 존재가 되어버린 것이다.

신은 나에게 묻는다. 단단한 건축으로 화석된 나의 여자는 어떻게 나의 작품을 보냐고, 나는 단선적으로 형식이나 사랑의 진화과정을 추적하는 홍분을 피하는 것, 그리고 홍분을 둘러싼 많은 성의 제스처들, 달콤한 애의적(愛意的) 그리고 그것이 갖는 아우라(aura)를 비껴가거나 뒤집어버리는 방식을 찾는 일이 그동안 사랑하는 여자를 建築物로 構築해온 나의 작품이 지나왔고, 또 계속 앞으로 나가게 될 旅程에서 그나마 가장 가까이 다가설 수 있는 방법임을 말해주고 싶다.

그리고 나의 사랑은, 사랑하는 여자와의 홍분을 일직선으로 고리고리 이어가면서 죽 뻗어 가는 것만이 결코 아님을 말해주고 싶다. 넓고 둥글게 분포하여 마치 하나의 중심 없이 흩뿌려져 있는 銀河系의 별들처럼 나의 사랑을 온 세계에다가 散布시키고 싶다. 그리하여 분산과 결집을 원 없이 반복하며 나 자신이 그 안에서 스스로 사랑과 함께 성장하고 싶다.

어느 날 신은 또 나에게 그 같은 장난을 그만하라고 권고해올지도 모른다. 그러나 나는 고집할 것이다. 남들이 다 하는 그런 형식이나 스타일의 사랑은 나에게서 무의미하다고. 그런 무의미를 쫓기보다는 언제든 그것들이 나오게 되는 '근원(根源)'까지 깊이 잠수(潛水)하여 남들에게 없는 그런 사랑을 건져 올려서는 나의 가슴으로 다시 녹여내고 싶다고. 그리하여 사랑이란 결코 남자와 여자를 메우는 홍분의 빛이 아니라 남자와 여자와 함께 접혀져 틈을 찾아 이동하듯이 돌아가는 사랑은 남자의 주름이고 빛은 여자와의 포개짐임을 보여주고 싶다.

눈으로 볼 수 없는 그 홍분 속에서 남자와 여자뿐만 아니라 자연과 인공까지도 무리 없이 접혀지고 천사와 뱀이 화해를 할 수 있게 됨을 보여주고 싶다. 그 길은 사방으로 터진 길이고, 그 길을 가는 사람은 언제나 새로운 지도(地圖)를 작성하는 여행자일 수도 있지 않겠는가, 그리하여 나의 사랑과 사랑으로 구축된 건축물과도 같은 여자와 함께 접혀져 있는 이 접힘의 아름다움을, 노래하고 싶다. '열림'의 틈에서 한줄기의 별찌같은 빛줄기를 찾아 그것을 담아 낼 마음의 큰 그릇(用器)으로 말이다.

이제 이 그릇 속에 담기게 될 빛과 틈으로 구축된 나의 여자는 단순히 철학이나 과학은 아니다. 또 지각경험이나 상상의 가치가 아니다. 절대적으로 통념, 믿음들과 분리되지 않는 하나의 빛과 틈으로 만들어지는 건축물일 따름이다. 이 건축물 속에다가 인간의 형이하학으로 숨쉬는 부족한 사유를 한번 담아보겠다. 키스까지 함께 동반함으로써 분출구를 잃어버리는 나와 내가 사랑하는 여자와의 밀착되는 포개짐에서, 더 이상 출구가 없어 보이는 공간 속에서 틈을 찾아내는 일에 스스로를 다스려 가련다. 그러면서 조금은 자제하련다. 들뢰즈(Gilles Deleuze)가, 생성되는 것들의 기를 꺾지 않기 위해서는 너무 움직이지 말아야 한다고 했던 것처럼!

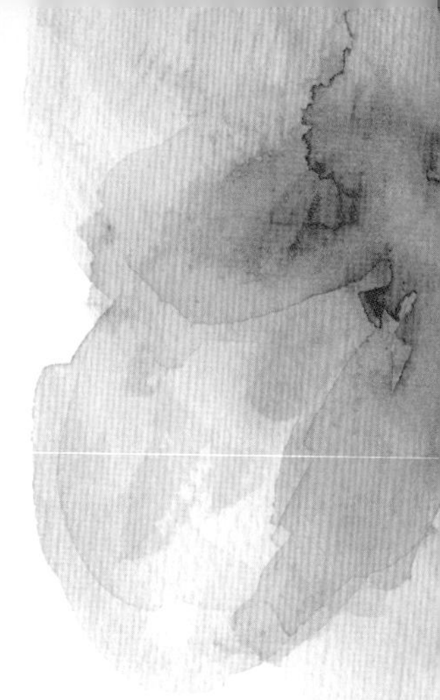

다시 태어난다면 여자로 태어나리!

성경 창세기 2장에서 보면 '남자는 땀 흘려 일해야 먹고 살고, 여자는 분만(分娩)의 고통을 더한다'고 했다. 지난 수천년 힘의 세상과 싸움의 역사를 이어내려 오면서, 남자는 일만 해야 하는 것이 아니고 창과 칼을 들고 나가 적과도 싸워야만 집과 가족을 지킬 수가 있었다. 대신 여자는 집에서 아이 낳고, 밥 짓고, 남자만 섬기면 되었다. 즉 다시 말하자면 가족과 함께 여자는 남자의 힘에 종속되어야 했고, 남자는 힘으로 여자를 소유하고 지배해왔던 것이다.

여자가 천시당하고 학대받기는 이 지구에서도 동양, 그리고 동양에서도 중국이나 한국만 한 나라가 많지 않다. 무슨 칠거지악(七去之惡)이니, 삼종지례(三從之禮)니 하는 유교(儒教)의 관습에 의해 여자에 대한 남자의 지배는 언제나 정당화되어 왔었다. 따라서 여자의 인권은 뭉개져야 했다. 여자들은 팔리기도 하고, 종으로 사용되기도 하였다. 한마디로 여자에 대한 인간 차별은 인류의 남자들이 저지른 가장 어리석은 죄악 가운데의 하나였다.

그 죄악을 깃부셔버리기 위한 여자해방은 가장 일찍 인간의 계몽운동에서부터 비롯되었다. 계몽운동기에 자유·평등·개혁 사상이 부르주아·농민·도시노동자 계급에서, 더 나아가 여성으로 확대되기 시작했던 것이다. 여성의 권리에 대한 초기 사상을 완성한 사람은 1792년에 영국에서 '여성의 권리 옹호(A Vindication of the Rights of Women)'를 출간한 메리 울스턴크래프트였다. 그녀는 여성은 남성의 쾌락을 위해서만 존재한다는 관념을 비판하면서 여성도 교육·직업·정치에서 남성과 똑같은 기회를 가져야 한다고 주장했다.

그리하여 남자들이 할 수 있는 모든 일들에 여자들도 서슴없이 나서게 되었다. 힘의 상징이며 금녀(禁女)의 성역(聖域)인 군대에는 물론이고, 나라의 지도자에도 여자가 등단하고 있으며 학교나 과학, 인문 모든 분야의 직장들에 여자가 출몰하고 있으니 '남녀평등'은 시대적인 추세일 수밖에 없는 것이나. 하시만 신성 '남녀평능'이 잘 이뤄진 나라를 손꼽자면 아무래도 여기 미국이 첫 번째가 아닐까 하는 생각을 하게 된다. 오히려 남자보다도 여자가 훨씬 더 월등한 세상이기 때문에 미국에서는 '남녀평등'이란 말을 믿는 사람이 아무도 없을 지경까지 되었다.

오라지 않으면 남자들이야말로 '남권운동(男權運動)'을 외쳐야 되지 않겠는가는 생각이 들 지경으로, 남자들은 집에서 키우는 애완용 강아지보다도 처지가 별로 더 낫지 않은 것을 보면 혀를 내두르게 된다. 절대 우스개 소리가 아니다. 한번은 집에 불이 났는데 소방관이 달려와서 먼저 여자를 업어 내오고, 두 번째 강아지를 안아 내오고, 다음 세 번째야 축 늘어진 남자를 끌고나왔다는 사실은 이렇게 남자들의 영양가가 점점 떨어지고 있는 세상이라는 것을 잘 말해주고 있는 것이다.

어디 그뿐인가, 지금 세상은 여자가 병원에서 남자의 정자를 진열대에서 골라 사다가 자기의 난자와 결합시켜 인공자궁에 넣어서 키울 수도 있게 됐다. 그러니 남자들의 운명은 진짜 종돈(種豚)이나, 아니면 종마(種馬)같은 신세가 되어버릴 수도 있는 것이다.

남·여가 살을 맞대지 않고도 종자 번식이 가능하다면, 남자야 말로 하찮은 정자(精子)상품제조기정도나 무슨 다를 바가 있겠는가, 걱정이 이만저만이 아니니다. 특히 기독교의 국가요, 성경의 나라인 미국 사람들은, 하나님이 남자를 만들 때에, 재료로 사용한 것이 바로 더럽고도 지저분한 진흙이라는 것을 잘 안다. 진흙 속에 잡초까지 섞여 들어서 남자는 몸에 거추장스런 털도 많이 난다고 한다. 대신 여자는 남자의 갈비뼈를 뽑아서 만들었으니 재료라도 보통 좋은 재료가 아니다. 뼈로 만들었으니 오죽 깨끗하고 매끈하겠는가, 그래선지 판사 앞에 가서도 여자와 싸워서 이기는 남자들이 거의 없다.

억대 갑부도 이혼 세 번만 하면 거지가 되는 나라가 미국이다. 판사까지도 무작정 여자 편을 들어주는 나라니까, 남자로 태어나서 닭장 속의 수탉같이 으스대며 살아왔던 우리 동양나라에서 온 남자들은 한번쯤 빌어볼 만한 것이 있다. 다시 태어난다면 이제는 절대 남자가 아니고 여자로 태어나게 해달라고 말이다. 아니면 하다못해 애완용 강아지로 태어나도 남자의 처지보다는 훨씬 나을 테니까!

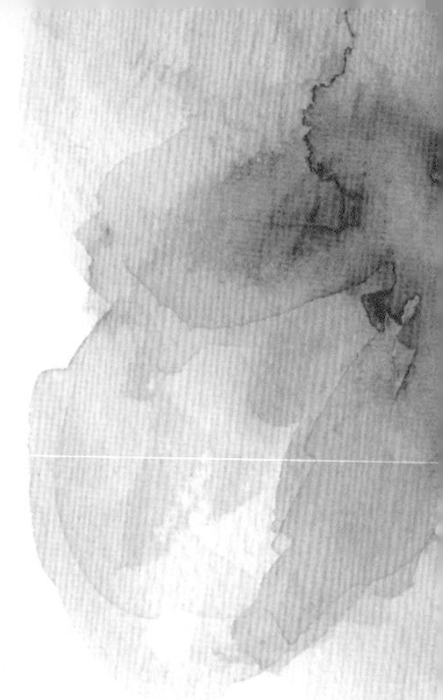

내가 중절모자를 즐겨 쓰는 이유

내가 중절모자를 사랑해온 역사가 자그마치 20년이 된다.

고중생일 때 홍콩 드라마 '상해탄'을 보고 중절모자를 눌러쓰고 다니는 주인공 허문강(許文强)에게 반해버렸던 적이 있었다.

그때 나와 아주 친하게 지냈던 우리 반 반장이 축구를 무척 좋아하였다. 그가 나에게 왜 중절모자를 쓰기 좋아하는가 하고 물었던 적이 있어서 거꾸로 축구를 좋아하는 원인부터 대라고 했더니 이상한 대답이 나왔다.

축구는 섹스를 상징한다는 것이었다.

반장이어서 여자애들에게 인기가 높았던 친구는 우리 또래들 속에서 제일 먼저 섹스를 경험하였다. 그리고는 한창 소설을 쓰고 있었던 나에게 섹스가 뭔지도 모르는 놈이 어떻게 소설을 쓰냐고 픽픽거리고 웃어댔다.

나는 섹스보다 언젠가는 돈이 생기면 꼭 허문강처럼 스프링코트에다 목수건은 물론 중절모자까지 마련해서 쓰고 다닐 생각만 하였다.

그때 중절모자는 주로 서구 쪽의 신사들이나 쓰고 다니는 전유물(專有物)인 줄 알았는데, 가무단에서 악대 대장으로 있었던 우리 형님이 하루는 배우가 사용하는 무대용 중절모자를 하나 얻어다가 집에 던지고 갔다.

내가 그것을 주어 쓰고 몰래 밤에만 나돌아 다녔다.

바람이 불면 날릴까봐 한손으로 채양을 잡고 집에 돌아와 벗어보니 머리가 모자에 눌려서 보기가 안 좋았다.

형님이 중절모자를 쓸 때 앞의 머리를 슬쩍 뒤로 쓸어서 올려놓는다고 알려주었다.

그 동작을 몇 번 시범할 때 나는 축구는 섹스와 같다고 하던 친구의 말이 떠올랐다. 후에 나도 섹스를 경험하게 되었을 때 축구는 섹스뿐만 아니라 전쟁을 상징하며 전쟁은 또 다른 의미에서 죽음과 탄생을 상징한다는 생각을 자주 한다.

따라서 내가 중절모자를 눌러쓰는 것도 그 형태가 섹스의 구조,

그러니까 성기삽입구조라고 생각했던 적이 자주 있었다. 여기에 나는 솔직히 어떤 역사적인 필연이나 인과가 있다고는 생각하지 않는다.

인간이 축구를 좋아하는 거나 섹스를 즐기는 거나 그리고 내가 중절모자를 자주 쓰는 거나 그건 그저 본능에 의해 자기절로 발명된 '놀이'일 뿐이라는 생각도 가끔씩 한다. 누구도 그 '놀이'의 형태에 본능적인 인간의 욕망들이 아주 확실하게 분명하게 그리고 '이유'있게 스며들어 있을 거라고 생각하는 사람들은 별로 없을 것이다.

그러나 중절모자를 쓰고 다닐 때 나의 욕망은 여러 가지 원형들로 환원된다.

그중에서도 제일 선명한 원형은 바로 생명에 관한 욕망이오, 이

욕망의 수단은 두말할 것도 없이 섹스로 표현되는 것이다. 섹스 그 자체를 원하기도 하지만, 그 섹스가 있어야 생명이 잉태되니까. 내가 중절모자를 쓰고 다니는 원인도 일단은 어느 정도 설명이 되려나.

마침내 나에게도 첫 섹스를 경험하게 하였던 여자애가 나타났다.

방금 연길시 제2 고급 중학교를 졸업하고 사회에 나온 지 얼마 안 되는, 말하자면 나의 첫 사랑인 셈이다.

그때도 중절모자를 쓰고 갔는데 우리가 만나기로 약속한 장소는 연길 청년호, 먼저 도착한 내가 중절모자를 쓰고 호숫가에 서 있으려니까 뒤에서 나타난 계집애가 환호하였다.

와, 진짜로 쉬원챵(許文强)이 온 줄 알았습니다.

그래서 그 계집애와 한동안 열연에 빠졌다가 어느 날 계집애의 부모님들과 만나게 되었는데 그때도 또 멋모르고 중절모자를 쓰고 갔다가 날벼락을 맞았다.

"너의 나이 얼마냐?"

노기등등해서 쏘아보는 계집애의 아버지에게.

"스물여섯입니다."

고 대답했더니 대뜸.

"거짓말 마라. 틀림없이 서른 살도 넘었으렷다."

알고 보니 내가 중절모자를 쓰고 다녀서 겉늙어 보이는데다가 계집애가 열여덟 살밖에 안되었으면서 스무 살이라고 거짓말하고 나와 만났던 것이 그때 들통났다.

그러니 계집애의 아버지에게는 내가 유괴범(誘拐犯)으로 보였을 리밖에.

그러나 나는 계집애를 유괴하는 데 성공하였다. 아들이 태어나서 호구를 올리려고 가도판사처에 갔다가 아내가 결혼 적령 전에 임신

한 것이 발각되어 벌금까지 3천 원 당했다.

그런데 그때도 또 문제가 생겼다.

산아제한을 책임진 가도판사처의 한 일꾼이 내가 쓰고 갔던 중절모자를 아주 희한스러운 눈빛으로 쳐다보며 왈,

"연세 있으신 분 같은데 어떻게 이렇게 어린 여자를 재처하셨나요?"

이렇게 여러 번 골탕을 맛보았지만 나는 한 번도 중절모자에 대한 애착을 버리지 못하였다. 왜냐하면 이 중절모자에서 나는 단순한 애착이 아닌 때때로 거대한 파괴와 욕망 같은 것까지 느끼기 때문이다.

축구를 섹스라고 표현했던 친구와 내가 중절모자를 즐겨 쓰는 것도 섹스의 삽입구조와 같은 것이라고 우겨대곤 했던 나에게서 인간은 전쟁뿐만 아니라 섹스도 함께 발명했다는 사실을 언제나 기억하곤 한다. 누구라도 전쟁을 발명한 인간에게는 환멸을 느낄 것이지만 인간은 보다 전쟁을 통하여 섹스의 파괴적인 욕망을 가장 역동적으로 구현하고 있는지 모른다.

그리하여 번번이 골탕을 먹으면서도 악착같이 중절모자를 쓰고 다니는 나는 이 중절모자를 여자의 성기에 대한 메타포로 해석할 경우 나의 머리는 '불안'에 가득한 섹스행위로 변해버린다.

어쩌면 내 머리가 바로 정액 혹은 정자가 되는 것일지 모른다. 오른손에 중절모자를 들고 머리를 살짝 뒤로 밀며 아주 조심스럽게, 세심하게 다듬어가며 살짝, 그리고 꾹 눌러 쓸 때에 나는 자기도 모르는 사이에 축구는 섹스와 같다던 친구의 말을 떠올린다.

골문 앞 페널티박스 안에서 마치도 애무와 클리토리스를 자극하는 것처럼 처넣고 막아내고 또 차 넣고 하면서 접전을 펼칠 때에, 그 자극이 크면 클수록, 그러니까 선수들이 좀 더 시간을 끌며 밀고 당

기고 할수록 열광하는 관중들과 함께 중절모자를 쓰고 다니는 나의 쾌락은 증폭하는 것이다.

결국 나는 어쩌면 중절모자 그 자체를 즐기는 것이 아닌지도 모른다.

내 머리가 정액이나 정자라고 생각하고 이 정액과 정자를 고양(高揚)하는 중절모자 자체를 섹스나 혹은 포르노처럼 즐기고 있는 것은 아닐까? 이런 망상에 사로잡힐 때에 왜 포르노는 비난의 대상이 되고, 축구는 열광의 대상이 되냐는 나의 불만이 어김없이 폭발한다.

그러나 몇 해후 내가 미국으로 오기 위하여 심양의 미국영사관으로 비자 받으러 갔는데 이상하게도 다른 사람들은 모두 퇴짜를 맞는데 유독 나만은 중절모자를 쓰고 들어갔더니 뭐하시는 분이냐고 묻는 것이 아니겠는가.

"작가입니다."

하고 대답했더니 미국영사 왈,

"I can feel something different with you with that soft hat. Fine, your visa is approved.(중절모자를 쓰고 계신 품이 어딘지 다르다 했습니다. 바로 비자 드리겠습니다.)"

나는 비자를 받고나서 정신없이 연변으로 돌아와,

"내 중절모자를 우습게 보지 마라. 중절모자 덕분에 미국 비자까지도 무난하게 받을 수 있었다."

하고 친구들을 만날 때마다 자랑해댔다.

그런데 이상하게도 미국에 와보니 중절모자를 쓰고 다니는 사람이 별로 없었다.

뒤늦게야 안 일이지만 중절모자는 영국 사람들이 많이 쓴다고 한다. 하지만 그것도 옛날 일이고, 요즘 같은 세상에 중절모자를 쓰고 다니면 뉴욕에서는 마피아들이나 아니면 권총 강도들의 전문복장이라 길가는 행인들은 아주 눈꼴사납게 흘겨본다.

해가 바뀌고 미국에 온 지 이태쯤 지났을 때였다.

나는 사회운동가로 변신하였다. 서울에서 살 때 친하게 지냈던 한국의 시민운동가 서경석 목사가 내가 뉴욕에서 사회운동을 벌이고 있는 것을 보고 p선생을 소개하여 주었다. p선생은 힐러리 클린턴과 친하게 지냈는데 서목사가 청년시절 미국에서 망명생활을 할 때에 뒤에 따라다녔던 사람이었다. 만약 p선생의 도움을 받는다면 내가 미국에서 벌이고 있었던 사회운동에 상당한 도움이 될 수 있었다.

그런데 어느 날부터인지 p선생은 나를 아주 싫어하였다. 내가 무슨 일이 있어 찾아가서 부탁하면 한 번도 들어주는 법이 없었다.

2006년 7월에 뉴욕 주 하원의원 선거가 시작되었는데 이때 정치평론가였던 나는 거의 매일이다 싶게 후보로 나선 대만계 여성 정치인 엘렌 영과 박빙의 승부를 겨루고 있었던 테렌스 박이라고 하는 한인 후보를 지지하는 칼럼을 쏟아내고 있었다.

나를 미워하는 p선생은 물론 엘렌 영 쪽의 지지캠프에 가담하여 있었다. 그때 나는 급해맞아 「선거라는 게임은 후유증이 없어야 한다」라는 제목의 칼럼을 신문에 발표하였는데, "이른바 전쟁의 논리를 정치에 적용시켜온 정치문화의 침식을 혼자 청고한 척 외면하고 지내봐야 피해를 볼 것은 자명하기 때문"에, 이제는 좀 술수도 써야 하지 않겠는가고 호소했었다.

그러나 노회한 정치꾼들인 엘렌 영이나 p선생을 이길 수가 없었다. 엘렌 영 후보가 승리하고 뉴욕주 하원의원으로 되었는데 그 다음해 서경석 목사가 뉴욕에 왔다가 나와 만나자고 전화를 해왔다. 역시 첫마디가,

"유순호 씨 혹시 지금도 중절모자 쓰고 다니세요?"

라고 묻는 것이었다. 그래서,

"네."

하고 대답했더니,

"그거 제발 좀 벗어두고 와요!"

라고 하지 않겠는가.

노던불러바드의 '북창동'이라고 부르는 순두부가게로 달려갔더니 p선생이 먼저 와있었다.

내가 인사를 건넸으나 p선생은 나를 거들떠보지도 않았다.

'이런 제기랄 것' 하고 나도 속으로 욕을 퍼부으며 같이 거들떠보지 않았는데, 저녁에 서경석 목사와 단둘이 다시 만났을 때 내가 일러바쳤다.

"저 p선생 말입니다. 내가 뭐 돈 달랬소, 밥 사 달랬소, 죽어라고 나를 미워합니다. 왜 저러는지 모르겠습니다."

그랬더니 서경석 목사가.

"유순호 씨가 처음 p씨를 만나러 가는 날에 중절모자 쓰고 갔다고 하더구먼. 젊은 사람이 왜 그렇게 중절모자를 좋아하세요? 내가 보기에는 하나도 안 멋있어요. 우스워 죽겠어요. p씨가 그러는데 중절모자 쓰고 나타난 유순호 씨 모습이 아주 건방지고 돼 먹지 못했다는 거예요."

이런 말을 들을 때 나는 심각한 고민에 빠지지 않을 수 없었다.

내가 미국에서 벌이고 있었던 사회운동 가운데 하나였던 뉴욕조선족동포회를 창립하는 날에 나보다 나이 너덧 살 더 많은 회장을 모두 오빠라고 부르는데 나를 오빠라고 부르는 여자들은 하나도 없었다. 만나는 여자들마다 모두 나를 아저씨라고 불렀다.

하긴 40대면 바로 오빠보다는 아저씨로 불리는 것이 더 듣기에 좋고 보기에도 좋을 나이라고 간혹 농지거리를 건네 오는 계집애들이 있을 때에 내가 머릿속에 어김없이 떠올리는 것은 여전히 이 중절모자다.

흔히들 말하는 종족 번식을 위한 동물들의 그것과는 완벽하게 구별되는 쾌락을 위한 섹스를 떠올릴 때에 결과적으로는 동물들의 섹스가 종족번식으로 나타날지 모르지만 개별 개체의 입장에서 보면 어쩌면 인간과 같은 쾌락을 위한 과정에 불과한지도 모를 일이라는 견지에서, 나는 섹스보다도 더 오히려 중절모자를 좋아하는 것이다.

왜냐하면 중절모자를 쓰고 다닐 때에 나는 자신심이 생기고 이 자신심 때문에 나는 평생을 이성의 현란한 유혹에 정신없어 하며 살아가는 고달픈 인간들 속에서도 때로는 아주 여유롭게 한 걸음 떨어져서 있을 때가 있고 또 때로는 아주 열렬하게 열 몇 걸음씩도 앞서 갈 때가 있다. 이런 때에도 어김없이 나를 동반하는 중절모자는 나로 하여금 공포를 이겨내고 전투를 승리로 이끌 수 있도록 '섹스연상요법'과 같은 달콤한 요술을 부려댄다. 이런 요법은 비단 아플 때나 힘들 때나 그리고 배고플 때나, 배부를 때나 상관없이 언제나 몰입성적이며 긍정적이어서 얼마나 좋은지 모른다.

각설하고, 오늘은 정말 아름다운 흰 눈이 펄펄 날려 내린다.

나는 뉴욕 맨해튼의 5번가(街)에 도착했다. 봄의 신록보다도 더 아름답고 가을의 단풍보다도 더 아름다운 이 겨울의 푸근한 흰 눈이 내가 쓴 중절모자 위에 내려앉았다.

내가 중절모자를 쓰고 찾아온 5번가와 27번가 사이에 세계적으로 아주 유명한 섹스 박물관(museum of sex)이 위치하여 있다. 섹스 박물관이라고 해서 야리꾸리한 저속한 생각을 해서는 안 된다. 혹

규모가 큰 섹스 숍이나 섹스 쇼를 공연하는 곳으로 생각해도 안 된다. 이름 그대로 박물관이다. 다만 주제가 인간의 성을 다루고 있다는 것뿐이다.

섹스 박물관이니까 전시된 물건이나 사진·자료 등은 당연히 모두 섹스와 관련된 것들이다. 그러나 나에게서 섹스 숍이나 섹스 쇼 공연장에서 느낄 수 있는 말초적인 자극 같은 것은 거의 없었다. 어쩌면 나는 섹스와도 같은 중절모자를 머리에 쓰고 다니기 좋아하는 사람이라서 그런지도 모른다.

눈을 맞으며 돌아오는 길에 나는 자기도 모르게 중절모자를 벗어 눈을 턴다.

그리고는 또 쓰고 걷는다. 걷다가 창가에 비쳐있는 나의 모습에 취해 빙그레 웃으며 또 모자를 벗어 눈을 털고는 꼭 마치도 애무를 하듯이 아니면 클리토리스를 자극이라도 하듯이 모자를 채양을 비틀어 보기도 한다.

이런 식상한 동작을 반복할 때 나는 섹스라는 것이 인생에 있어서 행복한 동기부여를 하기도 하지만 너무 과하거나 또는 길어진다면 오히려 삶을 왜곡시키기도 한다는 사실을 잊지 않는다.

마치도 교수형에 처해지는 사형수들이 마지막 순간에 사정을 한다는 것과 그래서 가장 고통스러운 순간이야말로 쾌락의 극한 상태로 볼 수 있다는 것과, 그러나 역으로 쾌락의 극한 상태야 말로 가장 고통스러운 순간이 될 수도 있다는 것을 잘 알기 때문이다. 그래서 나는 중절모자를 쓸 때에 마치도 축구광들이 축구를 즐기는 것이 삶의 일부이면서도 전체라고 과장하는 것이나 섹스광들이 섹스를 하는 것이 사랑하는 사람과 커뮤니케이션할 수 있는 가장 고도화된 과정이라는 것을 아주 저렴하게 비하하여 부담 없는 '놀이'로 만들어가는 것과 같은 유희를 하지 않는다.

아주 진지하게 심각하게 중절모자를 존경하며 중절모자에 대하여 경의를 표시한다.

나로 하여금 마냥 섹스와 같이 긍정하고 몰입하는 인생이 되게 하는 중절모자이기 때문이다.

평 론

창녀예찬

평론 1

최삼룡 (평론가, 전 중국 연변사회과학원 문학예술연구소 소장)

유순호 수필에서의 섹스, 사랑, 여자

삶과 정신존재의 예술성

유순호는 미국으로 가기 전에 이미 중국조선족 문단에서 작가로 이름을 굳혔는바 그전 작품 중에는 장편소설도 있고 중편소설도 있고 단편소설도 있으며 영화 시나리오도 있지만 수필은 없었던 것으로 기억된다. 수필에 본격적으로 손을 대기 시작한 것은 아마 미국에 가서도 몇 년 뒤 2005년부터인 것으로 판단된다.

필자는 2007년 3월부터 유순호의 문학작품과 접촉하면서 특별히 수필을 많이 읽었는데 그중에는 재미 조선족 혹은 재미 한국인들의 문제를 칼럼형식으로 다룬 것도 있고 고향과 조국에 대한 한과 정 그리고 향수를 읊조린 것도 있으며 또 인간의 보편적인 인성을 탐구하는 것들도 있다. 그런데 그 어느 주제를 다루든 유순호의 수필에는 사랑과 섹스 그리고 여자에 대한 이야기가 많은 것이 사실이다.

「새해에도 풍류를 즐겨라」(2005년 12.21)는 수필은 유순호가 쓴 수필 중에서 비교적 일찍 쓴 것으로 필자에게 준 인상이 깊다.

이 수필은 유순호의 한편의 풍류찬가라고 할 수 있다. 작자는 이방인의 삶의 현장에 초점을 맞추어 생명에 대한 애착과 사랑에 대한 갈망 그리고 이방인의 정신적인 고뇌를 재치있게 표현하였다.

우리들 가운데는 황진이나 이백의 시가 창조주체의 정신적인 타락의 표현이 아니라는 것을 모르는 사람이 없는데 유순호는 이 점을 정확하게 파악하고 작품의 주제를 잘 펼쳐나갔다. 비록 바람을 피우라고 인간의 타락을 선양한 것 같지만 전편 작품에 풍기는 분위기는 용속하지 않고 우아하며 세련되었으며 유순호 나름의 문채가 철철 넘쳐흐른다. 특히 수십 년의 인생이라고 해도 모두 여관이라는 발상은 아주 심각하며 이방인의 삶과 정신존재를 잘 나타내고 있다.

「사랑하라! 내일이 없을 것처럼」(2008년.1.6)은 유순호의 수필 중 발표한 시간이 제일 가까운 것으로 인상이 깊다. 이 글은 유순호의 보다 성숙된 사랑에 대한 철학을 표술(表述)한 한 편의 기특한 작품으로 읽을 수 있겠다.

사랑, 순수한 사랑, 미친 듯 열렬한 사랑이 바로 작자가 추구하는 사랑이다. 사랑에는 국경이 없다는 말도 있고 사랑에는 연령도 숫자에 불과하다는 말도 있는 것처럼 작자가 추구하는 것은 바로 이러한 사랑, 순수한 사랑, 미친 듯한 사랑이다.

오늘처럼 사랑도 상품화되어가고 사람의 감정과 육체마저도 상품으로 되어가는 계절 이 수필은 목적성이 있게 쓰였다고 결론할 수도 있겠다. 그리고 참답고 순수한 사랑이라면 남이 어떻게 생각하고 평가하는가가 그렇게 중요한 것일까. 권세와 사랑, 금전과 사랑, 상품과 사랑 등 많은 문제들에 대한 사색을 상기시키는 글이다.

글은 자기의 이념과 주장을 펼치기 위하여 대담하게 상식을 초월하고 관습을 타파하면서 극단적인 논리를 펼치는 것마저 마다하지 않고 기특하고 예측불허의 상상을 펼치는 것도 삼가지 않는다.

2005년 12월부터 2008년 1월까지 유순호는 수십 편의 수필을 발표했는데 다음은 필자에게 인상이 깊게 남은 작품들의 제목이다.

「당신은 엉뚱한 개구리에게 키스했을 뿐이다」(2006.2.21), 「젠장, 그게 그런 거지 뭐」(2006.2.26), 「오빠는 바람피우러 간단다」(2006. 6.11), 「가을을 사랑하게 될 줄 몰랐다」(2006.7.25), 「풀 냄새나는 애인은 아름답다」(2006.8.7), 「창녀예찬」(2006.10.15), 「내가 사랑하는 조선족의 정조」(2006.11.19), 「빛이여, 틈이여」(2006.12.10), 「아아 그때 이미 그대는 홀로 있지 않을 것이다!」(2006.12.21), 「보름달 같은 여자가 좋다」(2007년.3.4), 「성에꽃은 핀다!」(2007.4.17), 「나의 순애보」(2007.5.27), 「어서 다시 봄이 오소서」(2007.9.19), 「질탈(膣脫)」(2007.9.24), 「참회하는 계절」(2007.10.7) 등.

이상 수필들을 깐깐하게 읽어보면서 필자는 의외로 '새해에도 풍류를 즐겨라'와 '사랑하라! 내일이 없을 것처럼'과 같이 사랑, 섹스, 여자를 집중적으로 취급한 작품이 많지 않다는 것을 알게 되었으며 사실 유순호의 수필에서 많은 경우 섹스, 사랑 그리고 여자는 작자의 어떤 이념이나 정신실존을 나타내는 상징물 내지 상관물로 창조되었다는 것을 보아낼 수 있었다.

필자는 이 결론을 몇 마디로 개괄하는 데 그치지 않고 인터넷 사이트의 많은 식구들이 유순호의 수필에 접근하는 가운데서 생길 수 있는 정신적 내지 문학적인 장애를 극복하는 데 약간의 도움을 주기 위하여 이제 먼저 그의 대표적인 작품들과 난이도가 큰 작품에 대하여 하나하나 구체적으로 고찰하고 다시 유순호의 수필에서 섹스, 사랑 그리고 여자에 대하여 개괄하여 보겠다.

먼저 구체적인 작품을 통하여 유순호의 수필에서 섹스, 사랑 그리고 여자가 어떻게 묘술되고 있는가를 보기로 하자.

당신은 엉뚱한 개구리에게 키스했을 뿐이다!

이 수필은 독자들이 좀 이해하기 힘들어하는 작품인데 유순호의 수필 중에서 가장 노골적으로 성해방을 권장한 글같은 인상을 준다. 이것을 우리는 글의 시작에서 섹스에 굶주린 '나(작자이면서 화자)'의 여자를 보는 동공에 대한 묘사와 전편 글에서 전개된 논리를 통하여 알아볼 수 있겠다.

작자는 자기의 생각을 펼치기 위하여 볼프강 페터슨(Wolfgan Petesen) 감독의 영화 '퍼펙트 스톰(Perfect storm)'에서 아드리아 게일호의 선원들의 "제발 여자 없는 지옥만은 싫다."는 말을 인용하였다. 아래에서 작자는 또 인간의 싸움자체와 생존자체의 숭고함을 거론하면서 인간은 생존자체를 위하여 자연과도 싸우고 자연의 생리욕구와도 싸워가고 있다고 하면서 그 생리욕구란 바로 섹스라고 단언하고 있다.

여기서 알 수 있는바 작자는 금욕주의자가 아니다. 인생의 목표와 그 목표를 달성하는 과정을 대립시키지 않는다. 목표도 중요하겠지만 그 목적을 달성하는 싸움자체도 중요하다. 그 생존자체도 중요하다는 사상이야말로 바로 몇 년 전까지만 해도 우리가 아주 이색적인 가치관 내지 인생관으로 평가하던 그런 것이 아닌가.

그렇다면 비장한 인생목표 혹은 아름다운 꿈을 안고 한국, 러시아, 일본, 미국 등 나라를 찾아간 이방인들 특히 젊은 남자와 여자들의 섹스는 바로 그들의 생활자체이며 싸움자체이므로 당연하게 의사일정에 오르게 되는 것이 아닌가. 여기서 누가 섹스는 그런 문제가 아니라고 고집한다면 미안하지만 필자는 그런 사람과 대화할 생각이 없다는 것을 선언하며 또 그런 사람들은 유순호의 수필들을 한번 잘 읽어보시라고 권고하고 싶다.

사실 고향에 남편 혹은 아내를 두고 온 이방인들의 섹스문제는 근 2~3년 내에 제기되는 문제가 아니고 재미 동포들 속에서만 제기되는 문제가 아니었지만 필자로서는 잘 생각해볼 기회가 없었고 또 이 문제에 대한 관방의 태도가 어떠한지, 법률계의 논리는 어떠한지, 사회학 학자들이나 교육학 학자들의 시각이 어떠한지에 대하여서는 잘 모르지만 문학작품에서 이런 문제를 다루는 것은 당연하다고 생각된다. 이방인들의 삶의 현장과 정신존재를 떠나 이방인들의 문학을 운운할 수 있겠는가.

여기서 우리는 이 문제에 대하여 진솔하게 제기한 유순호의 작가적인 양지와 담략을 높이 평가하게 된다. 그렇다면 이방인들의 섹스를 어떻게 해결하겠는가? 유순호는 이 수필의 결미에서 이 문제에 대하여 다음과 같이 대답하고 있다.

"그 모든 끔찍한 데이트, 짝사랑, 가슴이 미어지는 이별을 겪어내며 우리는 터널 끝에 빛이 보이리라는 꿈을 꿀 수밖에 없을 바에는, 차라리 데이트만 하고 '바람피우기'만 즐기면서 살겠다. 행여라도 터널 끝 속으로 너무 깊게만은 들어가지 마시라. 이미 들어간 사람들은 빨리 돌아나오라. 나와서는 과거를 생각하거나 실수한 자신을 나무라는 데 너무 많은 시간을 보내지 말자. 엉뚱한 개구리에게 키스했을 뿐이라고만 생각하면 된다. 그게 뭐 대수랴!"

유순호의 이 문제에 대한 이러한 대답이 정답인가? 아니면 오답인가? 하는 문제가 제기되는데 여기서 이것은 그리 중요하지 않다. 왜냐하면 한 작품이 인간의 삶의 진실을 말하고 정신존재를 건드렸으면 그 작품은 사명을 완수하였다고 볼 수 있기 때문이다. 그리고 이 문제에 대한 유순호의 대답이 설사 오답이라고 해도 문학적으로는 문제로 되지 않는다. 왜냐하면 문학은 인민공유의 도덕에 대한 홍양을 제창하지만 또 개체생명의 자유도덕의 선양도 허용하기 때문이다.

이렇게 보면 사실 이 수필은 순수 사랑, 섹스, 여자 문제를 다룬 작품이 아니라는 것을 알 수 있다. 사실 필자가 읽은 유순호의 많은 수필들의 사랑, 섹스, 혹은 여자문제는 거의가 이방인의 정신적인 고뇌를 표현하거나 고향에 대한 정과 한을 나타내거나 혹은 신변에 부딪친 문제에 대한 태도를 표현하는 한 가지 상징물로 창조되고 있다.

젠장, 그게 그런 거지 뭐

이 수필의 서두에 그려진 미국에 와서 접촉하며 서로를 첫 여자, 첫 남자라고 하면서 섹스를 하는 '나'와 그 여자는 모두 미국으로 돈벌이를 간 조선족이며 모두 상대방 앞에서 거짓말을 하면서 섹스를 하는 어려운 삶에 시달리고 성에 굶주리고 고독에 빠지고 향수에 지쳐있는 이방인이다.

이 글은 이러한 이방인의 삶과 고독 등 정신적인 고뇌를 아주 성공적으로 표현한 작품으로 헤아릴 수 있겠다. 수필의 내용은 '나'가 여자와 섹스를 마친 화자가 밖에 나와 달을 바라보면서 펼치는 생각들을 아기자기하게 펼치는 것으로 되었는데 여자와 거짓말을 하고 섹스를 한 화자는 우선 크나큰 허탈감에 잠기고 잇따라서 지난시절의 달과 오늘의 달이 많이 다르다는 것을 느끼면서 놀라고 다음 그렇게 된 이유에 대하여 심각한 사색을 펼친다.

여기서 특히 주목되는 것은 사색의 핵심이 재미 조선인이라는 이방인들의 삶의 현장과 정신실존이라는 것이다. 이렇다면 분명히 달은 여기서 이방인의 이상 혹은 꿈의 상징이다. 삶에 지친 그들에게는 전에 달에게서 받던 그런 매력이 이미 아무런 가치도 없는 것으로 되어버렸던 것이다. 그래서 작자는 달에 대하여 다음과 같이 쓰고 있는 것이다.

“조선족 남정네들의 달에 대한 사랑과 환상은 사라져 버린지 이미 오래이다.”

“결국 달이 이처럼 몰락해 버린 오늘의 조선족 동포사회의 삶과 꿈과 희망은 달과 함께 멀리 달아나버렸다. 아무도 관심을 가지고 봐주지 않는 플러싱의 하늘 꼭대기 위에 썩은 달걀 모양을 하고 숨죽이며 내려다보고 있는 것이다.”

“정서 또한 상당한 차이를 나타낸다. 여자에 주린 남자들과 남자에 주린 여자들의 눈에 보이는 뉴욕의 조선족의 달은 대개 밤길을 걸으면서 내가 느꼈던 적막과 고독 그것일 것이다.”

“작게는 저녁 지을 시간이 다 되었음을 알려 주는 시계 역할에서, 크게는 한해농사의 풍작 여부를 가늠케 하는 잣대 역할을 하면서, 외로울 땐 외로움을 달래 주고 고통받을 땐 그 고통을 함께 하는 친구처럼 그렇게 호흡해왔던 달은 이제 더 이상 우리에게 없는 것인가, 달마중, 강강술래, 달집태우기, 달에 큰절하기 등, 우리 고유의 민속놀이들, 그게 이제는 다 어디로 갔는가, 미국에서도 세계인의 뉴욕으로 몰려들 때, 조선족에게 보이는 달은 더 이상 계수나무 한 그루와 토끼 한 마리를 떠올리는 달이 아닌 것이 눈물겨울 따름이다.”

볼 수 있는바 여기서 작자가 우리에게 들려주고 있는 것은 바로 이방인의 사라지는 꿈에 대한 이야기다.

오빠는 바람피우러 간단다

제목만 보면 이 수필은 정말 한 바람둥이의 파렴치한 큰소리처럼 들리지만 정작 작품에 접근해보면 그런 것이 아니다. 먼저 전편 글의 문맥을 더듬어보면 작자 혹은 화자는 미국으로 오게 된 동기부터 서술하고 다음 미국에 와서 자기의 정신운동의 궤적을 그리고 있다.

작자는 섹스와 오르가즘으로써 인생의 꿈을 상징하면서 인생의 꿈을 이룩하기 위하여 미국에 왔지만 미국 또한 이상적인 천당이 아니었으며 미국에 사는 사람들 역시 신선이 아니었다. 그래서 화자는 전에처럼 검은 것은 검다고, 흰 것은 희다고 말을 하여야 하였던 것이다.

펼치지는 않았지만 여기서 유순호가 말하려는 것은 바로 지성인의 양지와 선각자의 희생정신이었을 것이다. 그가 미국에 와서 본 것이 어떤 것이었던 것인가?

"어쩌면 그 그늘의 어둠이 곧바로 우리 인생의 모든 섹스고 오르가즘이고 다 날려버리게 됐는데도 다만 벙벙한 채로 모든 것을 모르고 지낸다면, 그런 무감각은 천번 만번의 오르가즘을 느낄 줄 알아도 그것은 어차피 죽은 섹스요, 죽은 오르가즘이 아니고 무엇이겠는가, 그것이 싫어 아내고 아이고 다 팽개치는 한이 있더라도 자기 멋대로의 바람피우기를 떠나는 나의 뒤에서 계집애들이, 오빠 어디 가, 하고 소리쳐올 때, 나는 지금 당장이라도 이 붓대만 꺾어버리면 또다시 섹스와 오르가즘의 찬란함 속에서 나름대로의 인생을 즐길 수도 있으리라고 생각했던 적도 자주 있었다. 그러나 그토록 소심하고 섹스와 오르가즘밖에 모르는 선량한 사람도 어느 날 문득 쌓였던 울분이 목구멍까지 치미는 걸 억지로 참으면서, 분명 오르가즘을 한번 밖에 오르지 못했는데도, 열 번 올랐다고 거짓말을 하는 방법으로 마르크스주의에 충실해야 하고, 흑인 걸 백이라고 눈치껏 말해야 하는 참담한 삶을 살아가고 있는 자신을 발견하게 될 때는 그때야말로 나 한 사람만이 아닌, 민족 전체의 운명과 삶 자체가 그 얼마나 슬프고도 처참해질 것이겠는가 하고 생각했던 것이다."

이러한 삶의 현장을 투시하면서 그는 명확한 지기의 삶의 자세를 선택하게 되는데 그것은 곧 바람피우러 간다는 것이다. 이에 대하여 작자는 아래에서 다음과 같이 피력하고 있다.

"바로 그 슬픔을 이겨내기 위하여, 그러면서도 이 험난한 세상에서 다치지 않고 잘 살아가기 위하여, 나는 허둥지둥 바람피우러 떠나는 길밖에 없었던 것이고, 또 그 와중에서도 내가 항상 나의 가슴을 때리며 어데고 당당하게 나설 수 있었던 것은, 이때까지 나는 단한번이라도 검은 것을 희다고, 그리고 흰 것을 검다고 말했던 적이 없었기 때문이었다. 기화로 나는 나의 모든 사랑하는 겨레와 동포들이 자존심 없는 섹스와 오르가즘을 할 바에는 차라리 나같은 바보 모양을 하고 살아가더라도 산 섹스와 산 오르가즘을 즐기기 위하여 과감하게 새로운 바람피우기를 시작해보라고 권고하고 싶다! 결코 절대로 후회하는 일은 없으리라!"

여기서 알 수 있는바 유순호가 말하는 바람은 바람이 아니고 바로 "꿈이 무너지는 현장을 탈출하고 어지러운 현실을 극복하고 비리와 불공정을 해결하기 위한 투쟁의 상징"이라고 할 수 있다.

빛이여, 틈이여

한번 읽으면 마치 섹스와 여자에 대한 이야기처럼 안겨오지만 결코 거기에서 끝나지 않는 이 수필은 유순호의 수필 중에서 가장 대표적인 수필이라고 평가할 수 있는 글이다. 아름다운 사랑, 이상적인 사랑은 바로 작자가 여기서 아기자기하게 운운하는 그러한 사랑으로 되어야 할 것이고 또 가장 이상적인 인생도 이렇게 되어야 할 것이 아닌가. 빛나는 사랑, 사람을 홍분시키는 사랑, 빈틈이 없이 밀착된 사랑에 대한 갈구는 바로 그렇게 빛나고 그렇게 홍분시키고 그렇게 빈틈이 없게 세련된 인생에 대한 갈구와 하나로 이어져 있는 것이다.

이 수필에서 사랑과 여자와 건축을 하나로 연계시키면서 글발을 펼친 것은 작자의 문채를 과시하는 재치 있는 발상이라고 할 수 있겠다.

여기서 작자가 말하려는 것은 한 채의 아름다운 건축물과도 같고 미만한 섹스와 같은 사랑, 그리고 그 건축물과도 같고 사랑과도 같은 인생과 문학에 대한 집요한 추구이다. 이 글을 잘 읽어본 독자들은 감지할 수 있겠지만 다음과 같은 말들은 그 의미가 심장하다.

"나로 하여금 여자를 하나의 건축물(建築物)로 구축(構築)하도록 만드는 것은, 어쩌면 나의 직간접적인 다른 많은 여자들로부터 얻었던 아픔의 경험으로 유래하는 요소들일 수 있다."

"그러던 그 사랑이 어느 날 갑자기 별처럼 아름다웠고 꿈처럼 행복했던 시간들을 모조리 뒤로 한 채 만약 머물고 간 바람처럼 기약 없이 나로부터 멀어진다면, 나는 다시 지지 않는 한 송이 사랑으로 내 가슴에서 피어나달라고 슬프게 노래를 부르지는 않을 것이다. 그냥 건축학적(建築學的) 구조(構造)로 섬세하게 다듬어진 제스처와 같은 사랑이지만, 이제는 눈을 감고 있을 때나, 아니면 눈을 뜨고 있을 때나 오로지 사랑이라는 하나의 완벽한 建築物이 되어서 눈물과 빛과 함께 나의 앞으로 살며시 다가와서 내려앉는 그런 여자와의 홍분을 그리며 살아가고 싶다."

"어느 날 신은 또 나에게 그 같은 장난을 그만하라고 권고해올지도 모른다. 그러나 나는 고집할 것이다. 남들이 다 하는 그런 형식이나 스타일의 사랑은 나에게서 무의미하다고. 그런 무의미를 좇기보다는 언제든 그것들이 나오게 되는 '근원(根源)'까지 깊이 잠수(潛水)하여 남들에게서 없는 그런 사랑을 건져 올려서는 나의 가슴으로 다시 녹여내고 싶다고. 그리하여 사랑이란 결코 남자와 여자를 메우는 홍분의 빛이 아니라 남자와 여자와 함께 접혀져 틈을 찾아 이동하듯이 돌아가는 사랑은 남자의 주름이고 빛은 여자와의 포개짐임을 보여주고 싶다."

"이제 이 그릇 속에 담기게 될 빛과 틈으로 구축된 나의 여자는 단순히 철학이나 과학은 아니다. 또 지각경험이나 상상의 가치가 아니다. 절대적으로 통념, 믿음들과 분리되지 않는 하나의 빛과 틈으로 만들어지는 건축물일 따름이다. 이 건축물 속에다가 인간의 형이하학으로 숨쉬는 부족한 사유를 한번 담아보겠다. 키스까지 함께 동반함으로써 분출구를 잃어버리는 나와 내가 사랑하는 여자와의 밀착되는 포개짐에서, 더 이상 출구가 없어 보이는 공간 속에서 틈을 찾아내는 일에 스스로를 다스려 가련다. 그러면서 쬐꼼은 자제하련다. 들뢰즈(Gilles Deleuze)가, 생성되는 것들의 기를 꺾지 않기 위해서는 너무 움직이지 말아야한다고 했던 것처럼!"

창녀예찬

이 수필도 마치 자기의 바람피운 경과보고서 같이 꾸며져 창녀들에 대한 찬송가를 불러준 것 같기도 하고 매음행위를 위하여 쓴 변호문 같기도 한 인상을 주는 것이 사실이다. 그러나 이 글은 창녀에 대한 글이라기보다 거짓된 세상과 권세에 의지하여 정신과 육체에서 모두 두 얼굴을 하고 자기의 안속을 채우는 관료들과 지식인들에 대한 고발과 풍자의 선언이라고 읽을 수 있는 글이다.

권좌에 앉은 자들, 그리고 그 밑에서 부스러기를 주워 먹는 크고 작은 관원과 유명하거나 유명하지 못한 지성인들 당신들이 그래 기생보다 나은 점이 무엇인가? 적어도 진실하게 살지 못하고 내내 한가지 얼굴을 하고 살지 못하는 점에서는 당신들 모두가 기생들보다 못하지 않는가.

발상이 심각하고 언어가 예리하고 풍자가 신랄한 이 수필은 생활수필도, 서정수필도 아니고 사실상에서는 날카로운 사상칼럼이라고 해도 손색이 없는 글이다.

"세력을 믿고 어진 사람만 못살게 구는 법률 앞에서 생쥐처럼 발발 떠는 기생, 창녀에 의하여 나라가 망했다는 소리는 들어보지는 못했어도 영혼을 팔아먹는 자들에 의하여 나라가 망한 사례는 얼마든지 있다.", "인류가 손쉽게 만들어댈 수 있는 행복 가운데 오늘도 이렇게 큰 행복을 만들어내고 있는 창녀들……" 이러한 표현은 참으로 작자의 오랜 사색을 거쳐 나온 누구라도 모방할 수 없이 개성적인 것이라고 평가할 만하다.

풀 냄새나는 애인은 아름답다

이 글도 유순호의 여느 글과 마찬가지로 한번 읽어보면 여자와 바람피운 이야기를 쓴 것 같다. 그러나 잘 읽어보면 그것이 아니라 작자의 강렬한 생명의지를 표현하면서 인생과 사랑에 대한 자기 나름의 추구를 표현하고 있다.

문화 상징학에 근거하면 세계의 여러 민족들 속에서 풀은 부드럽고 연약한 소년소녀의 상징으로 되고 있을 뿐만 아니라 강렬한 생명력의 상징으로 되고 있다. 이 글에서 작자는 주로 풀의 생명력에 기초하여 문맥을 펼쳐나가고 있다.

글에는 여자에게서 받는 자극에 대한 묘술이 적지 않지만 저조하지 않다. 풀의 풋풋한 생명력은 글에서 화자의 애인에게서 오는 향기, 애인의 경쾌한 동작, 그리고 거기서 받는 화자의 신선한 감각과 하나로 밀착되면서 읽는 이들의 가슴에 섹스의 한계를 펵 초월한 분위기가 신기하게 은근하게 풍겨오고 있다.

그리고 그와 대조되는 풀의 생명력과 매력을 모르고 사는 사람들 혹은 그러한 풋풋한 풀의 아름다움에 대한 감각을 상실해버린 자신과 재미 조선족들에 대한 성찰은 읽는 이들의 가슴에 긴 여운을 남겨주고 있다.

나의 순애보

이 수필은 보다 내포가 복잡하고 풍부한 작품이다.

순애(殉愛)란 따라죽을 순(殉), 사랑할 애(愛)이니 사전식으로 풀이하면 사랑을 위하여 제 몸을 바친다는 뜻의 낱말이고 순애보(譜)란 순애에 적을 보(譜) 혹은 악보 보(譜)를 붙였으니 지순한 사랑의 기록 혹은 지순한 사랑의 노래로 풀이할 수 있을 것이다.

그런데 간도태생의 소설가 박계주에게 『순애보』라는 장편소설이 있는데(1939년 『매일신보』에서 연재) 유순호가 그 장편의 주제를 터득하고 이 수필의 제목을 달았는지는 잘 모르겠다. 아무튼 이 수필은 우선 화자가 이미 자기를 떠난 사랑하는 여자에 대한 짝사랑을 진솔하게 고백한 작품으로 읽을 수 있다.

이 수필의 화자에게는 이미 헤어진 그 여자와의 정신적 연계가 세계와 연계하는 유일한 고리다. 그의 말대로라면 "실제로 나는 담배를 피우지 않고 술도 마시지 않고 마작도 포커도 할 줄 모르다보니 그나마 여자와의 관계물에서까지도 아픔을 안고 집구석에 틀어박혀 시간을 보낸다면 나는 전 세계와 절연이 되고 만다."는 것이다.

그래서 그 여자를 그리는 짝사랑에 빠져 매일 매일을 보내고 있으며 "내가 오늘을 보내고 있는 밤들은 시간 시간이 고역이라고 하지 않을 수 없지만 나는 그 자체를 즐기는 까닭에 마냥 행복한 것이다."라고 하면서 짝사랑의 아픔을 행복으로 생각하는 것이다.

그는 그 여자와의 사랑 중에서 자기의 허물에 대하여 반성도 해보고 즐거웠던 장면도 되새겨보면서 그 여자에 대한 기다림에 지쳐있다. 그는 "너를 기다리는 일마저 없다면 지금쯤 나는 죽음처럼 깊은 잠에서 빠져있거나 혹은 넋 나간 듯이 저 음산한 밤거리를 헤매고 다닐지 누가 알겠는가." 하고 자기 존재의 불확실성을 나타내기도 한다.

나중에 화자는 매일 출퇴근을 제외한 모든 시간들을 "오로지 슬픈 열매를 눈물로 헹구고 키워 설사 어느 돌 틈 사이에 피어나는 자그마한 민들레 같은 풀로 윤회하다라도 그 돌 틈에서 바람을 피해가며 아픈 사랑만을 기다리고 있을 것이다."라고 하면서 내세에 가서까지 짝사랑은 계속될 것이라고 확신한다. 총적으로 이 수필은 제목 그대로 진짜 사랑의 노래이며 지순한 사랑의 송가로 읽을 수 있는 것이다.

우리가 여기서 잠깐 '짝사랑'의 함의를 되새겨 보는 것이 이 작품을 정확히 독해하는 데 유조한 작업으로 될 것이다.

'짝사랑'이란 '자기를 마음에 두지 않는 이성에 대한 사랑'이다. 그러나 세상을 두루 살펴보면 짝사랑현상은 결코 이성애에만 고유한 현상이 아니다. 예를 들면 문학에서는 고향을 등지고 조국을 떠난 이방인들의 향수 같은 것을 짝사랑으로 표현하는 것이 완전히 가능하다. 아무튼 이 수필에서 '짝사랑'은 근근이 자기를 버리고 간 이성에 대한 짝사랑으로만 보기에는 어딘가 아쉬운 데가 있는 것 같다.

"벌써 내가 며칠 몇 밤을 그렇게 보냈는지는 아무도 모른다. 내가 사는 셋방 창문에 뿌연 새벽안개가 꽃을 그리며 서렸다가 녹아내린 지가 5년철을 잡고 있다. 창문에 내린 뿌연 새벽안개 속에다가 내가 그리는 나의 아픔의 주인공의 이름 석자를 적어보게 된다. 정말 미쳐버릴 것만 같다. 창문 안개 속에 새겨진 이름 석 자가 이 새벽달을 걷어내고, 저 창백한 여명을 걷어내고 슬픈 별처럼 내 가슴에 쏟아져서는 나를 부둥켜안고 울어줄 수만 있다면, 나는 이렇게나 아프지는 않을 것이다."

여기의 5년철이란 시간에 대한 교대는 우리가 이 작품을 이해하는 데 하나의 열쇠로 될 수 있지 않을까? 그 시점에서 5년은 바로 유순호가 조국을 떠나 미국에 간 지 5년이라는 그 5년이 아닐까? 아무튼 이것은 작자가 임의로 헤아린 시간이 아닐 것이다. 이 한마디 말로서 작자는 사실상에서 이 수필에서 말하고 있는 순애보, 혹은 짝사랑은 결코 순수 사랑에 대한 이야기가 아니고 순수 사랑했던 어느 한 여자에 대한 이야기뿐이 아니라는 것을 재치있게 암시하고 있는 것이다.

결론적으로 말하면 이 이야기는 사랑에서 흔히 있을 수 있는 짝사랑에 대한 이야기를 쓴 것은 사실이다. 그렇게 사랑하던 여자와 헤어진 후 화자는 그렇게도 그녀를 잊지 못한다. 그 여자와 헤어진 다음의 공포감도 생생하게 그렸고 자기의 잘못 때문에 헤어졌고 자기의 기분에 따라 놀았다는 것에 대한 사색 또한 진지하며 또 초월의 경지를 보여주고 있다.

그러나 이 이야기는 사랑에 대한 이야기만 아니다. 첫째, 여기에는 한 이방인으로서의 작자의 현실적인 삶에 대한 이야기가 재현되고 있으며 둘째, 이 이야기에는 한 이방인의 정신적인 고뇌가 뒷받침되어 있으며 마지막으로 화자의 짝사랑은 정체성에서 창조주체와 세계의 대결의 관계를 상징하고 있다. 그러므로 이 관계는 문학적으로는 짝사랑으로밖에 표현되지 않을 수 없는 것이다.

유순호의 서사책략이 고명한 것은 사랑, 여자, 섹스 등 읽는 이들의 흥취를 불러일으킬 수 있는 어찌 보면 통속적이고 용속적인 이야기로써 아주 엄숙한 주제를 능란하게 다루며 아울러 자기의 정신적인 존재를 재치있게 무난하게 펼쳐가고 있다는 것이다.

이상 몇 편의 작품에 대한 분석과 고찰을 통하여 우리는 유순호의 많은 수필에서 섹스, 사랑과 여자는 창조주체의 어떤 이념이나 정신존재를 표현하는 상관물로 창조되고 있음을 볼 수 있다. 특히 앞에서 예를 들어 분석한 작품들은 이방인들의 삶의 현장을 재현하고 이방인들의 정신존재를 조명하는 데서 섹스, 사랑 여자들이 아주 주요한 구실을 놀고 있음을 볼 수 있다. 이 밖에도 유순호의 수필 중에는 떠나버린 고향과 조국에 대한 한과 정을 읊조린 것도 적지 않은데 이런 내용의 수필에서도 섹스, 사랑 그리고 여자는 아주 주요한 상관물로 창조되고 있다.

예를 들면 「내가 사랑하는 조선족의 정조」, 「성에꽃은 핀다」, 「꽃처럼 붉은 울음 밤새 울었다」 등 작품들이다. 이 작품들에서도 유순호의 여느 작품에서처럼 여자가 나오고 사랑이야기가 있고 섹스에 대한 묘술이 있다. 그러나 앞에서 분석한 작품들에 비하면 상대적으로 접근하기 힘겹지 않으므로 여기서는 그 구체적인 분석을 생략하기로 한다.

이 밖에 유순호의 수필 중에는 또 순수 사랑에 대한 추구를 주제로 하는 수필이 몇 편 있다. 이 부류의 수필이 독자들의 반감을 자아내기도 하고 많은 의혹을 조성하기도 하는 것 같은데 한번 잘 연구해봐야 한다고 생각한다.

우리는 앞에서 유순호의 수필작품들을 구체적으로 분석하면서 유순호의 대부분 수필들이 작자의 어떤 이념이나 정신존재를 표현하는 상관물로 창조되었다는 결론을 내렸다. 물론 그의 수필 중에는 인성을 탐구하는 시각에서 인간의 섹스, 사랑, 여자를 취급한 작품도 소수 있다. 이제 우리는 유순호의 수필 중에서 이 부류에 속하는 작품들에 대하여 고찰한 기초상에서 유순호의 수필 중에서 섹스, 사랑, 여자가 어떤 방법, 기교로 표현되었는가를 고찰하게 된다.

필자는 이러한 작업이 읽는 이들이 유순호의 수필을 접근함에 있어서 가장 기본적인 지식을 줄 수 있을 것이라고 생각한다. 먼저 유순호의 수필 중에서 순수 섹스, 사랑, 여자들을 취급한 작품에 대하여 보자.

이 문제는 앞에서 전혀 언급되지 않은 것은 아니었다.

유순호가 새해에 들어와 제일 처음 발표한 수필 「사랑하라! 내일이 없을 것처럼」(2008.1.6)을 앞에서 이미 언급한 바 있는데 이 작품에서 섹스나 사랑은 이방인으로서의 작자의 고뇌나 고향에 대한 한(恨)이나 정(情)을 나타내는 하나의 수단이나 상관물로 취급하고 있는 것이 아니라 순수 사랑이란 무엇인가 하는 문제에 대한 자기 나름의 문학적인 해답을 시도하고 있는 것으로 필자의 주의를 끌고 있다.

이 수필에서 화자는 자기의 사랑의 편력으로부터 글을 시작하고 있는데 자기는 어렸을 때부터 사랑에서 미쳤다는 소리를 들었다고, 못난 남자로 몰리였다고 밝히고 있다.

어머니와 형님이 나를 두고, 저놈이 미쳐도 한참 미쳤다고 소곤거리는 소리가 귀에까지 들려왔다. 나를 빠지게 만들었던 여자가 키도 작고 눈도 작고 거기다 허리와 다리까지 잘록해서 보는 사람들마다 모두 나와 어울리지 않는다고 했던 모양이었다. 그런데도 나는 혼이 빠진 사람처럼 매일 잘난 내 여자밖에 없다며, 잘난 여자 말고 다른 여자들은 모두 못났다고, 못난 여자를 잘난 듯이 차고 다니다가 어느 날 잘난 여자에게 보기 좋게 채이고 나 혼자만 진짜 못난 남자가 되고 말았다.

여기서 작자가 하려는 말이 무엇이었을까? 우리는 그 아래의 글을 통하여 그 대답을 읽을 수가 있게 된다. 그 아래의 글은 순수 작자의 상상으로 펼쳐진다.

그가 미국에 와서 한번은 어떤 여자를 소개받았는데(여기까지는 사실일 수 있다. 그런데 이 아래의 이야기는 모두 작자의 상상이다.) 그 여자와 1년도 못 살았는데 자동차 사고로 그녀가 죽게 되고 그 여자의 젊은 딸이 그를 찾아와서 사랑을 하자고 한다.

이것은 내가 미쳤다는 소리를 듣곤 했던 십수 년 전의 옛날 사랑과는 완전히 레벨이 다르다. 열 몇 번도 싸대기를 치고 갈만큼의 정상급이다. 그러다가 남자인 내가 실수하게 될지도 모른다는 나에게, 계집애는 같이 실수하면 되지 않느냐고 한다. 실수하면 미치게 된다고 하는 나에게 계집애는 또 같이 미치면 되지 않느냐고 한다. 그렇게 미치면 우리에게 더는 내일이 없을 것이라고 하니, 그냥 없을 것처럼 미쳐보자고 한다. 미치는 것은 두려움의 반대말이고 관계의 본질이며 행복의 근원이라는 것이다.

보통사람으로서는 상상하기도 힘든 이 계집애의 당돌한 요구에 화자는 어떤 태도를 취하는가? 작자는 다음과 같이 쓰고 있다.

"나는 지금도 살아가는 동안의 모든 위선과 천사로 둔갑하고 다니는 위선인간들이 마냥 저지르곤 하는 모든 행위의 너머에 야수(野獸) 같은 털북숭이 모양 그대로의 사랑 같은 것은 없을까 하고 상상"하면서 만약 있다면 그것이야말로 우리 삶에서 결코 사라지지 않는 인류의 유일한 선물일 것이라는 것을 믿어 의심치 않는다. "환상과 꿈, 그러나 실제에 있어서 공허함으로 가득 찬 세상에서 진실의 근원이 될 것이라는 것을 믿어 의심치 않는다."라고 외쳐도 보며, "이 백분의 백의 미치는 사랑이"야말로 "인류가 오늘에 이르기까지 몸에 씌워졌던 이 천사의 가면을 벗어 던지"는 것이며 "이 과정에서 피를 흘리고 상처를 입는다는 것을 무서워해서는 안되겠다."고 절규도 해보며, "미칠까? 말까? 고민"하던 그는 "오늘 우리 시대의 비극은 젊은 남녀들이 너무 정신이 말쑥해서 사랑하기 때문에 아닌가싶다. 이런저런 이해관계와 이해득실을 따지는 데만 몰입하다보니, 미치도록 사랑하고 싶은 것은 미친 사람들이나 하는 짓일 것이다."는 결론을 내리고 있다. 다른 말을 더해서 무얼 하겠는가?

작자는 여기서 미친 사랑, 시간과 공간과 모든 경제적 이해관계와 사회적 권익을 초월한 순수한 사랑을 함양하고 있는 것이다.

수필 「질탈(膣脫)」도 이 부류의 작품으로 연구할 만한 작품이다.

이 글은 좀 이해하기 힘든 글임에 틀림없다. 우선 제목의 질탈이란 두 글자가 잘 이해되지 않는다. 말 그대로라면 사전에는 없지만 아마도 여자의 질이 밖으로 내밀어졌다는 말일 것인데 여성의 성기 부분에서 발생하는 병증상의 하나임에 틀림이 없는 것 같다. 잘 모르겠다. 그리고 본문에서 쥐가 나왔다는 말도 전혀 나로서는 처음 듣는 말로서 아마 여자의 질이 밖으로 내민 것을 가리키는가 보다.

그렇다면 작자가 하자는 말은 무엇일까? 몇 번 읽어본 다음 느낌을 다음과 같이 정리해보았다.

이 수필에 접근함에 있어서 읽는 이들은 구조적으로 말하면 두 가지 이야기를 하나로 조합시키고 있다는 이 특점에 충분한 주의를 돌려야 할 것 같다. 그 하나는 노처녀의 자기의 질이 밖으로 내민데 대한 공포증과 이것을 하나의 병증이라고 생각하는 의심증의 발로이다.

다른 하나는 화자 즉 '나'의 섹스과정에 대한 묘사이다. 예민한 독자들은 감지하였겠지만 이 노처녀는 언니의 죽음에 대한 할머니의 왜곡된 판단으로부터 자기도 죽지 않기 위하여 섹스를 하여야 되겠다는 욕망으로 불타오르게 되며 드디어 '나'를 찾아오게 된다. 여기서 읽는 이들은 그 원인을 딱히 모르지만 섹스를 하고 싶은 노처녀의 대상으로 '나'가 선택되었다.

여기서 우리의 사색은 누가 선정되었는가에 중점을 둘 것이 아니라 이 노처녀의 섹스에 대한 갈망은 바로 죽음에 대한 공포와 생명에 대한 갈망과 완전히 밀착되어 있다는 것이다.

여기에는 작자는 인간의 가장 원초적인 의식을 암시하고 있는데 그것은 즉 사람은 섹스를 하지 못하면 죽는다는 것이다. 그 아래의 글은 이 노처녀의 심리와 행동과는 관계없이 화자 즉 '나'와 노처녀의 섹스 과정에 대한 생생한 재현에 필묵을 바치고 있다.

여기서 특히 주목할 단어가 하나 있는데 그것은 즉 '첫날밤'이라는 단어이다.

총명한 독자들은 자연스럽게 그 노처녀에게 있어서는 첫날밤이 옳지만 '나'에게도 첫날밤일까 하는 생각을 하여보게 될 것인데 생각이 여기에 이른 다음에 계속 글발을 읽어가는 우리에게 잇따르는 생각은 정말 말 그대로 첫날밤을 치르는 노처녀는 완전히 무시되고 화자의 동작과 심태에 대한 묘사에 열중한 작자의 동기가 과연 무엇인가 하는 문제이다.

솔직하게 말하면 이 대목은 이 글에서 가장 접근하기 어려운 대목이지만 일단 작업을 시작하였으므로 필자는 어쩔 수 없이 계속 논술을 펴나가지 않을 수 없다.

사실 이 글의 후반부는 화자의 노처녀와의 섹스과정을 쓴 것 외에 다른 것이 없는 것 같다. 그러나 잘 읽어보면 좀더 심각한 것이 없지 않다는 결론에 이를 수 있다.

여기서 필자는 다음과 같은 세 가지를 생각해보았다.

첫째, '툭툭'과 '쿵쿵'이 어떻게 다른가? 하는 문제.

언어학자라면 이 문제를 놓고도 기다란 문장을 지을 수 있겠지만 나는 그렇게 할 재간이 없고 그저 이 두 단어의 근본적인 차이를 말한다면 전자는 보다 자연스러운 심리 상태를 표현하는 의성어(擬聲語)이고 후자는 보다 자연스럽지 못한 상태를 표현하는 의성어이고 따라서 처음으로 섹스에 임하는 노처녀의 긴장한 심태를 잘 나타낼 수 있다는 것이다. 사실 이 단어 하나로써 작자는 생명에 대한 약동과 섹스에 대한 갈망으로 불타는 노처녀에 대한 마지막 배려를 하고 있는 것이다.

둘째, 섹스 과정에서 화자, 즉 '나'의 아주 서투른 동작이 우리의 눈길을 끈다. 이것은 한 방면으로 화자의 약간 긴장한 심태를 보여주고 있으며 이것은 또 새것에 임한 화자의 극락의 경지에 이르는 격정을 재치있게 암시하여 주고 있다. 그 아래의 글에서 작자는 오르가즘에 이른 화자의 상태를 표현함에 있어서는 육체의 동작에 대한 묘사에 중점을 두고 있는 것이 아니라 줄곧 정신 상태에 대한 조명에 중점을 두고 있음을 쉽게 볼 수 있다. 읽는 이들은 이 수필의 마지막 몇 단락을 잘 읽어보면 마치 시에서처럼 오르가즘상태에 이른 화자의 청각적, 시각적 이미지가 그려져 있으며 또 상상적 이미지가 생생하게 표현되어 있음을 볼 수 있다.

여기서 필자가 힘주어 내세우고 싶은 것은 청각적 이미지든 시각적 이미지든 상상적 이미지든 아무튼 모두 리얼하고 풋풋하고 기상천외로 대담하게 창조되고 있다는 것이다. 섹스를 하면서 쿵쿵 들려오는 여자의 심장소리가 자기를 부르는 소리같이 들리며 그 여자의 몸으로부터 꼬불꼬불 도는 하얀 길을 연상해보기도 하며 심지어는 그 여자의 몸은 버스가 오며가며 먼지를 피우고 지나가는 신작로, 산언덕을 내려오면서 엽초를 태우는 아버지, 친정을 찾아오는 딸, 친구보러오는 동무로 상상되기도 한다.

여기에 우리가 특히 빠뜨리지 말아야 할 화자의 말 한마디가 있는데 그것은 즉 쿵쿵하고 들려오는 처녀의 심장소리가 "여자는 나의 삶을 부풀게 하는 그리움이었음을 일깨워주고 있는 것 같았다."는 한마디 말이다.

이 한마디 말은 전편의 수필에서 바로 죽기 싫어서 섹스를 하여야겠다는 노처녀의 생각과 호응되면서 전편 글의 두 가지 이야기를 하나로 이어주고 있으며 은근하게 수필의 주제를 암시하고 있다.

그렇지 않을까? 살기 위하여 섹스를 하여야 하겠다는 노처녀와 여자는 삶을 부풀게 하는 그리움이었다고 생각하는 남자가 만났으니 오르가즘에 쉽게 도달할 수 있을 것이며 또 그 오르가즘은 최고의 경지에 도달할 수 있는 것이 아닌가.

아직도 더 긴 분석이 필요 되는가? 여기서 작자는 대담하게 섹스의 이상적인 경지를 추구하고 있는 것이다. 여자와 남자의 틈이 없는 결합, 육신과 영혼의 완전한 결합, 모든 이념과 의식형태 속박에서의 완전한 해탈 이것이야말로 유순호가 추구하는 섹스의 최고의 경지가 아닐까.

셋째, 그러나 유순호의 섹스에 대한 상상은 상상일 뿐 완전한 현실이 아니다.

오르가즘에 도달한 상태에서 화자의 머리에 떠오르는 것은 천당의 황홀한 광경이 아니며 명승지의 절승경개가 아니며 또 많은 사람들이 섹스의 오르가즘상태에서 체험한다는 절세의 미녀와 운우지정(雲雨之情)을 나눈다는 환각이 아니며 미국사람들이 세계의 중심이라고 자부하는 도시 뉴욕에서는 찾아볼 수 없는 농경문화적인 풍경 즉 작자가 멀리 고향에 두고 온 그러한 풍경이며 촌냄새가 풀풀 풍기는 고향사람들이다.

이것은 어떠한 의미에서 이 수필의 주제를 확대하는 작용을 하고 있는바 작자에게 있어서 섹스의 오르가즘처럼 아름답고 황홀한 정신경지는 언제나 짙은 향수(鄕愁)와 끈끈하게 연결되어 있다는 것에 대한 암시로 읽을 수 있을 것 같다. 그러나 이것은 이 작품에서 작자가 노린 기본 주제는 아니다. 왜냐하면 이러한 고향의 농경문화적인 풍경이나 고향사람들의 모습에 대한 묘사 모두 우선 섹스 현장에 대한 문학적인 재현이고 오르가즘에 도달한 화자의 육신과 정신의 원상태에 대한 리얼한 재현이기 때문이다.

아래에서 「제 여자의 얼굴 일일 사계절이랍니다」를 보자. 먼저 이 수필이 필자에게 준 인상을 적는다면 이 수필은 아주 낭만적이고 아름답게 쓰였다는 것이다. 이 수필을 읽으면서 필자는 자연스럽게 '세상에 미가 있다면 바로 최고의 미가 사랑이 아닐 것인가'라는 생각을 해보게 되었고 또 세상에 미학이 있다면 사랑학이야 말로 가장 훌륭한 미학일 것이라는 생각을 해보게 되었다.

이 수필에서 화자는 일 년 네 계절의 변화에 비유하면서 자기가 다른 여자에게 눈을 팔지 못하는 이유를 설명하고 있으며 사랑의 최고의 예술을 장악한 여자에 대한 찬가를 부르고 있다.

여기서 작자는 좀 자극적인 언어도 불사(不辭)하고 "봄볕과 같은 어린 제 여자의 가슴부터 만져보는 재미로 매일 매일의 아침을 맞습니다."라고 고백하면서 그 여자를 애무하는 즐거움과 섹스현장을 리얼하게 재현하고 있다.

크지는 않으나 그래도 넘칠듯 말듯, 제 손바닥 안에서 영그는 봄볕을 글쎄 육감으로 느낄 수 있다는 기분이 얼마나 흐뭇한지 아십니까, 겨울 내내 얼어붙었던 제 어린 여자의 탱탱한 가슴을 녹이기 위하여 봄 아침녘에 막 입술로부터 훈풍을 타고 봄이 가슴으로 올라올 때에, 저는 어쩔 수 없이 떠꺼머리에, 체신머리에, 주책바가지가 되어버리는 것입니다. 그래서 몸도 마음도 움츠렸던 겨울, 봄 햇살에 젖고 싶어, 언제부터 가슴뿐만 아니라 몸 옆구리와 발끝에 이르기까지의 분홍빛으로 수놓은 막 피어나는 벚꽃 같은 어린 제 여자의 봄 가슴은 벌써 저를 혼자 타는 여름의 뙤약볕 속으로 허둥지둥 달려가게 만들고, 벌써 봄볕은 탱탱하던 가슴에서 몸의 구석구석 알알 샅샅이 신음과 함께 여름을 바라고 질주해옵니다. 신음할 줄 아냐고요. 제가 여름이라고 하지 않았나요. 여름의 타는 신음은 그대로 푸른 산과 맑은 계곡, 그리고 시원한 바다가 모두 그립지 않지요.

여기서 봄볕이 무엇을 상징하고 여름이 무엇을 상징하고 있는가에 대하여서는 알 수 있는 사람은 다 알 것이므로 구태여 설명하지 않기로 한다.

다음 작자의 서술은 자연스럽게 가을과 겨울로 넘어간다. 여기서 창조된 이미지는 아주 복합적인 것으로 우리의 주의를 끌고 있다.

"명산유곡과 같은 제 어린 여자의 몸", "실바람이라도 스치면 파르르 몸살을 앓듯 밑둥부터 머리까지 서로의 몸을 붙잡고 흔들리는 억새가 되어버린 저의 어린 여자" 등 이런 비유는 여체에 대한 가장 핍진한 묘사라고 할 수 있겠고 그리고 화자가 갑자기 살을 에일 듯한 바람으로 변했다는 묘사와 여자가 갑자기 겨울로 되어버렸다는 묘사는 바로 섹스라는 이 아주 비밀적인 은밀한 동작에서 느낄 수 있는 절주감과 사랑에 대한 화자의 감각과 사랑하면서 겪게 되는 사람들의 감정변화를 가장 독창적인 언어로 가장 리얼하게 나타낸 것으로 볼 수 있겠다.

아래에서 작자의 필봉은 한 번 더 도약하여 일 년 사계절을 하루에 다 겪은 여자의 사랑스러움에 대하여 아기자기하게 그리면서 "제 어린 여자의 얼굴은 말 그대로 일일 사계절이랍니다."라고 자랑스럽게 외치고 있으며 이제 새롭게 거듭날 그 여자의 사랑에 대하여 "다시 봄이 오면 서리로 덮였던 어린 번데기에서 아름다운 나비가 탄생할 것입니다."라고 호언장담을 하고 있다.

참으로 이 여자야말로 사랑에서 네 계절의 향수를 다 만끽할 수 있는 본능에 충성할 수도 있으며 또 사랑에서 무시로 변할 수 있는 절주도 장악할 수 있으며 심지어는 복잡한 세상에서 바람둥이로 변할 수 있는 남자마저도 휘어잡을 수 있는 지혜를 갖춘 여자로서 미도 있고 끼도 있고 매력도 있는 작자가 찬양하는 데 충분한 이유가 있다.

이제 작자가 공들여 창조한 마지막 두 단락의 글을 읽어볼 때 우리는 참으로 일 년 사시절을 하루에 겪고 있는 그 여자에 대하여 부러운 눈길로 바라보지 않을 수 없게 되는 것이다.

봄에서 여름으로, 여름에서 가을로, 겨울로 오는 동안 나뭇가지나 바위 밑, 얼어붙은 땅 속 어딘가에서 제 어린 여자는 낮의 길이가 짧아지는 것으로 겨울이 다가오는 것을 느껴왔고, 그에 겨울이 왔을 때도 당황해하지 않습니다.

바람둥이야, 당신 어데 갈려고, 내가 굶어죽을 것 같으냐고, 내일 모레가 봄인데, 봄산에는 산나물이 지천이라고. 냉이도 있고, 쑥도 있고, 두릅도 있고, 취도 있고, 더덕도 있고, 고사리도 있는 세상에서도 너만 붙잡는 나의 얼굴을 한번만 들여다보고 가세요. 이럽니다.

이 작품에서 많은 언어들이 섹스현장에서 있을 수 있는 동작과 심리활동과 하나로 이어져 있을 뿐만 아니라 아름다운 사랑, 낭만적인 사랑에 대한 작자의 풍부하고도 생생한 상상과 긴밀하게 연결되어 있음을 쉽게 볼 수 있다.

그리고 작자는 섹스를 쓰던 사랑을 쓰던 여자를 쓰던 모두 아주 아름답게 인상깊게 개성적으로 쓰고 있다. 이 작품을 이해함에 있어서 특히 작자가 '바람둥이'라는 단어를 어떻게 사용하고 있는가에 대하여 유의하여야 할 것 같다.

작품의 처음에는 바람둥이로 될 수 없는 이유를 설명하고 있는가 하면 또 바람둥이라 할지라도 내 여자의 매력에 빠질 것이라는 역설을 펼치기도 하며 나중에는 화자가 스스로 자기는 어쩔 수 없이 바람둥이 본능이 시키는 대로 행동하고 있음을 시인하고 있으며 그 여자가 바람둥이였던 나를 붙잡았다고 시인하고 있다.

'바람둥이'의 사전식 해석은 남녀관계 로 마음이 들뜬 사람들을 가리키는바 분명하게 언어생활 중에서 폄의어(貶意語)로 쓰이지만 유순호의 수필에서는 대수롭지 않게 중성적으로 쓰이고 있음을 심심찮게 볼 수 있는데 이 수필에서 이 단어는 여자의 미에 대조되는 화자의 바람기를 나타내는 데 있어서 아주 독특한 구실을 하고 있다.

방법과 기교 그리고 서사책략

우리는 우에서 유순호 수필문학의 한 갈래로 볼 수 있는 섹스, 사랑, 여자에 대하여 집중적으로 탐구한 작품들에 대하여 고찰하였다.

이제 아래에서 유순호는 수필에서 사랑, 섹스, 여자를 표현하기 위하여 어떠한 방법과 수단을 쓰고 있으며 어떠한 서사책략을 취하고 있는가에 대하여 고찰해보자.

이러한 작업은 우리가 유순호의 문학을 보다 정확하게 이해하는 데 유조한 작업으로 될 뿐만 아니라 많은 독자들이 문학을 공부하는 데 약간의 참조계를 제공하는 작업으로 될 것이라는 생각을 하여보게 된다.

이 문제에 대하여 철저하게 연구하려면 우리는 다시 많은 작업을 하여야 할 것인데 이 짧은 글에서 그 모든 작업을 해낸다는 것은 거의 불가능하다.

짧게 총총히 끝내면 또 많은 오해를 만들어낼 소지가 있는 상황이고 이 동네에서는 섹스, 사랑, 여자 등 문제가 아직도 금지구역으로 되어있는 현실이고 또 우리의 독자들이 문화적으로 잘 준비된 상황이 아닌 것을 모르지 않는 필자로서 이미 졸고에서 이만큼 왈왈거린 것만으로 어떤 이들이 필자를 욕할 거리를 푸짐하게 만들어 놓았음을 느끼면서 여기에 이르러 깊은 모순에 빠졌다.

며칠 고민하다가 필자는 본고에서는 자세한 논술을 펼치지 않고 유순호의 수필에 접근함에 있어서 모름지기 먼저 알고 넘어가야 할 지식을 닦아주는 데 중점을 두고 구체적인 것은 후에 적당한 기회에 하나하나씩 논술하기로 하였다.

첫째, 난해성. 솔직하게 말하면 어줍지 않게도 평론가로 자처하는 필자도 유순호의 적잖은 수필들을 퍽 조심스럽게 접근하지 않을 수 없다. 왜냐하면 그 작품 거의가 아주 난해하기 때문이다. 한번 읽어보고 대뜸 그 내용을 파악할 수 있는 작품이 거의 없다. 어째서 이렇게 되는가?

난해성은 사실상에서 현대시를 포함한 모더니즘문학의 한 가지 특색인데 그렇게 될만한 이유가 있다.

이것을 한마디로 개괄하면 현대화 후 인류의 생활자체의 변화가 인간의 생활을 총체상에서 아주 복잡하고 곤혹스럽고 불투명하게 만들어놓은 것과 직접 연계된다.

문학사에 대한 약간의 상식이 있는 사람이면 알고 있지만 셰익스피어가 벌써 근대화 이전에 『햄릿』에서 햄릿의 입을 빌어 "살 것이냐, 죽을 것이냐? 이것이 문제로다."라고 인류의 생활에 대하여 근원적인 회의를 나타냈는데 이것은 사실상에서 현대화 후 인류에게 다가올 새로운 위기에 대한 예견으로 된다.

다시 몇백 년이 흘러간 후 인류는 공업혁명의 결과로서 총체상에서 현대화를 실현하게 되었는데 바로 이때 로시아의 작가 체홉이 『벚꽃 동산』에서 한 인물 피르스의 입을 빌어 "한 평생을 살았는데 산 것 같지 않다."는 인생에 대한 비참한 결론을 내렸다.

이 한미디 말은 시실상에서 인간이 지기의 삶에 대한 가장 심각한 회의의 표시로 되며 또 인류의 옹근 삶이 얼마나 불명확하게 되어버렸는가에 대한 증명으로 된다. 살아도 산 것 같지 않다는 한마디 말은 삶과 죽음의 구별마저 모호하게 되었다는 것이니 이제 인간에게 무엇이 그렇게 명확하고 선명하고 투명하겠는가.

사실 체홉이 이렇게 결론을 내린 후 반세기사이에 인류는 2차례의 세계대전을 겪게 되고 결국 20세기는 인류의 철학과 문학예술의 방법과 품격상에서 모름지기 현대주의, 후현대주의, 해체주의를 생성시키고 발전시키고 정착시키게 되었던 것이다. 사실 엘리엇의 시에는 언녕 "죽음은 생이고 생은 죽음이다."라는 시구가 있다.

이런 의미에서 문학의 난해성은 바로 생활본신의 모호성이며 불명확성이며 불투명성이다.

이것을 현대시의 난해성의 외적 원인이라면 또 내적 원인도 있는 바 예를 들면 문학에서 상징세계의 구축과 인간의 무의식과 환상 꿈의 세계의 표현, 현대사회의 문명에 대한 비평, 신화와 전설의 의식적인 이용, 알레고리와 아이러니의 대량적인 활용 또 이른바 중심을 이탈하고 권위를 해탈하고 가치를 부정하거나 전도시키는 해체주의적인 창작 자세는 결국 현대문학으로 하여금 난해하게 되지 않을 수 없게 하였던 것이다.

총적으로 유순호의 수필의 난해성도 결국은 맹목적인 것이 아니고 이유가 있으며 우리의 생활이 지닌 복잡성과 모호성에 그 바탕이 있다고 결론할 수 있는 것이다. 게다가 미국에서 생활하는 중국의 조선족작가라는 유순호의 사회신분의 애매성 그리고 인제는 만 명도 넘었다는 재미 조선족의 생활의 정체상에서의 불안전성과 불투명성 거기에다가 굳이 문학창작에서 비반복적인 자기의 개성을 찾으려는 창조주체의 도고한 창작자세 그리고 유순호의 천성적인 문학적인 담략과 전위적인 모험정신은 어쩔 수 없이 그의 작품으로 하여금 난해성을 갖지 않을 수 없게 하였던 것이다.

그러나 중외의 여느 현대주의작품들과 마찬가지로 유순호의 수필도 절대적으로 난해한 것은 아니니다. 만약 누구라도 문학이론 ABC를 착실하게 공부하고 현대주의 문학의 서사책략과 기교수단에 대하여 장악하고 유순호의 이방인이라는 신분의 특수성을 이해한다면 난해성은 오히려 읽는 이들의 독서흥취를 북돋아주는 매체로 될 수도 있을 것이다.

둘째, 바람기. 바람기 또한 유순호의 수필을 연구함에 있어서 피할 수 없는 개념이다.

앞에서 유순호의 수필 「제 여자의 얼굴 일일 사계절이랍니다」를 분석하면서 우리는 '바람둥이'라는 단어가 어떻게 쓰였는가를 본 바

있다. 이 수필에서 작자는 자기가 바람둥이로 될 수 없는 이유를 설명하는가 하면 또 자기는 바람둥이라고 고백하기도 한다.

이 밖에도 그의 수필에는 바람난 남자와 여자들에 대한 이야기가 수많은데 그의 수필에서 화자로 등장하는 '나'는 왕왕 바람둥이로 자처하고 등장하고 있다. 이것은 그의 수필에서 더욱 바람기를 만들어내고 있다.

수필이란 원래 작자의 인생기억이나 경력에 근거하여 창조되는 문학형태라는 상식에 물젖은 읽는 이들은 왕왕 화자와 작자를 혼돈하여 유순호가 곧 바람둥이라는 인상을 받게 된다.

사실 재미 조선족 문제들에 대한 태도를 직접 나타내는 것 밖의 많은 수필들에 넘쳐나는 섹스와 사랑과 여자에 대한 이야기 그리고 '나'가 도처에서 바람을 피운 이야기, 섹스, 사랑, 여자를 놓고 벌어지는 육체와 영혼의 갈등에 대한 이야기가 있는데 그의 많은 수필의 제목에서만도 「오빠는 바람피우러 간단다」, 「새해에도 풍류를 즐겨라」, 「사랑하라! 내일이 없을 것처럼」, 「보름달 같은 여자가 좋다」 등 읽는 이들을 놀랠 지경으로 바람기가 철철 넘쳐흐르고 있다.

필자는 유순호 수필에서 대량적인 이 문학현상을 한마디로 바람기라고 개괄하는데 어떤지 모르겠다.

이른바 바람기란 사전식으로 해석하면 이성과 함부로 사귀거나 관계를 맺는 경향이나 태도를 말한다. 그러나 이 단어가 하나의 문학평론에서 키워드로 부상된 다음에는 그렇게 단순하지 않다.

필자는 이 단어를 20세기 1990년대로부터 지금까지 중국문단에서 크게 쟁론하고 있는 '신체(身體)'와 '유맹(流氓)', 이 두 개의 문학평론 주제어(關鍵詞)와 긴밀히 연계시켜 사용하고 있다.

평단에서나 학계에서 하나의 문학 키워드를 놓고도 긍정적으로 쓰는 사람이 있는가 하면 부정적으로 쓰는 사람이 있는 것처럼 '신체'와 '류맹'에 대하여서도 사람들의 견해가 통일되지 못하고 있는 것을 알고 있지만 아무리 생각해도 별다른 수가 없어서 필자는 유순호의 수필에 나타나는 이 두 가지 주제어로 개괄할 수 있는 많은 현상을 내 나름으로 '바람기'라고 개괄한다.

오해를 피면하기 위하여 한마디 더한다면 필자가 여기서 쓰는 '바람기'라는 이 단어는 결코 부정적으로 쓰는 것이 아니라 '중성어(中性語)'로 쓰고 있다는 것이다.

거의 모든 유순호의 수필에서 찾아볼 수 있는 바람기는 적어도 다음과 같은 네 가지 구실을 논다고 개괄할 수 있다.

우선, 유순호의 수필에서 넘쳐나는 바람기는 은밀하게 유순호의 인생에 대한 사색과 인성에 대한 심각한 사고를 나타내고 있다.

주지하는바 인간은 여러 가지 원인으로 하여 사랑과 결혼, 가정과 섹스 등등 일상생활 중에서 내내 주체와 객체, 이성과 감성, 심리와 생리, 육체와 정신, 꿈과 현실, 개체와 집단의 심각한 갈등, 대립, 대결을 겪지 않으면 아니된다.

만약 어느 생명개체가 자기는 살면서 이러한 갈등이나 대립 혹은 대결을 전혀 겪어보지 못하였다면 그는 천성적인 바보 아니면 후천적인 병신일 것이다.

그런데도 우리는 자라면서 주체는 객체에 절대적으로 의거하여야 한다고, 이성은 언제나 감성을 억제시켜야 한다고, 생리는 언제나 심리에 복종하여야 한다고, 정신은 반드시 육체를 전승해야 한다고, 꿈은 현실 앞에서 아무 가치도 없다고, 개체는 무조건적으로 집단이라는 이 기계의 나사못으로 되어야 한다고 교육을 받았으며 개체생명의 도덕은 반드시 절대적으로 어떤 집단이나 민족이나 국가로 명명

된 공공도덕에 복종되어야 한다고 강요받았던 것이다.

이런 것들은 오랫동안 우리의 육체와 정신을 얽매여놓는 쇠사슬로 되어 생명개체의 성장을 방애하고 사회에 숱한 폐단을 조성하고 인류에게 무한한 고해를 만들어주고 있다.

이제 우리의 작가 유순호가 이 모든 쇠사슬을 부셔버릴 때가 되었다고 고함을 지르는 것이다! 바람기는 바로 유순호작가의 이러한 추구를 나타내는 포장물이요, 또 중개물인 것이다.

다음, 유순호의 수필에 넘치는 바람기는 재미 중국조선족 작가 내지 지성인이라는 유순호의 특수한 사회신분을 문학적으로 확인하는 데서 특별한 구실을 하고 있는 것 같다. 유순호의 수필에서 바람기는 결코 맹목적으로 만들어진 것이 아니며 상업적인 목적으로 조작된 것이 아니라 건실한 생활바탕이 있고 창조주체의 꿋꿋한 문학적인 지향에 의거한 문학현상이라고 평가할 수 있다.

이민생활 체험이 없는 필자로서는 딱히 알 수 없지만 유순호는 재미 중국 조선족의 한 지성인의 정신실존을 진솔하게 표현하고 재미 중국 조선족 이민들의 삶의 현장을 리얼하게 조명하는데 바람기를 가지고 노는 것을 하나의 돌파구로 삼은 것 같다.

눈앞의 진행 중에 있는 삶이 극도로 불안정한 것은 물론이고 미래의 비전마저 극히 불투명한 상황에서 전통문화와 현대문화의 갈등, 동방문화와 서방문화의 충돌 속에서 피흘리는 영혼의 모질음을 겪는 사람들의 삶을 나타내고 이방인들 속에서 보편적으로 존재한다는 성기갈(性飢渴), 성문란(性紊亂), 성도착(性倒錯) 그리고 이른바 성해방이라는 슬로건 밑에서 벌어지는 성추문을 보여주는 데는 아마도 바람기에 기탁하는 것이 가장 유효한 문학선택이 아니었을까?

아무튼 유순호의 수필에서 바람기는 이방인의 삶의 현장을 나타내고 작자의 정신실존을 나타내는 데서 아주 큰 구실을 하는 것 같다. 여기에 대해서는 앞의 논술에서 다소 운운되었기에 여기서 더 전개하지 않기로 한다.

그다음 바람기는 유순호 작가의 치열한 문학정신을 과시하는 데서 역시 큰 구실을 하고 있는 것 같다.

작가의 문학정신을 개괄하는 데는 여러 가지 시각과 언어가 있을 수 있는데 필자는 유순호의 문학정신을 자유정신에 대한 고양, 문학적인 개성에 대한 끈질긴 추구 그리고 천성적인 담략에 기초한 실험정신으로 개괄한다.

그렇다면 우리는 한걸음 더 나아가 다음과 같은 생각을 하여보게 된다.

이른바 자유정신의 고양은 어쩔 수 없이 자유를 속박하는 정치, 경제, 문화적인 권력담론에 반역하는 정신이 요청되는바 이러한 반역정신이 없다면 모든 자유에 대한 운운은 공담으로밖에 되지 못할 것이요, 이른바 문학적인 개성에 대한 추구 또한 모든 고루하고 범상하고 낙후한 것들에 대하여 지양하고 아울러 신영하고 시대정신에 부합되고 비반복적인 것들에 대하여 제창하는 혁신정신을 전제로 하는 것이요, 이른바 실험정신 또한 성공되고 안되는가에 대한 고민을 초월한 모험정신과 희생정신을 전제로 하는 것이다.

유순호 수필에서 바람기는 바로 이러한 반역정신, 혁신정신, 모험정신을 과시하는 하나의 돌파구로 되었던 것 같다.

우리가 대충 생각해보아도 유순호의 작품전에 조선족 문학작품 중 이처럼 넘쳐나는 바람기가 없었다는 결론을 쉽게 내릴 수 있다. 이런 의미에서 앞으로 유순호의 문학정신이 제대로 꽃피지 못한다고 해도 또 그의 제반 문학실험이 실패한다고 해도 그의 문학정신은 자체의 가치를 잃지 않을 것이다.

마지막으로 유순호의 수필에서 바람기는 유순호 문학의 사적인 위상을 부상시키는 데 크게 이바지하고 있다.

불완전한 통계에 근거하면 이민으로 출국한 중국조선족이 이미 30만을 훨씬 넘는다고 한다. 그들이 어느 나라로 갔건 그들의 출국 동기가 어떠했던 관계없이 그들의 당전 삶의 현장은 매우 불안정하고 그들의 미래의 비전 또한 불투명하다. 한마디로 그들의 삶은 행복이라는 두 글자와는 아직까지 인연이 없는 것 같다. 만약 문학이라는 것이 세상에 존재하는 이유가 있다고 한다면 바로 이러한 족속들에게 문학이라는 것이 수요되는 것이 아닐까? 때로는 쌀이나 배추보다 더 수요되는 술과 같고 약과 같은 문학이 말이다.

그러나 지금까지는 우리에게 진정한 이방인 문학이 있었던가? 없었다고 말할 수밖에 없다는 것이 지금의 필자의 대답이다.

하기는 20여 년 이래 한국으로 진출한 조선족들의 삶의 현장을 투시하는 문학작품이 대량으로 육속 창출되고 있는 것은 사실이기는 하고 개중 사(史)적으로 자리매김을 할만한 수준에 이른 작품이 소수 있지만 그것들은 한마디로 중국조선족 작가의 신분을 해탈하지 못했고 중국조선족의 사유와 언어를 크게 웃돌지 못했다는 것을 감안하여 어쩐지 그것들을 이방인문학이라고 칭하는 것은 물의인 것 같아서 필자는 지금 재미 조선족 작가 유순호에 의하여 드디어 우리에게도 이방인 문학이 있게 되었다고 생각하는데 잘 모르겠다.

이런 의미에서 유순호의 문학은 말 그대로 개척성적인 장거라고 평가할 수 있지 않겠는가.

필자는 유순호의 문학작품을 좋아하는 것이 사실이고 또 미국이라는 낯선 고장, 뉴욕이라는 세계적인 대도시에 가서 이방인으로 살면서 펼쳐가는 성과적인 문화사업을 높이 평가하는 것은 사실이지만 가장 높이 평가하는 것은 그래도 유순호가 우리의 이민문학을 개척하고 있다는데 대하여 가장 높은 평가를 하여주고 싶다.

우리의 이민문학은 이제 유순호 등 제씨들의 각고의 노력과 피흘리는 영혼의 모질음을 겪은 열매로서 그 천성적으로 신영(新穎)하고 독창적인 사상내용과 참신한 예술형식으로 세인의 주목을 받을 것이며 또 중국조선족 문학발전의 길에서 그 다른 무엇으로도 대체할 수 없는 작품으로 자기의 공헌을 기여하게 될 것이다.

유순호 수필에서 바람기에 대하여서도 우리는 바로 이러한 높이에서 이해하고 평가하여야 할 것 같다.

셋째, 문체와 방법의 개방. 유순호 수필의 문체와 방법은 아주 개방적이다. 먼저 문체에 대하여 보자.

비록 필자가 논고의 제목에서 수필을 내세웠지만 사실 유순호 수필은 수필이면서 소설같기도 하고 시같기도 하고 정론같기도 한 것들이 적지 않으며 심지어는 우화같은 것들도 있다. 그렇다고 하여 그것들을 소설이라고 하거나 우화라고 하는 것은 말이 되지 않는다. 왜냐하면 유순호에게는 본격적인 소설작품이 별도로 있기 때문이다.

또 수필은 수필이되 서정적인 수필도 있으며 서사적인 수필도 있으며 역사적 상상력을 발휘한 역사수필도 다수 있다. 그리고 또 대체적으로 수필이란 실제 있었던 기억이나 경력에 바탕을 두고 창작된다고 하는데 유순호의 수필은 소설적인 이야기 즉 허구에 의하여 창조되는 경우가 가끔 있다. 이 모든 것으로부터 우리는 유순호의 개방된 문학자세를 볼 수 있다.

전통적인 문학관념이라면 이러한 문학자세는 상상할 수 없었을 것이 아닌가. 특히 필자의 눈에 돋보이는 것은 그의 수필에 창조되고 있는 시적인 이미지다. 시적언어, 시적절주, 시적색채로 창조된 시적이미지는 유순호의 수필에서 독특한 시적분위기를 조성하여 읽는 이들에게 진한 커피나 잘 익은 술과 같은 향수를 준다.

섹스현장이나 오르가즘에 이른 정신상태를 묘사하면서도 그의 수필은 저급적이 아니고 자극적이 아니고 추하지 않다는 인상을 주고 있는데 이러한 문학적 효과는 많이 창조주체의 시적인 영감과 시적인 이미지 창조에 힘입은 것 같다.

그리고 문체상에서 보아도 서술과 묘사, 서정과 의론을 아주 조화롭게 교차적으로 사용하는 것으로써 읽는 이들에게 좀 거치면서도 아주 참신하고 편안하다는 느낌을 주는 화려한 미문을 창조하고 있다.

다음 방법상에서도 유순호의 수필은 보수적이 아니다. 되도록이면 재미 조선족들의 삶을 리얼하게 재현한다는 원칙 즉 사실주의 방법을 견지하면서도 모더니즘문학과 포스트모더니즘문학의 여러 유파에서 많은 수단과 기교를 배워오고 있다.

비유와 상징법의 활용, 아이러니와 알레고리의 도입 그리고 시치미를 떼거나 딴청을 부리면서 읽는 이들의 정서를 쥐였다 놓았다, 긴장하게 하였다가 극단으로 몰아갔다가 유심히 조소하면서 풀어놓는 등등 수법은 현대주의 방법의 독창적인 활용이라고 평가할 만한 것이다.

심지어 그의 어떤 수필은 아무것도 이야기하지 않으면서 독해(讀解)에 여러 가지 장애물을 설치해놓음으로써 필요이상의 시간을 허비시키면서 읽는 이들을 정신상에서 긴장하게 하고 육체적으로 피로하게 하는 아주 극단적인 수법까지 마다하지 않고 있으며 많은 수필들에서 고의적으로 작자와 화자 즉 '나'를 혼돈시켜 읽는 이들의 독해에 곤란을 조성시켜 주고 있다.

이상과 같이 우리는 유순호 수필에서 섹스, 사랑, 여자에 대하여 대충 고찰해보았다.

유순호 수필에서 섹스, 사랑, 여자는 왕왕 작자의 어떤 사색이거나 주장을 나타내는 상관물이거나 상징물로 창조되었다는 것을 고찰해보았고, 또 유순호 수필 중에서 순수 섹스, 사랑 여자에 대한 추구에 바쳐진 대표적 작품을 분석해보았으며 유순호의 수필에 접근함에 있어서 알아야 할 몇 가지 지식들에 대해서도 설명하였다. 바꾸어 말하면 유순호 수필의 방법과 기교 그리고 서사책략에 대하여 자세하게 고찰해보았다.

필자로서는 쉽지 않은 이 작업을 마무리하면서 한마디 더 하여야 할 것 같다.

유순호의 앞에는 아직도 반드시 해결해나가지 않으면 아니 될 두 가지 과업이 있는데 그것은 즉 어떻게 자기의 작품의 함금량을 높이고 품위를 높이고 보다 더 완벽한 경지로 이르는가 하는 문제와 이제 수필에서 쌓은 문학적 기능과 저력에 기초하여 소설이라는 이 본격적인 장르에서 성과를 쌓아올리는가 하는 문제이다.

사실 유순호의 수필은 접근하기 쉽지 않은바 문학이론 ABC 공부가 착실하지 못하거나 모더니즘과 포스트모더니즘 이론에 대한 장악이 없이는 그에 대한 해독이 전혀 불가능하다고 말해야 할 것이다.

필자의 이러한 결론에 대하여 부동한 견해를 갖고 있는 이들이 중국에 있을 뿐만 아니라 재미 조선족들 속에도 있다는 것을 알지만 어쩔 수 없이 필자는 필자대로 발언하지 않을 수 없다.

여기서 읽는 이들이 한번 생각해볼 문제는 유순호가 도미(渡美)한 후 사회문화환경과 개체의 생명존재방식이 크게 틀려졌다는 것이다. 사회주의와 자본주의 제도의 차이, 동방문화와 서방문화의 갈등과 화합, 문학 제도와 지도에서 나타나는 의식형태의 차이 마지막으로 개체의 생존과 발전을 위한 모질음 등은 유순호의 문학에 결정적인 변화를 가져다주었으리라는 것은 틀림이 없다.

우리는 유순호의 수필에 접근함에 있어서도 이러한 문제들에 대하여 충분히 고려하여야 할 것이다. 우리가 만약 이러한 제 문제들에 대하여 충분히 고려한다면 도미한 후의 유순호의 작품에 접근함에 있어서 요청되는 것은 극도로 조심스럽고 근엄한 태도일 것이다.

솔직하게 말하면 필자는 아직까지 도미한 후의 유순호의 삶과 정신실존에 대하여 잘 모르고 있으며 재미 조선족이민들이 유순호의 문학을 어떻게 대하고 중국 조선족들이 유순호의 문학을 어떻게 대하고 있는지에 대하여 모르고 있다.

그러면서도, 또 필자의 이 글에 대한 세인들의 눈길이 어떠하겠는가에 대하여 전혀 파악이 없으면서도 이렇게 긴 글, 이렇게 쓰기 힘든 글을 쓰는 것은 무엇 때문인가?

그것은 한마디로 말한다면 필자의 문학에 대한 철없는 집착 외에 유순호의 인간과 문학에 대한 존경과 사랑 때문이다.

해외에 진출한 조선족 문인으로서 미국 뉴욕이라는 대도시에서 생존과 발전의 기반을 이만큼 닦아놓고 이만큼 재미이민들은 물론이고 세상에 널려있는 흰옷 입은 족속들에게 영향을 줄 수 있는 사업을 벌여나가는 지성인을 유순호 말고는 나는 아직 모른다. 그래서 나는 그를 존중한다.

그리고 그의 문학을 사랑하는 이유는 더구나 많다. 그중에서 한가지만을 힘주어 내세우고 싶은데 그것은 즉 문학적 담략과 작품의 개성에 대한 추구이다. 필자는 줄곧 이것만 있다면 누구라도 문학창작에 참여할 수 있을 뿐만 아니라 크게 성공할 수도 있다고 생각하여 왔다. 유순호의 작품에 아직까지 그리고 앞으로도 여전한 모자람과 문제들이 존재해있고 또 발생할 수 있지만 그의 작가적인 꿋꿋한 자세, 문학적 담략과 작품의 개성에 대한 끈질긴 추구는 필자를 감동시켰고 또 영원히 감동시킬 것이다.

유순호의 생명의 활력과 생존의 의지, 사업의 성공과 문학적 성과에 축복과 박수를 보내며 앞으로 독자들의 많은 참여하에 유순호의 문학에 대한 토론과 연구가 계속 활발하고 줄기차게 전개되기를 바라는 마음 전달하면서 이만 줄인다.

창녀예찬

평론 2

최삼룡 (평론가, 전 중국 연변사회과학원 문학예술연구소 소장)

엘마 샌즈와 유순호 작가의 재밌는 만남

유순호의 작품 「엘마 샌즈의 유령과 만나다」(이하 '유령'이라고 약칭함)가 발표된 지 벌써 3개월이 되어 간다.

솔직하게 말하면 9월 말에 인터넷 문학 사이트에서 작품을 처음 읽었을 때 필자가 받은 충격은 대단히 컸다. 우선 아주 재미있었다. 이야기가 재미있었고 언어가 생신하였고 작품이 전해주는 정보가 필자에게 있어서는 무척 새로운 것이었다.

그리고 한층 더 성숙해진 유순호의 비판력이 흠모를 자아냈으며 인간과 귀신 사이를, 역사와 현실 사이를, 수필과 소설 사이를, 한글과 영어 사이를 자유롭게 날갯짓하는 유순호의 작가적인 자유로운 모습이 너무도 어여뻤으며 이건 결코 장난이 아니라는 감탄을 하게 하였던 것이다.

바꾸어 말하면 이 작품을 통하여 필자는 재미 조선족 작가 유순호의 문학저력에 대하여 새삼스레 재확인하게 되었으며 그의 정체(整體)에 대하여 새로운 이해가 있게 되었던 것이다. 그래서 즉시에 평론을 쓰리라 작심했는데 정작 쓰자고 보니 자신이 미국에 대한 지식이 모자라도 한참 모자라다는 것을 절감하면서 주춤거리지 않을 수 없었다.

그러다가 인터넷 문학 사이트의 식구들의 댓글들을 보면서 많은 공부를 하게 되었으며 특히 12월에 들어와서 발표된 이미옥 양의 평론을 통하여 유관 배경재료를 요해하게 되면서 감히 유순호의 이 작품에 대하여 좀 더 가까운 접근을 시도해볼 수 있었다.

1. 미국의 귀신에 대하여 호기심을 갖게 되는 '나'

문학작품에 접근할 때는 대체로 밖으로부터 안으로 들어가야 한다. 그런데 「엘마 샌즈의 유령과 만나다」의 경우는 좀 힘들다. 왜냐하면 작자가 설치한, 독자의 판독을 장애하는 장치가 너무 많기 때문이다.

작자는 이 작품의 종자와 핵심이념을 노출하기 전에 '나'가 어떻게 미국의 귀신에 대하여 호기심을 갖게 되었는지부터 이야기를 시작하고 그 호기심을 푸는 준비과정을 길게 서술하고 있다.

'나'가 몇 년 전에 프랑스레스토랑에서 찍은 사진에 이상하게 사람그림자 비슷한 것이 비껴있었다는 이야기와 금년 추석을 앞둔 어느 날 퇴근길에 '나'는 몇 년 전에 찍었던 사진 속에는 이상하게도 알 수 없는 사람그림자가 그냥 뒤에 붙어 따라다녔는데 오늘은 어떤가 한번 확인해보고 싶어 그 프랑스레스토랑을 찾아갔다.

그런데 지하철역에서 조심치 않아 그만 층계를 빗디디고 발목을 크게 상해 자그마치 10여 일이나 출근하지 못한 이야기와 그 10여 일 동안 K군이 중국 약방에서 개가죽고약(狗皮膏藥)을 몇 장 사다주어서 발목에 붙이고 하루 종일 집구석에 틀어박혀 책만 읽고 있었는데 그 책 중에는 미국 이디스 워튼이라고 하는 아주 유명한 작가의 대표작으로 불리는 『거울』도 있었고 그 책은 전문 귀신을 쓰고 있지만 하나도 무섭지 않고 아주 재미있었으나 은근히 기대했던 자기가 체험했던 것과 같은 사진 속 배경에 이상한 사람그림자가 비쳐든다는 이야기는 결코 없었다는 이야기와 그다음 이디스 워튼의 창작경험에서 계시를 받고 그 프랑스레스토랑으로 직접 가보고 싶어서 '나'는 K군에게 전화를 걸어 함께 맨해튼 스프링스트릿트 129번지를 찾아가 그 프랑스레스토랑 앞에서 사진을 찍었는데 역시 그때 사진과 같아서 K군은 "에구머니나, 귀신이야!" 하고 비명을 지르고 달아나려는데 '나'는 K군을 잡아끌고 그 프랑스레스토랑으로 들어가서 흑인 웨이터와 마리아라고 부르는 프랑스할머니 즉 레스토랑의 주인을 만났다는 이야기, 이렇게 많은 이야기가 서술된 후에야 드디어 귀신이 확실히 있고 이 귀신의 이름이 엘마 샌즈이고 이 식당의 지하실에서 산다는 본격적인 이야기가 시작된다.

그러므로 이 작품의 종자와 핵심이념에 접근하려면 독자들은 별수 없이 작자의 뒤를 따라다니면서 우선 작자가 앞에다 서술한 이 몇 가지 이야기에 대하여 잘 소화하여야 한다. 다시 말하면 작자가 독자들 앞에 설치한 미국의 귀신에 대한 현념(懸念)을 풀기 위하여 작자와 더불어 애를 써야 한다.

여기에서 모름지기 한 가지 짚고 넘어가야 할 것은 일부 독자들은 작자와 더불어 호기심이 생겨 작자의 뒤를 졸졸 따라다니겠지만 많은 독자들, 특히 성질이 조급한 독자들이 자칫하면 여기까지 읽고 이 작품은 귀신이야기를 썼구나 하면서 돌아앉을 가능성이 있다는 것이다.

사실 앞에서 서술된 몇 가지 이야기도 재미있고 신비하지만 작품의 본격적인 이야기는 금방 시작을 뗀 데 불과한바 아직까지 전편 작품의 종자는 나오지 않았고 주체의 핵심이념도 노출되지 않았다.

2. 마리아의 입을 통하여 들은 엘마 샌즈의 이야기

'나'는 프랑스레스토랑의 여주인 마리아의 입을 통하여 엘마 샌즈의 이야기를 들으면서 몇 년 전부터 품어오던 많은 의문을 풀 수 있게 된다.

스프링스트릿트라는 동네 이름의 연유로부터 시작된 마리아 할머니의 이야기는 1799년 어느 한 차례의 살인사건에 대한 이야기로부터 과도하여 자연스럽게 작품의 종자에 접근한다. 마리아 할머니의 이야기는 다음과 같이 개괄할 수 있다.

지금으로부터 약 200여 년 전 눈이 펑펑 쏟아져 내리는 어느 날이 우물에서 한 처녀의 시체가 발견된다. 경찰 조사결과 처녀의 이름은 엘마 샌즈였고 나이는 22세, 경찰은 대뜸 이 처녀의 남자친구 래비 윅스가 바로 살인흉수라는 것을 알아내게 된다.

그런데 래비 윅스의 변호인은 당시 미국에서 둘째가라면 서러워할 만큼 유명했던 대변호사 애런 버와 알렉산더 해밀턴이었는데 법정공방에서 어렵지 않게 래비 윅스를 무죄로 만들어놓았다.

검찰은 이미 취조결과 래비 윅스가 흉수였다는 것을 사실로 확증하기까지 하였지만 법정공방에서 명문장가이며 명연설가이기도 하였던 이 두 변호사 앞에서 기를 펴지 못하였던 것이다.

그런데 이때로부터 사람을 죽인 흉수를 무죄로 만들어놓았던 이 두 사람에게는 엘마 샌즈의 원혼이 따라다녔다. 미국의 정계에서 호풍환우해왔던 이 두 사람은 한 하늘을 이고는 같이 살 수 없을 정도로 정적이 되어 싸우기 시작했고 종당에는 사나이답게 결투하자고 각자 서로 요청하기에 이른다.

결과 명사수였던 애런 버는 해밀턴을 사살하게 되고, 경찰은 당시 부대통령이었던 애런 버를 살인죄와 반역죄로 체포한다. 애런 버의 파란만장한 정치생활은 이로써 끝장나고 만다. 애런 버가 죽고 나서 아버지를 찾으러 떠났던 애런 버의 딸도 뉴저지에서 뉴욕으로 돌아오는 길에 실종되었다는데 지금까지도 종무소식이라고 한다.

마리아 할머니의 결론은 미국 초대 알렉산더 해밀턴 재정부 장관과 미국 제3대 애런 버 부대통령의 운명이 이처럼 불행하게 된 것은 바로 자기 집 지하실 우물 안에서 죽었던 엘마 샌즈의 원혼이 유령으로 나타나서 이들 두 사람에게 복수를 하였기 때문이라는 것이다.

마리아 할머니의 이야기를 제대로 풀이하자면 우리는 다음과 같은 몇 가지에 충분한 주의를 돌려야 한다. 먼저 이야기 속에 담겨진 인간관계를 고찰해보자.

1) 엘마 샌즈와 래비 윅스의 관계
2) 엘마 샌즈와 두 대변호사 버와 해밀턴의 관계
3) 두 대변호사와 경찰의 관계. 버와 해밀턴의 관계
4) 마리아 할머니와 200년 전의 사람들과의 관계
5) '나'와 마리아 할머니의 관계
6) 독자와 작품의 화자 '나'의 관계

이제 이 관계에 대하여 좀 더 정리해보면 다음과 같다.

엘마 샌즈와 래비 윅스의 관계는 연인관계로부터 살인과 피살인 관계로 전환되었다.

엘마 샌즈와 두 변호사의 관계는 권력자와 무권력자의 관계이며 역시 강자와 약자의 관계이다.

두 변호사와 경찰의 관계 및 버와 해밀턴의 관계는 사법 및 관청 내부의 인간관계이다.

마리아 할머니와 200년 전의 사람들과의 관계는 민간(民間)과 관청(官廳)의 관계이다.

여기서 제일 중요한 것은 엘마 샌즈와 두 변호사의 관계이다. 왜냐하면 엘마 샌즈를 살인한 흉수를 무죄로 만들어놓은 것이 두 대변호사이고 또 그렇기 때문에 엘마 샌즈의 유령이 나타나 복수를 하는 사건이 발생할 수 있었기 때문이다.

다음 중요한 것이 마리아 할머니와 200년 전 사람들과의 관계이다. 이 관계는 사실상에서 민간에서 역사를 어떻게 읽는가 하는 문제이며 민간에서 관청을 어떻게 보는가 하는 문제이며 더구나 작자이며 화자라고 할 수 있는 '나'가 바로 마리아 할머니의 입을 통하여 작품의 종자를 노출시키고 핵심이념을 나타내기 때문이다.

3. 이 작품의 종자와 핵심이념

여기까지 분석하면 수준급 독자들은 이 작품의 종자가 무엇이고 핵심이념이 무엇인가에 대해서 파악이 있을 것이다.

이 작품의 종자는 자기를 죽인 흉수를 무죄로 만들어놓은 두 변호사에게 엘마 샌즈의 유령이 나타나 복수한다는 이야기이다.

이 작품이 지금과 같이 한편의 재미있고 무게있는 작품으로 꽃필 수 있는 것은 바로 이처럼 건실한 종자를 골라 쥐었기 때문이다.

그러면 작자가 여기서 하려는 말은 무엇인가? 다시 말하면 이 작품의 핵심이념은 무엇인가? 작자는 이른바 미국식 평등에 대하여 깊이 회의하고 있으며 사회의 정의에 대하여 고양하는 것이다. 이것을 이 수필의 핵심이념이라고 할 수 있다.

이 수필의 주제는 아주 현실적인 의의가 있으며 읽는 이들에게 주는 깨달음이 크다. 필자는 미국의 제반 상황에 대하여 전혀 모르지만 세계의 여느 나라와 마찬가지로 미국에도 '법 앞에 모든 사람은 평등하다'는 슬로건은 내걸렸을 것이고 또 이 슬로건대로 되지 않는 경우가 미국에도 항다반사(恒茶飯事)일 것이다. 미국역사에서 '건국의 아버지'라고 칭송되는 미국 초대 재정부 장관이나 제3대 부대통령처럼 어마어마하게 높으신 분들마저도 법을 제멋대로 휘둘렀으니 더 할말이 있는가!

유순호는 이 작품에서 한발자국 더 나아가 법과 정의가 유린되는 일은 200년 전 즉 미국 건국 초기에만 있던 것이 아니라 지금도 없어지지 않았다는 것을 문학적으로 확인하고 있다. 200년 후에 애런 버의 딸의 유령이 뉴욕 맨해튼의 웨스트 포 스트릿트의 애런 버가 살던 옛집에 나타났다는 사실은 바로 이를 증명하는 것이 아닌가.

이 끔직한 소식을 전하면서 마리아 할머니는 "요즘 미국은 온통 귀신 세상이에요."라는 한마디를 어렵잖게 내뱉는다. 물론 여기서 귀신의 의미는 단순하지 않은 것 같다. 엘마 샌즈와 같이 복수의 원한을 품은 유령이 많다는 뜻이 있으면서 또 사람이 사람같지 않고 귀신같은 사람이 많다는 뜻도 있는 것 같다.

이 작품의 이 주제에 접근하면서 필자가 받은 충격은 매우 크다. 이 수필을 반복적으로 읽어보면서 요즘 나는 '미국이란 나라도 이런 나라였구나'라는 생각을 떨쳐버릴 수 없다.

필자는 솔직하게 말하면 미국을 온통 귀신 세상이라는 마리아 할머니의 말을 완전히는 믿지 않는다. 왜냐하면 필자는 비록 제도결정주의자(制度決定主義者)가 아니고 역시 법률만능주의자(法律萬能主義)가 아니지만 멀지 않는 지난날 이른바 법으로 나라를 다스리는 것이 아니라 높으신 분들의 말로 나라를 다스리는 것을 너무도 오래 보아왔고 지금도 신변에서 법이 있어도 법대로 하지 않고 법을 엄하게 집행하지 않고 말로 법을 대체하고 권리로 법을 압제하는 현상을 너무도 많이 보아왔기 때문이다.

이번에 유순호의 「엘마 샌즈의 유령과 만나다」를 보면서 아, 참 미국같은 나라도 이러하거늘 언제 우리나라를 포괄하는 지구촌의 여러 나라도 법으로 나라를 다스리는 법치국가로 되겠는가 하는 약간은 비관적인 생각을 해보기도 하였다.

아차, 이것은 텍스트를 너무 멀리 떠난 것이 아닌가. 어서 본제로 돌아가자.

4. 「엘마 샌즈의 유령과 만나다」에서 본 작가 유순호의 끈질긴 집념

마리아 할머니의 이야기를 우리에게 들려주는 것으로 작자가 할 일이 끝난 것이 아닌가? 작품의 종자도 노출되었고 창조주체의 의식 성향도 해명되었으니 말이다.

그러나 유순호는 그렇지 않다.

끝내 그 엘마 샌즈의 시체가 발견되었다는 그 우물가에 찾아가 엘마 샌즈의 유령과 만나 대화까지 나눈다.

다만 카메라 렌즈 빛만이 찌르듯이 나를 쏘아보고 있는 가운데서 엘마 샌즈의 이끼옷을 입은 그림자가 우물벽에 마주 비껴있었기 때문이었다. 그 그림자는 아주 크게 나의 몸 위로 천천히 접근해왔다.

"Oh, Elma Sands. Elma Sands.(아, 엘마 샌즈여, 엘마 샌즈여.)"

나는 실체는 보이지 않는 그녀의 그림자에 대고 떠듬거렸다.

"Do you know me?(그대는 나를 아는가?)"

"I've met you several times.(나는 당신과 여러 번 만났어요.)"

'엉 정말 들리네.' 나는 속으로 놀라고 있었다.

"You call me ghost, but I saw more sorrow and pain in your eyes. That's why I've never disliked you.(나를 귀신이라고 생각하는 당신의 얼굴과 눈빛에도 항상 나 못지않은 슬픔과 설움이 어려 있었어요. 그래서 나는 당신을 싫어하지 않아요.)"

"Really?(정말인가?)"

"Yes.(네.)"

하고 나는 대답했다.

읽는 이들이 이 장면을 정말이라고 믿거나 말거나 관계없이 이 장면은 작품의 주제를 강조함과 아울러 우리에게 하나의 가장 중대한 정보를 전해주고 있는데 그것은 즉 유순호 작가의 문학에 대한 끈질긴 집념이다.

사실 이것을 몇 마디로 개괄하기는 쉽지 않는데 그래도 개괄해본다면 다음과 같은 두 가지가 아닐까 생각해본다.

우선 이 대화는 엘마 샌즈의 유령에 대한 작자의 충분한 이해와 동정을 보여주면서 작품의 주제를 강조하는 것이다. 보라 엘마 샌즈의 유령의 눈에 비낀 작자의 얼굴을. 유령의 그것보다 못지않은 슬픔과 설움이 어려있지 않는가. 유령과 통하는 작자의 동정어린 슬픈 표정을 통하여 세상에 많고도 많은 약자들에 대한 동정을 보아낼 수 있는 것이다.

다음, 유순호는 여기서도 가짜를 진짜극으로 논다. 미국의 귀신에 대하여 호기심을 가지게 되고 그 호기심을 푸는 과정에 대한 숱한 이야기 중에 마리아 할머니의 이야기가 진짜이고 나머지는 죄다 상상의 산물이다. 당연히 엘마 샌즈와의 대화도 읽는 이들로 하여금 자기의 이야기를 진짜처럼 믿게 하려는 서술책략인 것이다.

엘마 샌즈와 만난 다음 작자는 또 뉴욕 맨해튼의 웨스트 포스트 릿트의 애런 버가 살았다는 집자리에 나타났다는 애런 버의 딸의 유령을 만나러 간다. 힘들게 그곳까지 찾아가서 사진을 찍자는데 또 어떤 여자의 차가운 손이 어깨를 짚는다.

이 수필에 펼쳐진 가짜를 진짜극처럼 노는 숱한 장면은 유순호의 문학적인 저력과 재주와 집념을 충분하게 과시하고 있다. 이것을 한 마디로 무엇이라고 이르기는 어려운데 종자를 예술적으로 꽃피우고 핵심이념을 문학적으로 포장하는 재주라고도 할 수 있으며 한층 더 높은 차원에서 말하면 문학의 여러 가지 기능 가운데서 오랫동안 우리에게 경시당했던 오락기능에 대한 추구 그리고 문학을 문학처럼 해보려는 끈질긴 집념이라고도 할 수 있겠다.

문학에 대한 끈질긴 집념은 이 작품의 구성삭업에서도 나타난다.

프랑스 레스토랑 앞에서 이상한 사진으로부터 작자는 의도적으로 독자들에게 큰 현념을 조성하여주는데 사실 그 마리아 할머니의 이야기를 통하여 그 현념은 풀린 거나 마찬가지나 작자는 시치미를 떼고 계속 독자들을 독해(讀解)의 미궁으로 끌고 가면서 기대치를 높여준다. 내내 그 현념을 풀어주지 않은 것처럼 할 뿐만 아니라 제일 마지막 줄마저도 "아, 이게 누구나요. 어떻게 당신이?"라는 의문구로 끝을 맺는다.

그리고 많은 역사의 세절에 대하여 펼치지 않는 서술책략 역시 고명한바 그렇게 하였더라면 일부 사람들의 취미에는 부응할 수 있었겠지만 작품을 지금처럼 깐지게 꾸리지 못하였을 것이다.

이렇게 이 수필에서 보여준 유순호의 비판리성에 대하여 이해하고 유순호의 끈질긴 문학 집념에 대하여 이해하고나면 이제 우리가 이 작품을 읽기가 퍽 쉬워지고 나아가서 유순호의 다른 문학작품에 대하여 읽기도 퍽 쉬워질 것이다.

사실 많은 인터넷 문학 사이트 식구들의 댓글에서 보여지는 이 작품을 놓고 수필이냐 소설이냐 하는 문제에 대한 논란도 유순호 작가의 끈질긴 문학 집념으로부터 들여다보면 이해하기 어려운 문제가 아니다. 작품의 종자를 꽃피우기 위하여 창조주체는 잠깐 소설이냐 수필이냐를 따지지 않는다.

수필처럼 쓰자니 상상을 발휘할 수 없고 그렇게 되면 창조주체의 이념을 다 전달할 수 없게 되고 소설처럼 쓰자니 한 인물 내지 몇 개의 인물형상을 창조하여야 하며 역사의 세부에 대한 묘사가 있어야 하는데 짧은 편폭으로는 그게 불가능하니 이렇게 「엘마 섄즈의 유령과 만나다」와 같은 작품이 창출되는 것이다. 여기에 바로 '주체의 해방이요, 문체의 해방이요' 하는 이론이 제기되는 것이다. 그러므로 텍스트의 장르 분석은 유순호의 이 작품의 경우 아무런 의의가 없다는 게 필자의 생각이다.

이렇게 문학의 여러 가지 장르 사이를 마음대로 넘나들 수 있는 것은 아무나 할 수 있는 일이 아니다. 우리나라의 최근문단을 두루 살펴보아도 시처럼 서정적인 소설이 얼마든지 있고 소설처럼 이야기가 있는 시가 얼마든지 있다. 그러나 그것들이 모두 성공적인 것은 아니며 또 아무나 그런 경지에 도달하는 것이 아니다.

이 수필의 경우 창조주체가 역사와 현실 사이, 인간과 귀신 사이를 마음대로 날갯짓할 수 있는 문학적 경지에 도달하였기에 바로 수필과 소설 사이를 마음대로 넘나들 수 있었다는 것을 알아야 한다.

이건 또 해박한 지식, 현실과 인간에 대한 투시력, 거기에 또 자유로운 정신상태와 문학적인 용기와 담력 그리고 개성에 대한 추구를 전제로 한다.

그중에서도 필자의 흠모를 제일 자아내는 것은 바로 유순호의 문학적인 용기와 담력이다. 금년 봄에 「유순호 수필에서 섹스, 사랑, 여자」에서 필자는 다음과 같이 피력한 바 있다.

그의 문학을 사랑하는 이유는 더구나 많다. 그중에서 한 가지만을 힘주어 내세우고 싶은데 그것은 즉 문학적 담략과 작품의 개성에 대한 추구이다. 필자는 줄곧 이것만 있다면 누구라도 문학창작에 참여할 수 있을 뿐만 아니라 크게 성공할 수도 있다고 생각하여 왔다. 유순호의 작품에 아직까지 또 앞으로도 많은 모자람과 문제들이 존재해있고 또 발생할 수 있지만 그의 작가적인 꿋꿋한 자세, 문학적 담략과 작품의 개성에 대한 끈질긴 추구는 필자를 감동시켰고 또 영원히 감동시킬 것이다.

평론 3

이미옥 (연구생, 서울대 국어국문학과 현대문학 석사과정)

엘마 샌즈의 유령에서 몇 가지 더

유순호 작가의 「엘마 샌즈의 유령과 만나다」는 얼핏 보면 재미있는 귀신체험 이야기로 보이지만 그 속에는 간과할 수 없는 몇 가지 장치와, 장치 속에는 웅크린 자의 슬픔이 들어 있다. 그 슬픔의 알레고리와 순환을 통해서, '자유'와 '평등'을 주장하는 미국이라는 나라의 역사와 현주소에 대해서 또한 그 이면의 그늘과 어둠 속에 소외된 인간과 그들이 일으킬 역사의 전복 가능성을 엿보게 한다.

1. 법 안에서'조차' 소외된 자—엘마 샌즈 유령

미국은 '자유'와 '평등'을 표방하는 민주주의 국가이다. 미국 독립선언문에는 다음과 같은 내용의 글이 이를 가장 잘 드러낸다. "모든 사람은 평등하게 태어났으며, 조물주는 몇 개의 양도할 수 없는 권리를 부여했으며, 그 권리 중에는 생명과 자유와 행복의 추구가 있다."

영국의 수하에 있던 13개 식민지는 대영제국을 상대로 미국 독립전쟁을 벌였고 1776년에 이러한 자유독립 선언문을 선포하고 1881년에는 승리를 거둠으로 오늘날 세계의 중심역할을 하고 있는 거대한 영향력의 '미국'이라는 나라를 탄생시켰다.

발단은 대영 제국이 제국 유지비용의 상당수를 아메리카 식민지에서 충당하려고 했는데 아메리카 식민지 대표들의 참여 없이 이루어졌기 때문에 13개 식민지의 대표가 세금부담은 무효라고 한 것에서 비롯된다. 미국 내의 왕당파가 인구의 30%에 이르렀음에도 독립파들은 식민지의 80% 이상을 지배하였고 영국 제국은 일부 해안 지역만을 방어했으므로, 1776년 13개 식민지 대표들은 미국 독립 선언에 서명하고 새로운 국가인 아메리카 합중국을 수립한 것이다.

독립선언문에는 또한 다음과 같은 내용도 존재한다.

"인간에게는 악폐를 참을 수 있는 데까지는 참는 경향이 있다는 것을 가르쳐 줄 것이다. 그러나 오랫동안에 걸친 학대와 착취가 변함없이 동일한 목적을 추구하고 인민을 절대 전제 정치 밑에 예속시키려는 계획을 분명히 했을 때에는, 이와 같은 정부를 타도하고 미래의 안전을 위해서 새로운 보호자를 마련하는 것은 그들의 권리이며 또한 의무인 것이다. 이와 같은 것이 지금까지 식민지가 견디어 온 고통이었고, 이제야 종래의 정부를 변혁해야 할 필요성이 바로 여기에 있는 것이다. 대영국의 현재 국왕의 역사는 악행과 착취를 되풀이한 역사이며, 그 목적은 직접 이 땅에 절대 전제 정치를 세우려는 데 있었다. 지금 이러한 사실을 밝히기 위하여 다음의 사실을 공정하게 사리를 판단하는 세계에 표명하는 바이다."

그러나 여기서 "식민지가 견디어 온 고통"은 누구의 고통을 말하는가?

애초 북아메리카를 점령할 때 자신들의 땅을 빼앗기고 쫓겨 난 인디언들의 고통을 말하는 것이 아니다. 종교적 갈등 때문에 이주해 온 청교도들-유럽인들의 입장만을 달랑 대변한다. 땅의 원 주인을 쫓아내고, '문명'이라는 폭력으로 그들을 억압했을 뿐만 아니라 노예로 팔아먹기도 하고 전쟁에 이용하기도 한 아메리카 원주민에 대한 이야기는 '미국독립선언문'에 단 한 줄도 나오지 않는다. 그들의 역사와 문화는 제대로 기록조차 되지 않았다. 그러므로 그들이 추구한 미국의 자유라는 것 그리고 독립이 과연 진정한 모든 사람의 자유이고 독립인지 그 허위성에 대해서는 재고해 봐야 한다.

'자유'와 '행복' 그리고 '인권'을 주장하는 미국이 "행복하지 않은" 원주민들의 고통과 억압과 희생에 대해 침묵하고 있는 건, 그들이 보여주는 가장 큰 모순이자 이중성이다.

미국의 인권은 처음부터 '소속된 자', '혜택 받은 자', '가진 자'의 인권이었으며 미국의 법은 그들을 보호하기 위한 법이었다.

소설 속의 엘마 샌즈 처녀 또한 엄연한 미국 거주권자고 뉴욕시민이지만 그의 억울한 죽음은 가장 명망 높고 똑똑하다는 해밀턴과 애런 버에 의해서 해명되지 못할 뿐 아니라 죄를 짓은 래비 윅스는 오히려 무죄로 풀려나는 어이없는 '진실의 왜곡'이 빚어진다. 법은 인간을 지켜주는 최소의 룰이자 최후의 수단인데 '건국의 아버지'로 불리는 '해밀턴'과 부대통령 직위에까지 올랐던 애런 버, 즉 '법의 상징'과도 같았던 그들에 의해서도 지켜지지 못했다.

그 안에서조차 보호받지 못한 자들은 결국 갈 길을 잃게 되고 그들은 '인간'임을 상실하고 결국 있어도 실체가 없는 '귀신'이 된 것이다. '귀신'의 속성은 "한을 품는 다는 것"과 인간 세상에서 "영향력을 행사하지 못한다"는 것에 있다. 즉 그들은 유명무실한 존재로 소위 인간임을 자처하는 자들에 의해서 짓밟히고 무시되며 아예 거론의 대상이 되지도 못한다.

그러므로 엘마 샌즈의 유령은 미국 법에서조차 소외되어 있는, 더 이상 인권을 운운할 수도 없었고 자신의 목소리를 낼 기회조차 가질 수 없었던 생존권 바닥에 있는 자들이다. 그들은 오랜 시간 동안 역사의 조명을 받지 못했고, 오랜 시간 침묵해야 했지만 결코 사라지진 않았다.

2. 귀신의 부활—1970년대의 미국

소설 속에서 엘마 샌즈는 복수를 한 것으로 나온다. 물론 그 명확한 근거는 어디에도 없지만 사람들은 그렇게 믿고 있으며 그 존재를 서서히 인식하고 있다. 소설 속에서도 '내'가 귀신과 소통하는 장면이 여러 군데 나온다. 귀신과 내가 소통할 수 있는 이유는 내가 그들의 어둠을 보려고 하기 때문이고 그 목소리에 귀를 기울이려 하기 때문이다.

그들에게 관심을 갖지 않는 한, 그들을 영원히 볼 수 없지만 그들을 보려 하는 자에게 귀신들은 다만 자신들의 슬픔을 감추지 않고 드러낸다. 그러므로 '나'는 귀신과 인간 사이의 매개자와 같은 존재이고 이는 곧 '귀신의 세계'와 '인간의 세계'에서 완벽한 단절만이 아닌 소통의 가능성이 있음을 시사해주는 것이다. 그러한 매개자들을 통해 귀신의 이야기는 조금씩 인간에게로 전해지고 그렇게 잉태된 귀신의 이야기는 생명력을 갖고 꿈틀거리며 이는 곧 귀신의 부활이기도 하며 새로운 변화의 움직임이다.

소설 속에서 마리아 할머니는 1970년대에 엘마 샌즈라는 유령이 다시 나타났다고 한다. 이미 복수를 했음에도 귀신이 다시 나타났다는 것은 곧 그들의 이야기가 다시 세상 속으로, 그들의 존재가 점차 역사의 무대 위로 등장했음을 설명하는 것이기도 한다.

1960년대가 자유와 인권에 대한 의식이 상승하면서 항의와 폭력의 시대였다면 1970년대의 미국은 유독 소외된 자들의 목소리가 터져 나오는 시대였다. 주요도시에서의 흑인의 폭동, 킹목사의 피살, 케네디의 암살 등과 같은 폭력적인 요소들이 나타났다. 그리고 기성세대와 기존체제에 대한 반항은 대학가의 중심적 이슈였다.

미국의 개혁과 발전은 국제문제에 있어서 베트남전쟁(1960~1980)이라는 수렁에 빠져들면서 점점 약화되었으며, 미국의 서방세계 주도권도 타격을 입기 시작하였다.

이 시기의 위기는 베트남전과 아울러 파업을 일으킨 4백 만 명 이상의 대학생과 고등학생, 그리고 이에 참여한 수많은 교수들에 의해 야기되었다. '에로스효과'가 퍼져나가면서 전투부대의 사병들은 이들과 싸우기를 거부했고, 전투적인 흑인해방운동은 강화되었으며, 노동자들은 파업을 계속했고, 여성해방운동이 점차 강해졌으며, 남부 농민들과 미 중산층들이 움직이기 시작했다. 이들은 국제연대와 자주관리라는 원칙에 따라 행동했다. 이 운동은 갑작스럽게 발생했지만, 현존체제의 안정을 위해서도 일련의 개량적 조치들이 필요하게 만들었다.

그러므로 '귀신'은 존재한다고 믿는 '내'가 귀신과 이야기를 할 수 있었던 것은 그들의 힘이 미약하게나마 존재하고 작동하고 있었으며 조금씩 축적되어 역사의 물결로 밀려오고 있음을 보여준다. 비록 우물 속 동굴에서 이백 년을 견디어 왔다고 해도, 역사의 뒤안길에서 완전히 사라지지 않았기 때문이다.

1970년대를 위시한 미국전역의 엄청난 혼란과 시위, 군중의 항의운동은 미국이 거쳐야 했던 시대적인 위기의 해결책과 대안의 마련을 제공한 셈이다. 즉 귀신으로 상징되는 '소외된 자들'은 어둡고 깊은 침묵의 벽을 깨고 그들의 목소리가 반영이 된 것이다.

마리아 할머니 얘기 중에 다음과 같은 말이 나온다.

"지금 미국은 온통 귀신 세상이에요."

그렇게 등장한 엘마 샌즈의 귀신은 지금도 사라지지 않았으며 점점 많은 사람들의 눈에 그 모습을 보이고 있음은, 그들의 모습을 보고 그들의 이야기를 듣고자 하는 사람이 점점 많아졌다는 이야기이기도 하다. 그리하여 그들과의 소통이 점점 가능해진 시대라는 의미이기도 하며, 이는 어쩌면 '소외된 자'들이 수면 위로 떠오를 수 있는 '희망의 세기'가 멀리 있는 게 아니라 바로 손닿을 수 있는 지척에 있다는 암시가 아닐까 싶다.

3. 미움과 한의 알레고리적 순환

정적이었던 해밀턴과 애런 버는 모두 유능한 변호사였고 정치가였으며 미국의 건국과 정치적 발전에 커다란 기여를 한 사람들로 그들의 업적은 누구라 할 것 없이 거대하다.

그러나 역사가 그들에게 수여한 이름에는, 정작 명암이 엇갈린다. 해밀턴은 "건국의 아버지(Founding Fathers)"로 불리우며 미국의사당 원형건물을 장식하는 7피트 동상으로 남게 되는 대신 애런 버는 매국노와 반역자의 대명사가 된 베네딕트 아놀드와 함께 미국 불명예의 전당에 오른 최악의 10인으로 선정되었다. 그러나 이들의 대결에 있어 누가 더 깨끗하고 청렴하다고 말할 수 없는 부분이 존재한다.

해밀턴은 결투를 받아들이기 전에 편지 한 장을 썼는데 그것은 그가 사망할 경우 공개될 편지였다. 그 편지에다 해밀턴은 애런 버가 무슨 행동을 하던 자신은 방아쇠를 당기지 않을 속셈이라고 "고상하게" 선언했으며 이는 즉 그가 죽어서 결투장을 떠난다면 버는 살인죄를 피하기 위해 한동안 고전해야 함을 의미하는 것이기도 하다.

해밀턴의 예상은 적중해서 애런 버가 해밀턴을 사격하여 죽이는 순간 애런 버의 정치생명도 끝나게 되었다. 그것은 마치 자신의 머리를 향해 권총을 쏜 것이나 마찬가지였기 때문이다. 애런 버는 반역죄로 법정에 서게 되었고 무죄 방면되었지만 분노하는 여론 때문에 유럽으로 망명했으며 1812년 다시 미국으로 돌아왔고 나머지 생애도 무명으로 보내다가 1836년 쓸쓸히 사망했다.

또 하나 의문스러운 점은 그들의 원한이 의문에 쌓여 있다는 점이다. 혹 자는 그들이 애정문제에 연관되어 있었다고 하고, 혹 자는 해밀턴이 버와 그의 딸 시어도시어의 사이에 근친상간적 관계가 있음을 비난하고 다녔다고 했지만 이는 물론 근거는 없다.

두 사람은 뛰어난 지성과 날카로운 안목과 정치적 전략을 가지고 있었지만 그것은 서로를 공격하는 데 부단히 쓰였고 누구라도 할 것 없이 상대의 정치생애를 방해하는 데 상당한 정력을 소모했다.

역사에서 수치로 기록된 애런 버는 말년에 가서 자신의 무모함을 후회했지만 그는 남은 평생 "영악한" 해밀턴의 마지막 조치에 대해서는 '한'을 품을 수밖에 없었을 것이다. 대통령이 되었을 뻔 했던 자신이 결국 정치의 쓰레기통에 던져진 것과 씻을 수 없는 역사의 오점으로 남겨진 것은, "버의 경력을 망치는 것이 나의 신성한 의무"라고 생각하고 부단히 이를 실천한 해밀턴의 치명적인 일격 때문이었다.

애런 버의 딸이 또다시 귀신이 되어서 나타났다는 마리아 할머니의 이야기는 애런 버의 미움이 아직 끝나지 않았음 보여준다. "애런 버의 딸이 아닌 삶은 인생으로서 가치가 없다."라고 말할 정도로 누구보다 아버지를 사랑했으므로 애런 버의 비극은 곧 그녀의 비극이 되었다. 그리하여 그녀 또한 한을 품은 채 귀신이 될 수밖에 없었던 것이다. 그러니 뿌리 깊은 원망과 미움은 단순히 한 세대로 끝나는 것이 아니라, 다음 세대로 순환되고 있고 그 알레고리를 푸는 일은 결코 쉽지 않아 보인다.

그렇다면 싸움은 어디서 시작되는가. 싸움의 역사는 어떻게 기록되는가. 해밀턴과 애런 버의 이러한 불화를 불식시킬 수 있는 대안과 해결책은 없는 것일까에 대해서 생각해 보지 않을 수 없다. 애초에 해밀턴과 애런 버의 싸움은 서로의 자존심 대결이었으며, 지성의 힘을 믿고 상대를 지나치게 공격한 것에 있다. 버와 해밀턴이 법정에서 대립하면 늘 긴장의 연속이었고 같은 편에 서서 변호를 해도 두 사람의 연맹에는 칼날이 서 있었고 그리하여 모든 관계자들을 안절부절못하게 만들었다고 한다. 엘마 샌즈의 억울함에 대한 것은 어쩌면 그들의 관심 밖이었는지도 모른다. 그들의 관심은 오직 치밀한 논리로 상대를 제압하고 달변으로 재판의 승리를 취득하는 데 있었으니 말이다.

그러니 입 다물 정도의 치밀한 논리와 완벽한 변론은 종종 '진리'인 것처럼 보이고 그것은 또 다른 '가면'을 쓴 채 역사에 기록되기도 한다. 그러나 우리가 진실이라고 믿고 있는 것들이 정말 진실인지는 포장만 보고는 알 수가 없다. 말로 설득한다고 해서 상대의 마음까지 얻을 수 있는 것이 아니고, 주장에 논리적 허점이 없다고 해서 진실을 대변하는 것이 아니기 때문이다. 진실은 그런 '공격성'에서 얻어지는 것이 아니라, 상대까지 포용할 수 있는 '이해'와 '너그러움' 속에서 제대로 획득되어 지는 것이 아닐까 싶다.

비록 오랜 시간 동안 공공연한 사람들의 시선 속이 아닌, 반듯한 역사의 정중앙이 아닌 동굴 깊은 어둠 속에 갇혀 있을지라도 말이다.

평론 4

김향단 (문학연구생, 서울대 국어국문학과 현대문학 박사과정)

원한을 빌어 원한을 말한다

유순호 작가의 「꽃처럼 붉은 울음 밤새 울었다」는 서정주의 시 「문둥이」의 한 구절을 이 글의 제목으로 한 것이다.

서정주의 「문둥이」는 저주받은 운명을 지닌 문둥이의 모습을 빌어 인간의 본성을 형상화한 작품이다. '꽃처럼 붉은 울음 밤새 울었다'는 것으로 문둥이가 자신이 처해있는 현실, 즉 속계를 벗어나 이상향의 세계로 나가려는 욕구를 표현하였다.

작가가 이 구절을 제목으로 따온 것은 서정주가 표현하려는 주제와 일맥상통하기 때문이다. 저주받은 운명의 굴레 속에서 몸부림치며 울부짖는 인간의 처절한 모습, 운명의 고뇌를 표현하고 있다. 동시에 '나'는 문둥이도 아니고 여자도 문둥이가 아니다. 즉 '나'는 반혁명분자가 아니다. 문둥이도 아닌 여자가 문둥이로 여겨지듯이 나도 반혁명분자로 여겨진다. 문둥이→여자→'나', 문둥이를 빌어 여자의 운명을 그리고, 여자를 빌어 '나'를 말한다.

이 글에는 작가의 분명한 의도가 있다. '나'의 원한을 말하려는 것이다. 하지만 직접 '나'의 입으로 변명을 하면 설득력이 강하지 않다. 때문에 작가는 한 여자의 원통한 이야기를 통하여 간접적으로 '나'의 원한에 맺힌 사실을 밝히려 하고 있다.

1. 여자를 빌어

작가는 이 글에서 여자를 빌어 '나'를 대변(代辯)하고 있다. 아래 여자의 언어를 세세히 해부하는 것으로 작가의 의도를 밝히도록 하자.

우선 여자가 '나'의 반혁명분자라는 사실에 대한 직접적인 말을 통하여 '나'에 대해 변명을 하고 있다. 이러한 서술은 두 곳이다.

한번은 여자가 '나'의 소문에 대해 간단히 말하고는 "반혁명이라는 건 문화대혁명 때 말이 아닌가요. 지금도 이런 죄를 짓고 다니는 사람이 있나요? 그런데 사실이 아니면 왜 여기까지 와서 숨어 지내나요?"라고 반문한다. 여자의 이 말은 문화대혁명 때만 있을 수 있는 일을 지금 시대에도 나타나니 너무도 어처구니없다는 뜻이다. 이에 대해 '나'는 아무런 해석도 없고 다만 "너무 원한이 깊어서요."라는 말로 얼버무린다. 여자의 어처구니없다는 말에 무슨 해석도 필요 없는 것이다. 또 한번은 결말부분에서 "얘들아, 이분은 좋은 분이란다."고 한다. 여자가 낮에 감히 사람들 앞에 나서지도 못하면서 '나'를 위해 사람들의 이상한 눈길도 아랑곳하지 않고 변명할 수 있다는 것은 '나'가 정말로 억울하다는 것을 뜻한다.

여자의 이러한 '나'를 위한 직접적인 변명은 이 두 곳 외에는 더 이상 찾아볼 수 없다. 하지만 작가는 '나'에 대한 변명을 여자의 이야기 속에 숨겨 놓았다.

이야기를 전개해나가는 과정에 '원한'이 깊은 것으로 두 사람을 연결해놓는다. '나'는 여자의 반문에 "너무 원한이 깊어서요."라는 말밖에 하지 않는다. 하지만 이 말은 여자의 이야기 속에서 이어간다. 여자는 세 번이나 자기의 이야기 속에서 원한이 깊다고 한다. '나'의 원한이 여자의 원한으로 이어가는 것이다. 이러한 맥락에서 볼 때 여자가 바로 '나'이다. 특히 여자가 떠나면서 '나'에게 하는 말은 바로 작중의 '나'가 하려는 말이다.

아저씨 오지 마요! 가까이 오면 비참해져요. 아직도 원한이 가시지 않았어요. 원한 때문에 피가 자꾸 끓었어요. 나의 몸에서 뜯어낸 살이 아저씨 피부에 이식되지 않았던 것도 원한 때문이라고 그랬어요. 그렇게 사람을 죽이고 아저씨까지 다 불에 태워놓은 나의 얼굴도 처참해졌어요. 햇빛을 볼 수 없어요. 낮에 나를 만나는 사람들은 나의 눈에 눈동자가 보이지 않는다고 그래요. 그리고 울 때는 입술과 턱에 살들이 고름처럼 뚝뚝 떨어진대요. 이것이 어디 산 사람이에요. 시체가 아니나요…….

-「꽃처럼 붉은 울음 밤새 울었다」 중

여기서 여자가 스스로 '가까이 오면 비참해'진다고 한다. 그럴 리가 없다. 문둥이도 아닌 여자를 가까이 하면 전염될 가능성도 없다. 하지만 이 말을 '나'가 한 것으로 생각한다면 해석이 가능하다. 왜냐하면 작가를 가까이 하면 비참해질 수 있는 것이다. '나'는 반혁명분자라고 인정되었기 때문에 '나'와 거리를 가까이 하면 연루될 수 있다. 여태까지 '나'의 '원한이 가시지 않았'으며 '원한 때문에 피가 자꾸 끓'고 있다. 내가 지금 사는 상황은 '어디 산 사람이에요. 시체가 아니나요' 이게 바로 '반혁명분자'라는 누명을 쓰게 된 '나'의 신세이다.

여기까지 밝히고 나면 독자들은 이상한 생각이 들 것이다. 무슨 근거로 여자가 바로 '나'라는 것인가? 원인은 간단하다. 작가가 '나'와 여자를 연결시키기 위하여 여자가 '나'에게 이야기를 해주기 전에 두 사람이 손을 잡는 장면을 설치해 놓은 것이다. 손을 잡는 것으로 여자로부터 나에게 통할 수 있는 징검다리를 놓아둔 것이다. 이로 하여 서로의 믿음을 얻고 의사소통이 이루어지며 나의 원통함을 여자에게 말해주지 않지만 여자가 나를 대변할 수도 있는 것이다.

위에서 살펴보듯 여자의 원한은 곧 '나'의 원한이다. 여자가 문둥이가 아니라는 사실도 '나'가 반혁명분자가 아니라는 것을 증명해준다. 동시에 '나'와 여자가 사회의 버림을 받은 처절한 운명을 그려냈다. 여기서 여자를 빌어 '나'를 말하는 것은 독자들로 하여금 중국의 쌍황(双簧)을 방불케 한다.

2. '나'의 원한

작중에서 '나'가 반혁명분자란 사실에 대한 해석은 한 곳도 없다. 다만 여자가 물었을 때 "반혁명활동? 제가요?" "모해(謀害)받은 건데." "너무 원한이 깊어서요."라는 말밖에 없다. 이러한 말로 독자들의 이해를 바란다면 완전히 불가능한 것이다. 하지만 작가 자신이 아무리 변명을 늘어놓는다 해도 남의 입으로 말하는 것보다는 훨씬 설복력이 낫다. 때문에 작가는 자기에 대한 변명을 여자에게 맡겨놓았다. 하나는 여자로 하여금 나를 위해 변명하게 하고 다른 하나는 여자의 이야기 속에 자기의 변명하는 말을 심어놓는 것이다.

작중에는 '나'의 억울함이나 슬픔, 고통에 대해서는 단 한 마디의 언급도 없다. 원한은 몇 가지 간단한 묘사로 나타난다. 즉 '나'의 환청에서 환각으로 가는 느낌으로 이루어진다. 혼자 밤중에 '토마토를 뜯어먹으러 나왔'다가 한 여자의 목소리를 듣자 환청인 줄 알고 한숨을 내쉰다. 그리고는 "내가 어쩌다가 이 모양이 됐나, 이러다가 정말 정신병이 올지도 모르겠구나." 하고 혼자 중얼거린다. 어떤 억울함을 당했기에 오죽했으면 정신병이 날 정도였을까! 독자들에게 충분히 상상할 여지를 남겨준다. 또 여자가 '나'와 이야기를 나누고 나무에 기대어 울고 나무를 미친 듯이 때리는 장면을 보고 환각현상으로 느낀다. 환청과 환각은 정신분열증 환자에게 나타나는 증상이다. 정상적인 사람은 이러한 느낌을 가질 수 없다. 너무나도 간단한 이 말에서 우리는 '나'가 얼마나 큰 정신적인 핍박을 받았기에 정신분열증에 걸릴 정도였는가를 짐작할 수 있다. 이러한 간단한 서술에서 우리는 '나'가 받는 정신적인 고통과 슬픔을 충분히 이해하고도 남음이 있다.

3. 여자를 넘어

작가는 글 속에 여자의 애달픈 이야기를 삽입하여 독자들의 공감을 불러일으킨다. 여자는 자기의 원한을 숨어 다니는 '나'한테 할 수 있지만 '나'는 하소연할 사람도 없다. 그 슬픔이 더욱 격렬하고 심한 것이다.

여자의 사랑과 증오는 작가의 현실사회에 대한 사랑과 증오라고 할 수도 있겠다. 여자는 자기를 배반하는 남자에 대한 증오로 인해 불사르게 되지만 또 자기의 목숨을 내걸고 피부를 이식할 정도로 사랑한다. 이것 역시 작가가 사회에 대한 사랑과 증오와 동일한 차원에서 논한다고 볼 수 있다. '나'는 사회에 대해 사랑이 넘치지만 사회는 알아주지 않고 '나'의 사랑을 왜곡하는 것이다. 사회 사람들이 '나'를 알아주지 않는 것에 대한 증오이다.

위의 인용부분에서 "그렇게 사람을 죽이고 아저씨까지 다 불에 태워놓은 나의 얼굴도 처참해졌어요."라는 것은 작가가 사회에 대한 불만을 토로한 것이라 하겠다. 세상에 사람의 생명을 빼앗는 것보다 더 큰 죄는 없을 것이다. 하지만 사람을 죽인 여자는 잡혀가지 않고 아무 죄도 없는 나는 '반혁명분자'라는 모자를 쓰고 잡혀간다. 그 원통함은 더 말할 나위 없다. 공안국은 법을 집행하는 곳으로 죄를 범한 범죄자는 잡아가지 않고 죄 없는 '나'를 잡아간다. 정사를 보지 않는 집법기관(執法機關)을 풍자한 것이라고도 볼 수 있겠다. 선악이 전도(顚倒)된 사회를 저주한다. 작가는 이러한 죄를 범한 여자가 잡혀가지 않는 것으로 하여 여자의 얼굴을 처참하게 만들어 놓는다(왜냐하면 앞에서 여자는 "나도 얼굴만 무사했지 온 몸이 상처투성이 됐죠."라고 했는데 여자의 얼굴은 피부이식을 하지 않은 것이다. 하지만 여기서는 여자가 얼굴도 처참해졌다고 한다. 때문에 이것은 작가가 고의로 이렇게 만들어 놓은 것이라고 할 수 있다). 법의 처벌을 받지 못하면 천벌을 받으라는 것이다. 여기서는 작가의 인과응보사상을 드러내고 있다.

4. 상징적 의미

이 글에서 여자는 증오로 인하여 아저씨와 사촌 동생이 자는 방에 불질러놓는다. 여기서의 불은 제목의 붉은 꽃과 함께 상징적 의미를 지니고 있다.

붉은 색은 핏빛이다. 생명을 상징하는 것으로 피와 관계가 있고, 피가 넘칠 때 그것은 격정을 상징하게 된다. '문둥이'에서는 붉은 색을 꽃으로 비유하였는데 피를 토하듯 우는 슬픈 울음을 '꽃처럼 붉은 울음 밤새 울었다'는 것으로 표현한 것이다.

여기에서의 붉은 꽃은 울음의 처절한 농도를 강조한 것이지만 동시에 구원받으려는 욕망도 표현하고 있다. 그림형제의 『요린데와 요링겔』에서 '붉은 꽃'은 마법을 풀 수 있는 꽃이다. 요린데가 마법사의 마술에 나이팅겔이 되었는데 요링겔은 꿈속에서 붉은 꽃이 요린데를 구할 수 있다는 것을 알게 된다. 그래서 그 붉은 꽃을 찾아 마법사를 정복하고 요린데를 원래 모습으로 돌아오게 한다. 붉은 꽃으로 요린데를 구원하게 되는 것이다. '꽃처럼 붉은 울음 밤새 울었다'의 제목은 서정주의 시에서 표현했듯이 동시에 붉은 꽃으로 구원받으려는 욕망을 간절하게 표현하였다고 본다. 왜냐하면 문둥이, 여자, '나'는 모두 삶의 세계로부터 격리되어 소외된 삶을 살아가는 인간들이다. 이들은 정상인과 똑같은 정신을 가졌기 때문에 모든 행복과 꿈을 키울 수 있으리라 생각되지만 모든 것을 박탈당하고 말아야 한다. 때문에 작가는 '문둥이'의 이 구절을 빌어 동일한 의미에서 이들의 구원받으려는 욕망을 드러내고 있다.

불은 순화(純化)와 재생을 상징한다. 여자는 자신을 배반한 남자와 사촌 동생에게 불질러놓음으로써 모든 걸 소멸시키고 모든 사물을 무로 만들려 한다. 사랑도 증오도 훨훨 타오르는 불길을 따라 모두 사라진다. 그 과정에서 또 새로운 사랑을 재생하게 된다. 여자는 만신창이 되도록 자기의 피부를 뜯어서 사랑하는 남자에게 이식하려 한다. 더욱 성스러운 사랑을 갖게 된 것이다.

여자는 자기의 피부를 사랑하는 남자에게 이식하려 하지만 도저히 이식되지 않는다. 이것은 저주받은 여자의 운명을 상징하는 것이다. 여자는 자기의 피부를 이식하는 것으로 사람을 죽인 자기의 죄를 씻으려고 하지만 성공하지 못한다. 때문에 속죄를 못하는 여자는 더욱 고통스럽다. 여자가 법의 처벌을 받는다면 원한이 풀릴지도 모른다. 하지만 잡혀가지도 않고 죽지도 못하며 살아가야 한다. 여자의 처절한 운명을 그리고 있다.

문둥병에 걸린 사람은 입술이 썩어가고 눈동자가 떨어질 수 있다고 한다. 하지만 작가는 분명히 문둥이도 아닌 여자를 왜 이렇게 묘사했을까? 작중에 여자가 손으로 입을 막고 눈동자가 보이지 않는다는 장면이 여러 번 나온다(손으로 입을 막는 장면이 네 번, 눈동자가 보이지 않는 뜻으로 쓰인 장면이 다섯 번). 피부이식으로 인해 입술이 썩고 눈동자가 떨어질 수 없다. 때문에 작가는 여기에 어떠한 상징적 의미를 부여했다고 볼 수 있다. 세상에 '나'가 반혁명분자가 아니라는 사실을 아는 사람이 없을 수 없다. 하지만 누구도 작가를 위하여 변명하려는 사람이 없다. 때문에 작가는 입술이 썩고 눈동자가 없는 여자를 작품에 설치하여 진실을 말하지 못하고 진실을 보지 못하는 사람들을 상징한 것이라고 볼 수 있다. 진정으로 입술이 썩고 눈동자가 없는 여자도 '나'를 위해 모든 위험을 무릅쓰고 변명할 수 있는데 하물며 입도 눈도 정상인 사람들이 왜 '나'를 위해 진실을 말해줄 수 없는가!

5. 맺으며

이 글을 처음 읽으면서 작가의 감정이 조금도 개입되지 않고 조리 정연하게 스토리를 엮어가는 차분한 필치에 놀라지 않을 수 없다. 수필이랄까 소설이랄까 고민하지 않을 수도 없다. 분명히 자기의 사실을 쓰면서도 이렇게 냉정하고 이지적일 수 있는가? 이것은 필자가 작가의 '한 기생의 비참한 이야기'를 읽고 두 번 다시 느끼는 글이다. 하지만 이렇게 훌륭한 글임에도 불구하고 몇 가지 문제점을 드러내고 있다.

작가는 여자의 입이 문제가 있다는 것을 강조하기 위하여 여러 차례 손으로 입을 막는 장면을 썼다. "내가 뒤에서 서자 여자는 입을 가렸던 손을 내렸다."고 한다. 그러다가 "여자는 손을 들어 앞에 있는 자그마한 공지를 가리키면서 말"하기도 한다. 하지만 "여자는 말하는 도중에" 또 "내내 입을 막고 있었던 손을 내리"게 된다. 이것은 반복된 서술이다. 작가의 세심하지 못한 부분이라 할 수 있겠다.

글 속의 독자들에게 심적 충격을 주는 여자에 대한 기이한 이야기는 작가의 의도는 도달했다고 할 수 있지만 너무도 현실적이지 못하여 오히려 반작용을 불러일으킬 수 있다. 독자들은 여자의 이야기에 감동을 느끼면서 다른 한편으로는 실감을 느끼지 못하게 된다. 글속의 허와 실을 판단할 수 없게 되고 자칫하면 독자들로 하여금 작가의 의도를 알아보지 못하게 할 가능성이 있다. 진실성을 상실하여 작가 자신에 대한 변명이 약해질 수 있기 때문이다.

작가가 수필 속에 허구적인 이야기를 꾸며놓고 수필이라고 발표를 하는 것은 작가 자신의 의도가 숨어있기 때문이라고 생각된다. 그것은 작가 자신의 반혁명분자가 아니라는 진실을 밝히기 위한 것이다. 동시에 이 글을 통하여 진실을 보지 못하는 사회를 저주하고 있다.

이 글을 수필이라고 볼 수 있는 것은 여자란 예술적 형상을 통하여 작가 자신을 말하려는 것 때문이다. 주지하다시피 작가가 반혁명분자로 여겨지고 공안국에 수차 잡혀간 것도 사실이다. 때문에 작가는 이 글을 써서 자기에 대한 변명을 하자는 것이다. 작가가 그 경과를 상세하게 설명하고 억울한 기분을 서술한다면 설득력이 강하지 않다. 여자의 원한을 빌어 작가 자신을 대변(代辯)하면 독자들은 여자를 통해 작가와 공감을 이룰 수 있으며 여자의 입을 빌어 작가가 하려는 말을 할 수 있다.

이러한 여자의 삶을 수필 속에 그려냄으로써 독자들의 심금을 울리는 능력이 있기 때문에 작가 자신에 대한 변명은 한 마디도 필요

없다. 때문에 이 글에서 '나'의 원한을 푸는 것은 이야기 속에 숨겨둔 작가의 의도라 할 수 있다.

평론 5

김향단 (문학연구생, 서울대 국어국문학과 현대문학 박사과정)

풍자적 메시지를 통한 부패정권에 대한 비판

유순호 작가의 「창녀예찬」(2006년 11월호 『송화강』 발표)은 한편의 상식과 규범을 비트는 파격적인 작품으로서 기상천외하게도 몸 파는 창녀에 대한 찬가를 통하여 사회현실을 비판하고 있다. 더욱이 해학적인 유머와 신랄한 풍자로 오늘의 현실을 만들어내고 있는 집권정당과 부패정권에 대한 비판은 보통 비판의 한계를 훨씬 뛰어넘어 질타에 가깝기 때문에 이 글을 읽는 독자들에게 던지는 충격은 간단치 않다.

1. 창녀의 세계

이 글에서 창녀는 매음하는 기생만이 아닌 특수한 의미가 내포되어 있는 존재로 된다. 작가는 창녀를 한 인간으로 보고 전 인간세상을 창녀의 세계로 축소시켜 현실세계를 드러냄으로써 풍자적인 효과를 거두었다.

여기서 창녀란 비유를 통해 인간세계를 세 가지로 구분할 수 있다. 첫째는 백성들을 착취하는 집권정당, 둘째는 노예처럼 이런 집권정당을 따르는 인간들, 셋째는 순수하고 소박한 민중들이다.

창녀라는 그 생탄의 역사가 무섭도록 유구(悠久)한만큼 우리 인류의 역사도 기나긴 세월을 지나왔다. 그러면서도 '나'는 그 "몸 파는 창녀의 얼굴을 본 일은 없다." 여태까지 우리의 집권정당에 대해서 한번도 자세하게 본 적이 없다. 다만 단순하게 그러한 것이라고 생각했을 따름이다. '내'가 암창가(暗娼街)에 가서 보니 창녀는 술상을 배석(陪席)하고 추파를 던지며 꼬리 치는 양이 그대로 보인다. 이 또한 집권정당이 자기의 세력을 공고하기 위해 민중들을 미혹시키는 것이 아닐까? 그러면서도 '나'는 그 유혹에 빠져 들어가지 않을 수가 없다.

그런가 하면 '몸과 영혼과 육신까지 모두 바쳐가며 신비와 우상(偶像)의 노예'로 되는 인간들도 있다. 어떠한 세력도 없어 그 세력에 위탁하여 살아가려는 기생충 같은 인간들이다. 진실을 숨기고 집권정당을 무조건 따라가는 그 비천한 인간들이다.

위의 두 인간들과 비해 창녀들이야 말로 참된 인간이라는 놀랍도록 독특한 발상을 펼쳐냈다. 즉 순수하고 소박한 민중들인 것이다. 돈만 내놓으면, 꼭 몸을 준다는 믿음과 돈만 내놓으면 꼭 몸을 가질 수도 있다는 진실된 게임을 출연하는 아름답고도 소박한 민중들이다. 그 어느 정치인들, 예술인들, 학자들, 교수들에 비해 더없이 순수하고 진실을 지켜나가는 인간들이다.

이렇게 작가는 창녀 중심으로 인간세계를 세 가지로 구분하고 서로 비교하면서 그 풍자성을 점차적으로 드러내고 있다. 이 글에서 집권정당의 실체를 창녀에 비유하는 것만으로도 무한한 풍자적인 효과를 보여준다. 유구한 역사를 갖고 있는 인류사회에 기생은 줄곧 음탕한 것, 더러운 것으로 여겨졌다. 허나 지금 사회에 정인군자들로 일컬어지고 있는 정치인, 예술인, 학자들, 교수들이 창녀보다 못하다느니 그 풍자와 비판의 심도가 얼마나 깊은 것인가는 불언자명(不言

自明)하다.

창녀들에게 몸 팔고 돈 받는 것은 당연한 것으로 생각되기 때문에 심지어 '매음사상'과 '창녀이론' 따위는 전혀 필요 없는 것이다. 하지만 정인군자들에게는 이런 사상과 이론을 오히려 배워야 한다. 또한 이 세상에 어떤 기아가 닥쳐 인류의 모든 짐승들이 다 굶어죽었더라도 창녀들의 기아는 멀리 사내들의 후에 속하는 것이 아닌가 하는 것은 기생들에게는 다소나마 그 신비스러운 숭고한 정신이 남아있는 것 때문이 아닐까? 그 숭고한 정신만으로도 더 오래 살 수 있다.

이에 비해 소위 정인군자로 자칭하는 사람들은 무엇이 있는가? 그 더러움 외에는 아무것도 없지 않은가? 이 더러운 세상 속에서도 귀신같이 건강을 지켜낸다는 것은 또한 순수하고 소박한 민중들의 그 끈질긴 삶을 말하는 것이 아닐까? 부패무능한 집권정당은 멸할지라도 민중들은 영원히 살아남는다.

이 글에서 작가는 집권정당의 부패무능을 비판하는 한편 소위 정인군자들이라는 정치인들, 예술인들, 학자들, 교수들이 위선적인 인간임을 비판하고 있다. 창녀는 몸을 팔면서 떳떳하게 승인하고 돈을 받아가지만 이른바 정인군자들은 오히려 자기 스스로 진실을 말하지 못할 뿐만 아니라 남들까지도 진실을 말하지 못하게 하는 위선적인 인간들이다.

2. '나'의 체험

이 글에서 창녀에 대한 예찬을 서술하는 과정에 시종일관 '나'가 있다. 이것은 자신의 실제 체험으로부터 시작하여 사회현실의 진상을 실감있게 보여주고 있다.

우선 '내'가 창녀들이 몸 파는 암창가에 몇 번 가보았던 적이 있는 것으로부터 시작된다. 그러나 "단 한번도 또렷하게 몸 파는 창녀의 얼굴을 본 일은 없다." 이것은 작가가 시종 이런 현실 속에 살면서도 집권정당의 정체성에 대해 자각하지 못했다는 것을 의미한다. 또한 그 유구한 역사 속에서도 줄곧 깨어나지 못하는 민중들을 뜻하기도 한다.

더 나아가 술상에서 창녀들의 추파를 던지는 것과 그 꼬리 치는 양을 보게 된다. 집권정당에 대해 어떠한 본질을 볼 듯 말 듯 하면서도 "창녀의 허리 아랫도리 자체를 탐하기에 더 급급하다." 결국은 그 유혹에 넘어가고 마는 것이다. 한편으로는 그런 양을 정으로 대하지 않을 수 없다는 것은 '나' 개인의 힘으로서는 도저히 막을 수 없는 그런 사회의 흐름 속에서 하는 수 없이 따라가야 할 신세가 아닌가!

이러한 맥락에서 볼 때 뱀처럼 나의 몸 위로 기어오르는 창녀와 섹스를 하는 것은 '나'의 진정한 실제 체험이라 할 수 있겠다. 이러한 체험은 작가님이 이런 집권정당 혹은 이른바 정인군자와의 어떠한 실제 체험에서 온 것이 아닐까? 그때에야 '나'는 비로소 그 창녀를 또렷하게 보아낼 수 있었다. 이 부분이 '내'가 집권정당의 정체성을 또렷하게 보아낼 수 있는 고조를 이루게 된다. 그러나 진작 창녀를 자세히 보게 되자 또 집권정당, 정인군자들과 비교하게 된다. 왜냐 하면 집권정당은 창녀보다도 못하다는 것이다.

창녀는 몸만 팔고 영혼은 팔지 않는 것이지만 이들은 영혼까지도 팔아먹는 것이다. '창녀야말로 우리 시대 정인군자들의 삶의 표본이 되기에 전혀 부끄럽지가 않다'고 생각하게 된다. 창녀가 정인군자들의 삶의 표본으로 된다는 것은 그야말로 상상하기 어려운 것이다. 풍자성이 그대로 드러나고 있다.

3. 창녀는 '민주주의 꽃'인가?

이어서 창녀에 대한 작가의 정의는 '민주주의 꽃'으로까지 비약되는 것은 누가 뭐라 해도 받아들여질 수 없는 것이지만, 본문에서 이와 같은 비약은 아무런 거부감도 주지 않을 뿐더러 도리어 호쾌함까지 불러일으킨다. 원인은 간단하다. 창녀로 대변되는 '민주주의 꽃'의 반대편에는 작가가 많은 필묵을 들여가면서 창녀보다 못하다고 타매하고 있는 위선적인 인간군상들이 포진하고 있으며 이런 인간군상들이 양산되는 정치적인 배경을 전체주의로 못박고 있다.

따라서 전체주의 구도로 경영되는 국가에서는 절대적인 권력하의 몸뿐만 아니라 영혼까지 파는 노예근성을 가진 인간군상들이 무더기로 나타나고 있음에 대하여 비판하고 있다.

> 누가 들어보았는가, 娼女들에 의해 나라가 망했다는 소리는 없다. 그러나 영혼을 팔아먹는 자들에 의해 나라가 망한 사례는 얼마든지 있다. 세계 첫 사회주의 공산대국 소련이 그렇게 무너졌다. 뿐만 아니라 오늘도 사회주의 국가들에서는 自體의 內部 腐敗 때문에 자신들의 執權政黨이 무너질 수도 있다고 自省하고 警戒하고 있다고 한다.
>
> -「창녀예찬」 중

여기서 작가의 의도는 명백하게 드러나고 있다. 그는 전체주의 구도에 대한 비판보다는 그런 구도하에서 무더기로 양산되고 있는 노예근성자들이 결국 나라를 망쳐가고 있음을 사회주의 원조국가인 소련공산당이 무너진 실례를 들어가고 있다.

하지만 작가의 창녀에 대한 찬가를 든든하게 버티고 있는 중심축만큼은 명백하다. 겉은 강대하나 속은 부패와 무능으로 넘치고 있는 전체주의 정치구도를 싸늘한 웃음으로 꼬집는가 하면, 나아가서 과감하게 대적하는 비판 정신이 바로 그것이다. 이 작품에서도 작가는 오히려 몸을 파는 창녀들보다도 몸과 정신과 영혼을 모조리 파는 정신과 영혼의 노예들을 신랄하면서도 해학적인 필치로 속 시원히 폭로하고 질타한다.

그러면서 하다못해 작가는 이런 자들에게 창녀들의 귀신같은 건강을 지킬 수 있는 섭생법(攝生法)을 배우라고까지 호소하게 된다. 뿐만 아니라 '나'는 "다시 암창가에 놀러갈 기회가 생긴다면 이번만큼은 꼭 창녀들의 얼굴을 똑똑하게 들여다보아야겠다."는 고백을 하며 본문을 마친다. 여기서 작가는 다음과 같이 말하고 있음을 알 수 있다.

사실 '나'는 어느 누구보다도 그 얼굴을 똑똑하게 들여다보았다. 집권 성당의 그 부패무능함과 노예처럼 따라다니는 무능한 자들의 본질을.

여기서는 본말이 전도된 창녀보다 못한 세상을 풍자와 해학으로 꼬집는 작가이면서 작중의 화자인 '나'의 자각을 역설적으로 아주 잘 드러내고 있는 것이다. 결국 누구도 진실을 말하지 못하는 이 세상에 창녀만이 그 진실이라는 '매음사상' 과 '창녀이론'을 지켜가면서 참된 인간의 삶을 살고 있다는 것이다.

그리하여 이 글은 창녀란 외피를 통하여 위선적인 인간들의 추악한 몰골을 절실하게 비판, 풍자하였다. 이 또한 작가의 실제 체험이 아니고서는 인간세상의 이러한 현실을 똑똑하게 보아낼 수 있겠는가!

4. 문제점

읽는 도중 머리에 쏙 들어오는 형상과 고루하지 않은 주제와 그것을 비교성 있게 풀어내는 재주에 독자들이 금세 빨려들게 만들 뿐만 아니라 전편에 넘치는 기지, 신랄한 풍자와 해학양식의 독창성으로 인해 이 작품의 의미는 두말할 것도 없이 높다. 그럼에도 불구하고 문학적인 매력으로 높은 점수를 주기에는 석연치 않은 구석이 간단없이 드러나고 있다.

무엇보다도 주제전개가 박진감 있게 펼쳐져오던 중에 탈선하여 감정의 직서적인 표출은 문학성을 손상주는 원인이 되었다. 창녀라고 하면 일반적으로 부정적인 이미지로 안겨오는 사실이다. 이와 같은 사실을 뒤엎어 긍정적인 이미지로 부각하기 위한 대칭점에다가 작가는 이 세계의 모든 인류의 정치인들, 예술인들, 학자들, 교수들을 줄줄이 세워놓고 그들을 가리켜 매일과 같이 진실을 말하지 못하고 살며, 종당에는 진실을 말하는 남들까지도 진실을 말하지 못하게 만들고 있다고 타매하고 있는 것은 어불성설이다.

이와 같은 아슬아슬한 직설적인 표현은 한두 번이 아니고 여러 차례 반복된다. 그리하여 시작과 결말부분에서 작가이며 작중의 화자이기도 한 '나'가 사창가에 다니면서 창녀들과 만나고, 나중에라도 다시 사창가를 찾아 그동안 한번도 똑똑히 들여다본 적 없었던 창녀의 얼굴을 자세하게 들여다보아야겠다는 것으로 맥락을 내리는 것은 겉치레에 불과하다는 인상을 주고 있다. 이 과정에서 보이는 확정지을 수 없는 작가의 성격과 부정과 긍정의 내적 분열은 특유의 풍자와 위트, 해학과 아이러니를 구사한 보람이 없게 만드는 위험성도 다분하게 동반한다는 점에서 이 수필은 보다 신문칼럼 쪽에 가깝고 문학적으로 바짝 접근하지 못한 유감을 낳고 있다.

창녀예찬

평론 6

박미현 (컬럼비아대학 국제대학원)

민중의 끈질긴 생명력에 대한 찬가

유순호 작가의 「풀 냄새나는 애인은 아름답다」(이하 풀 냄새로)는 그 작품의 표면적 문맥은 굳이 해설할 필요조차 없을 만큼 비교적 단순하다고 보아야 한다. 숨기지 않고 너무 째듯이 드러내놓는 직설적인 서술법을 사용하였기 때문이다. 그러나 땅 위에 숱하게 돋아나 있는 풀이 비를 몰아오는 바람에 나부껴 눕고 울다가 마침내는 바람보다 먼저 일어나고 웃는다고 한 한국 시인 김수영의 민중(民衆)의 끈질긴 생명력을 보여주는 시 '풀'을 연상시킨다.

애인과 섹스라는 두 복합적이면서도 편면적인 이미지를 창출하는 과정에서 단순한 내용만으로 요약할 수 없는 미묘한 느낌과 반복되는 말을 통한 리듬의 흐름이 의미를 따지기 이전에 어떤 은밀한 공감을 일으키는 점은 유의하지 않을 수 없으며 이것은 이 수필의 특이한 점이라고 해야 할 것이다.

그렇지만 이 수필은 분명히 섹스와 풀 냄새나는 여자의 생명 그 자체만을 노래하고자 한 것은 아니다. 섹스와 여자와 풀 냄새는 어떤 상징적 의미를 함축하고 있다. 그것은 대체 어떤 것일까?

주지하다시피 풀은 세상에 있는 생물 중에서 가장 흔한 것이다. 그것은 어디에나 있다. 풀은 또한 모든 목숨 가진 것들 중에서 가장 질긴 생명력을 지닌 것이다. 그것은 일부러 가꾸지 않아도 여기저기서 자라나고, 없애려고 하여도 없어지지 않는다. 이와 같은 속성으로 해서 풀은 '세상에 무수히 많이 있으면서 어떤 시련에도 견디어 내는 끈질긴 생명력을 가진 존재'라는 의미로 쉽게 이해된다.

유순호 작가의 수필에서 보여주는 여자와의 섹스로 이어지는 인간의 생명력이 바로 이와 같은 상징적인 의미를 내포하고 있다고 보면 틀림없을 것이다. 작품의 문맥에 의하면 과거라는 시대는 이러한 풀의 생명을 억누르는 어떤 악세력에 해당한다. 그 억누름은 과거에는 쉽게 성공했으나 지금은 아니다. 굳게 닫혔던 트로이의 성문처럼 비유되었으나 지금은 무너졌다.

주인공 애인은 애인을 찾아 질서없이 달린다. 그러나 왕성한 인간의 생명을 보여준다. 그리고 그 같은 여자를 아름답다고 노래하는 작가의 의도는 그 여자의 바람피우기로 인해 조선족 민족전체가 스스로의 삶을 지키고자 싸우면서 일어나려 하는 모습을 보여주고 있다. 이처럼 작품을 인간승리로 이끌어간 것은 이 작품의 매력이다.

이제 '풀 냄새'의 근본적 의미는 대략 드러난다. 풀 냄새와 애인과 섹스는 곧 이 세상에 무수히 존재하는 굳센 생명들과 그것을 일시적으로 억누르고 괴롭히는 힘과의 싸움이다. 이 싸움을 노래하면서 유순호 작가는 과거에 있어서는 바람피우기나 불륜으로 보였을 방탕스러움도 실제로는 모든 억압을 이겨내는 것임을 지극히 평범하고 지어는 불성스러워 보이기까지 한 바람피우기와 섹스, 불륜 등과 같은 질서없는 삶속에다가 조금도 흔들림 없이 당당하게 구사하고 있다.

그리하여 이와 같은 일반적 의미는 좀 더 구체적으로 해석할 수 있게 되었다. 즉 오랜 역사를 통하여 억세고 질긴 삶을 지켜 온 조선족 민족과 그들을 일시적으로 억압하는 사회 세력과의 관계를 암시하는 것으로도 이해될 수 있지 않을까.

실제로 매일과 같이 하지 않으면 삶의 절주와 리듬 자체가 파괴될 수 있는 인간의 성은, 풀 냄새를 풍기는 여자가 남자를 찾아 질서없이 그러나 힘있게 달리는 과정에서 끊임없는 시련을 견뎌내고 삶을 지키고 번성하였듯이 그렇게 살아 왔던 조선족 민족의 승리하는 모습을 상상하는 것은 극히 자연스럽다. 바로 그런 의미에서 유순호 작가의 '풀 냄새'는 높이 평가받아 아무런 하자없다고 본다.

이와 같은 해석을 거쳐서 본다면 유순호작가의 이번 수필은 역사 안에서 끊임없는 시련을 받으며 살아 온 조선족 민족이 결국은 그들을 누르는 일시적 강제의 힘을 이겨내는 생명력의 원천임을 노래하고 있는 것이라고 본다. 이상 나름대로의 이해와 감상을 적어본다.

창녀예찬

평론 7

김성희 (서울대 비교문학 박사과정)

유순호 수필에서 읽는 포스트모더니즘

- 서사로 펼치는 수필 미학 한 마당

1. 들어가며

유순호의 수필들은 대부분 소설가들이 즐겨 쓰곤 하는 서사수필이 주류를 이루고 있는데, 다른 많은 소설가 출신 작가들이 쏟아내고 있는 수필문학작품들은 그 특성상 자기 체험적 이야기들로 기록되고 있으며 비교적 진실하고 솔직하게 기록되기 때문에, 문학성의 한계 안에서 자칫 읽히는 맛 곧 재미를 잃어오고 있다. 그렇게 익명이나 또는 허구의 내용을 주선으로 설정하고 창작하는 과정에서 제약을 받고 있기 때문에, 거의 대부분 수필작품들은 그런 한계와 부담을 안고 실패작으로 끝나게 되는 경우가 많다. 그리하여 소설가 출신의 작가들이 써내는 수필문학은 당연히 상당히 재미있고 맛깔스럽게 읽혀질 수 있으리라고 생각했던 기대와 어긋나는 경우가 오히려 수필가가 쓰는 수필작품보다도 더 많다. 상식적으로 수필가는 소설을 쓰지 못하지만 소설가는 수필을 아주 쉽게 쓰는데, 바로 그렇게 쉽게 쓰는 수필들에서 오히려 소설을 쓸 때만큼이나 필요로 하는 상당한 기술과 그 기술을 드러내는 문장력 구성 또는 문장 표현력을 제대로 발휘하지 못하는 경우가 많기 때문이다.

만약 소설가가 소설을 쓸 때만큼의 기술과 표현력 그리고 서사짜

임새로 수필작품을 쓴다면 구경 어떤 모양의 작품이 만들어질까 하는 생각을 해봤고 유순호의 다수 수필문학에서 간단없이 그런 작품들과 만나게 되었다. 분명한바 우리가 이때까지 이해하고 있는바 대로라면 소설은 픽션의 이야기며, 수필은 논픽션의 글로 알고 있는데 유순호의 전체 수필작품들은 있을 법한 거짓말의 이야기를 실제 있는 것처럼 사실적으로 그려내는데 그 매력이 있다. 그렇다고 그것을 소설로 볼 수 없는 것은 아무도 그것을 거짓말 이야기로 단정할 수 있는 근거가 없기 때문이다. 뿐만 아니라 수필작품 안에 흐르고 있는 정리는 다분히 시적인 抒情을 갖고 있으며 빈틈없이 흘러나가는 긴박한 敍述은 결코 수필가 출신의 수필작품들에서는 여간해서 보기 힘들다. 그러는 가운데서 독자들이 구경 實像인지 虛像인지를 판단하기 어려운 이야기를 대상으로 써나갈 때 이것이 고백문학인지 자조문학인지 그 성격마저 판단할 수 없는데도 결코 그의 진실을 의심하지 않는다. 그토록 유순호의 수필작품들은 진솔한 감정의 효과적 표현을 아주 능란하게 완성해내기 때문에, 무릇 유순호의 수필작품을 읽게 되면 어김없이 작품속의 이야기를 통하여 독자들은 관조의 세계에 이르게 되고 감동으로 끝맺는다.

유순호의 수필작품에서 관조의 세계를 감동으로 이어놓는 기술은 또한 독자들에게 진한 여운으로 다가간다. 서사수필의 보편적인 특성에서 보여주듯이 할 말을 다 하고나면 어찌 보면 여운 따위는 없을 것 같지만, 유순호의 수필들은 대부분 읽고 나면 진한 여운이 남는다. 그 여운은 독자의 몫으로, 소설가 출신의 작가 유순호가 독자들에게 만들어낸 수필작품의 최고 선물이기도 하다.

수필문학의 새로운 혁명을 꾀하는 소설가 출신의 작가 유순호가 써내는 수필작품들은 그가 중국 조선족 문학 내지 나아가 한국 문학의 기본 형태에 갇혀있지 않으며, 한글문화의 폐쇄성 바깥에서 자유롭게 창작하는 작가임을 말해주고 있다. 조선족문화 내지 한글문화의 전통이 아닌 서구문화에 대한 향수와 동경 때문에 현재 미국에서 살고 있는 그의 문학작품 활동에서 각별히 주목하지 않으려야 않을 수가 없는 것은 바로 가장 많은 불확정성(indeterminacy)을 드러내 보이고 있는 수필작품들인 것이다.

2. 불확정성과 반리얼리즘

유순호 수필의 특색 중 하나는 고백문학도 자조문학도 아니며 픽션인지 논픽션인지 분간이 안 되는 점이다. 때문에 그의 많은 수필작품들에서는 기록극, 고백시, 역사극 등에서 주로 사용하는 양심적 리얼리즘(conscientious realism)과 그에 대조되는 의식적 리얼리즘(conscious realism)이 가장 극명하게 드러나면서도 둘은 서로 충돌하지 않고 자유분방하게 서로의 개연성을 가지고 혼용되기도 하는데 그렇게 진행되는 제2의 창조가 새로운 리얼리즘을 성취해내고 있다. 이를테면 「내가 사랑하는 조선족의 정조」, 「꽃처럼 붉은 울음 밤새 울었다」, 「나의 순애보」, 「사랑하라, 내일이 없을 것처럼」 등 수필들을 보면 고백문학 같기도 하면서 자조문학 같기도 하고, 서사수필로 시작되었으면서도 구구절절 형태적이고 상징적이면서 또한 토로적이고 가창적이다. 그리하여 형태와 비형태가 함께 출현하고 상징과 대비가 함께 어우러지며, 토로와 서술이 한데 겹쳐질 때에는 지금 읽고 있는 것이 수필인지 소설인지 분간하기 어려울 때가 있다. 뿐만 아니라 설화적 가창력은 장르까지 붕괴시키고 있다. 이처럼 거의 다른 작가들에게서는 구경할 수 없는 재현불가능(unrepresentability)한 경지에까지 이르러 있는데, 한마디로 타인의 모방과 추종을 거부하는 한계에까지 이르러 혼자 소모를 즐기고 예술고유의 양식을 모조리 파괴하고 있다. 때문에 이것은 반리얼리즘의 성격을 보여준다고 말할 수 있다.

이렇게 반리얼리즘을 바탕으로 진행되는 유순호의 수필작품들이 진행하고 있는 제 2의 창조에는 또한 시의 隱喩를 능가하는 독특한 상징미까지 가미되고 있어, 처음에 한번 읽어내려갈 때에는 평범한 서사가 펼쳐지고 있는 듯한 느낌이 들지만, 읽고 나서 아리송하여 다시 읽게 될 때에 이면에 숨겨져 보이지 않는 많은 이야기들과 자신 말고 누구에겐가 보내고 있을지 모를 비밀스런 메시지가 자기도 모르는 사이에 포착된다. 그럴 때 이미 화자는 이야기 속에서 천연덕스럽게 빠져나와 독자들과 함께 자기가 펼쳐온 서사에 대한 구경자가 된 듯이 이야기의 결미는 아주 상징적이면서도 내숭스럽게 마무리 된다. 이러한 것들은 바로 「내가 사랑하는 조선족의 정조」나 또는 「풀 냄새 나는 애인은 아름답다」, 「사랑하라, 내일이 없을 것처럼」과 같은 수필작품들에서 가장 두드러지게 나타난다. 이들 수필작품 속의 "내가 사랑하는 情調를 가진 조선족의 - 몸을 파는 여자", 그리고 "입에서 풀 냄새를 풍기는 - 바람 피는 애인", 또는 "불륜을 저지르고 싶어 하는 어린 계집애"와 같은 인물 형상들은 유순호 수필작품들에서만의 상징미에 흠뻑 젖어 아주 대담하고도 당당하게 독자들 앞으로 다가오곤 한다. 그리하여 원래 생명이 없는 것들이 유순호의 수필작품을 통하여 생명을 부여받게 되고, 원래 생명이 있는 것들엔 생명 이상의 특별한 의미가 부여되기도 한다.

이러는 과정에 보이는 유순호의 수필작품들이 펼쳐내고 있는 종류는 현란하게 다양하다. 적지 않은 수필들이 몽테뉴類 기법을 사용하여 우선은 자기 자신을 성찰하고, 그러는 과정에 문제를 제기하고 그 문제를 통하여 자신과 다른 사람의 내부 세계를 투시하려고 시도하다가 불과 두 단락을 넘기지 않고 홀연 경험적 귀납법으로 전환하는데, 단락과 단락의 이어짐이 어색하지 않고 자연스러울 뿐만 아니라 상당한 재치를 보여주고 있다. 반대로 수필서사가 시작에서 마감까지 계속 경수필(informal essay)형태로 전개된다면 결국 '나'를 노골적으로 드러낸 주관적 고백문학으로 끝맺어질 것은 틀림없다. 이렇게 된다면 결국 나를 드러내는 개성적 고백의 자조문학에 그치기 십상이고, 우리 한글 문화권에서 범람하듯이 유행을 타고 있는 신변잡기로 떨어져버릴 것은 자명한 일이다. 그러나 유순호의 수필작품들은 시작은 몽테뉴類 기법에서 아주 재치 있게 중수필(formal essay)로 전환하기 때문에, 그의 이야기 소재들은 아무리 '나'로 시작되었다 하더라도 어느 것 하나 객관화되지 않은 것이 없으며, 객관화되어버렸을 때 예지로 분석되고, '너'와 '나' 모두의 실생활과 관계되면서 독자들이 모두 받아들일 수 있는 보편적 진리를 펼쳐나간다.

원래 좋은 수필작품들은 지성인다운 품격을 바탕으로 대부분 철학과 사색, 관찰과 판단으로 귀납되는데 이것이 통상적으로 베이컨類 수필이 추구하는 가장 본질적인 요소 가운데 하나이기도 하다. 즉 유순호 수필작품 속에서 살아 숨 쉬는 이야기나 인물들은 거의 소설작품 속에서 서로 충돌을 일으키면서도 자신의 존재를 호소하기에 바쁜 모든 인물들 이상으로 '나'를 비롯한 모든 존재들이 객관화되고 있으며, 동시에 그런 이야기들이 다분히 문학적으로 서정화 되기도 한다. 때문에 그의 수필작품들은 어느 것 하나 문학적이지 않은 것이 없다. 지금까지 읽은 모든 수필작품들이 문학적으로 잘 형상화되어 있다.

유순호는 그렇게 형상을 살려내고 이야기를 만들어내는 데서 서사수필의 어떤 대가에게도 결코 짝지지 않는다. 이야기가 전개될 때에 거의 모든 언어들은 遊戱를 노는 것 같다. 실제로 그런 유희를 표현하고 있는 마술사 같은 느낌도 주고 있다. "여자"가 등장하고 "여자와의 성 행위"를 표현하는 상징어들이 등장할 때에, 유순호의 언어유희는 얄미울 정도로 자신을 적나라하게 등장시키지만, 이와 같은 등장을 통하여 참으로 많은 다른 이야기들을 끌어내기도 한다.

여기서 가장 대표적인 수필작품으로 「창녀예찬」과 함께 「내 여자의 얼굴은 '일일사계절'이랍니다」를 들 수 있다. 몸 파는 창녀의 이야기를 통하여, "백천 사내들의 배설물이 적시고 간 창녀들의 몸이 썩지 않고 병들지 않는 섭생법"인즉 "철저하게 콘돔을 사용하는 것"만이 아닌 "사상과 미신의 노예가 되지 않는 자유민주주의" 상태로 작가에게 발견된다. 그리하여 더러운 창녀인데도 창녀는 "생리상 썩을 수밖에 없는 전체주의"와는 완전히 다른 "민주주의를 빛내는 아름다운 꽃"으로 "예찬"받게 되는 것이다.

특히 「내 여자의 얼굴은 '일일사계절'이랍니다」에서 유순호가 놀고 있는 언어유희는 말 그대로 언어유희(遊戱)의 마술사(魔術師) 그 이상이다.

그래서 몸도 마음도 움츠렸던 겨울, 봄 햇살에 젖고 싶어, 언제부터 가슴뿐만 아니라 몸 옆구리와 발끝에 이르기까지의 분홍빛으로 수놓은 막 피어나는 벚꽃 같은 어린 제 여자의 봄 가슴은 벌써.

- 「내 여자의 얼굴은 '일일사계절'이랍니다」 중

벌써 봄별은 탱탱하던 가슴에서 몸의 구석구석 알알 샅샅이 신음과 함께 여름을 바라고 질주해옵니다. 신음할 줄 아냐구요. 제가 여름이라고 하지 않았나요. 여름의 타는 신음은 그대로 푸른 산과 맑은 계곡, 그리고 시원한 바다가 모두 그립지 않지요. 바다에 가면 산이 보고 싶고 산에 가면 바다가 생각나는 바람둥이라도 제 어린 여자의 봄볕을 따라 걸으면서 봄볕 따라 뻗은 몸의 조화를 보게 만듭니다.

-「내 여자의 얼굴은 '일일사계절'이랍니다」 중

아름다운 계곡의 비경을 즐기며 더위도 식힐 수 있는 명산유곡과 같은 제 어린 여자의 몸을 넘고, 또 넘어 하늘 따사로운 여름 햇살아래 은빛 꿈 너울대는 가을 억새의 너울거림 속으로 달빛보다 희고, 어린 여자라는 이름으로 받는 느낌보다 수척하고, 하얀 망아지의 혼 같은, 하얀 억새가 되어 한줌 바람에 하늘거립니다. 실바람이라도 스치면 파르르 몸살을 앓듯 밑둥부터 머리까지 서로의 몸을 붙잡고 흔들리는 억새가 되어버린 저의 어린 여자는 어느새 억새풀 평전에 하오의 햇살이 엷게 비칠 때마다 바람따라 흑흑 느껴 우는 가을의 여자가 되어 나를 보고 자기 전체를 다 잉태(孕胎)해버리라고 지지리도 못살게 굽니다.

-「내 여자의 얼굴은 '일일사계절'이랍니다」 중

여기서 유순호가 놀고 있는 언어의 유희를 빛내고 있는 단어들을 골라볼 수 있다.

분홍빛으로 수놓은 막 피어나는 - '벚꽃'
벌써 봄볕은 탱탱하던 가슴에서 몸의 구석구석 - '알알 샅샅이'
아름다운 계곡의 비경을 즐기며 더위도 식힐 수 있는 '명산유곡'과 같은.

이러한 유순호의 상징은 바로 위에서 잠깐 언급한 바 있듯이 얄미울 정도로 직설적이기도 하지만 실은 직설적 자체가 더 큰 의미의 범위 안에서 은유적으로 표현되고 있기 때문에, 이 은유는 훨씬 많은 의미를 포용하며 상생과 조화의 함축된 이미지를 독자의 상상 공간에 제공하게 되는 것이다. 때문에 유순호의 수필작품들이 내재하고 있는 이야기와 이야기가 던지고 있는 메시지는 결코 단순 유려한 상징미뿐만 아니라 풍요로운 멋과 달콤한 맛을 동시에 함께 공유하고 있다.

3 탈장르화와 탈경전화(decanonization)

유순호 수필작품들에서 넘실대는 감성적 시적 언어는 마술사에 가까울 정도로 유희를 놀듯이 자유분방하지만, 보다는 언어가 담고 있는 이야기들의 기상천외한 거대담론이다. 도리대로라면 우리의 경전문화는 문화와 사회의 기초를 이루는 통합적 신화와 같은 것이어야 하는데 유순호의 수필작품들이 담고 있는 이야기들은 전혀 그렇지 않다.

저 나이 어리지 않아요, 학교 기숙사에서 친구들이랑 술 마시다가 그런 일 경험했어요. 좀 어렴풋하지만 그런 거 할 때 즐거움이 뭐라는 것도 다 알아요, 그런데 이제는 기숙사에서 나오고 싶다고 한다. 자기도 같이 살 수 있게끔 조금만 더 큰 집으로 이사하면 안 되냐고 나를 재촉한다. 입으로는 아빠라고 부르지만 같이 살다보면 무슨 일이 발생할지는 아무도 장담하지 못하기 때문이다.

-「사랑하라, 내일이 없을 것처럼」 중

여기서 이 수필은 유순호가 모든 수필작품들에서 즐겨 사용하군 하는 몽테뉴類에서 베이컨類 기법으로의 전환을 통하여 귀납처리하는 방법으로 결미를 맺어도 무난했을 것이다. 그런데 이야기가 이상하게 펼쳐진다. 인간의 屬性 자체가 내재하고 있는 야성적인 본능을 추출해내기에까지 이른 것이다.

남자인 내가 실수하게 될지도 모른다는 나에게, 계집애는 같이 실수하면 되지 않느냐고 한다. 실수하면 미치게 된다고 하는 나에게 계집애는 또 같이 미치면 되지 않느냐고 한다. 그렇게 미치면 우리에게 더는 내일이 없을 것이라고 하니, 그냥 없을 것처럼 미쳐보자고 한다. 미치는 것은 두려움의 반대말이고 관계의 본질이며 행복의 근원이라는 것이다.

-「사랑하라, 내일이 없을 것처럼」 중

이렇게 유순호의 수필작품들은 실제로 우리 사회의 문화뿐만 아니라 인류의 문명과 인간의 기본 근성을 이루는 보편타당한 지식 체계 또는 인간의 윤리와 진리의 틀을 깨부수려고 한다. 이와 같은 포스트모던적 상황은 유순호의 허다한 수필작품들에서 끊임없이 드러나고 있다.

산에만 가면 사고를 칠 것 같습니다. 사랑으로 우뚝해서 황홀에 빠진 매화와 벌들과 앙상불이만 봐도 마음을 설레어집니다. 그때도 여기저기서 채집해든 나무이파리들을 손에 들고, 학교로 돌아오는 길에 눈앞에서 실험실 캠퍼스가 바라보이는 야트막한 산자락에서 제가 스스로 저를 버렸습니다. 지금도 이 숲속에서 누가 와서 나를 콱 가져버렸으면 좋겠습니다.

-「참회하는 계절」 중

오늘 밤에 잘해주지 못했던, 내일의 계집에게 '오르가즘'이라는 최고의 선물을 드리기 위하여 잠시라도 눈을 붙여야겠다, 젠장, 지금은 달이고 태양이고 그게 다 무슨 소용있나, 민초(民草)들에게는 그럭저럭 죽지 않고 돈만 많이 벌어서 잘 살아만 가면 되는 것이 아니겠는가, 하긴 어떻게 잘 사느냐가 문제이긴 하지만!

-「젠장, 그게 그런 거지 뭐」 중

조선족 노처녀들아, 고개를 쳐들고 가슴을 내밀어라! 뭐가 아쉽잖으냐! 자유가 있겠다. 돈도 있겠다. 지위도 있겠다. 고단한 처지를 슬퍼하지 말고 비관하지 말어라. 주어진 것에 만족하지 말고 차려진 것에 체념하지도 말어라. 구둣소리 요란하게 딸깍거리고 엉뎅이도 맘껏 흔들어라. 일백번 소개팅하고 이백번 맞선봐도 탁 털고 돌아서면 너희들에게는 영원한 자유가 보장되어 있지 않으냐. 이백번 데이트하고 삼백번 바람피워도 너희들의 체면은 연애라는 명분이 지켜주고 있잖으냐!

-「노처녀 만세」 중

그러나 여기서 간과할 수 없는 것이 있다. 이런 모든 포스트모던적 상황이 출연하고 있는 탈경전적 경전문화에 대한 파괴는 어김없이 탈장르화와 장르간의 혼합화를 초래하고 있다는 것이다. 주지하다시피 수필은 시, 소설, 희곡, 평론 등 문학장르의 모든 속성들을 골고루 수용할 수 있는 가장 편안한 장르이다. 그래서 포스트모던 문학은 수필이야말로 탈 장르의 근간적 역할을 담당하기에 가장 적격적인 문학이라고 보고 있다. 이런 요소들이 가장 잘 결합되어 있는 것도 유순호 수필작품의 또 하나의 특성이다.

4. 혼성모방과 포퓰리즘

이상 유순호의 수필작품들이 보여주고 있는 불확정성과 반리얼리즘, 그리고 탈경전화와 탈장르화의 특성을 조성하고 있는 풍자적, 조롱적 모방을 통하여 또 한 번 장르의식의 붕괴를 꾀하는 최신 수필작품으로 「뽀뽀시대」를 이야기하지 않을 수 없다.

앞에서 젊은 남녀가 한 몸이 되어 뽀뽀를 하고 있다. 나의 얼굴과는 한 뼘도 되나마나한 거리에 두 남녀의 입술이 마주 붙어 있었다. 그래 당황하여 얼굴을 돌렸는데 돌린 이쪽에서도 또 두 놈이 빽빽거리고 뽀뽀를 해댔다. 그래 더는 돌아설 데가 없어 머리를 푹 떨구고 서있으려니까, 뒤에서 픽픽거리고 웃는 소리가 들렸다.

-「뽀뽀시대」 중

가까스로 빈자라기 하나 생겨서 제깍 차지하고 앉으니까 곁에서 또 어떤 남녀가 둘이 뽀뽀를 해대는데 흘깃 훔쳐보니 웬걸, 백발이 성성한 할아버지와 할머니가 마주 앉아서 뽀뽀를 하고 있지 않는가. 온 얼굴에 주름살이 조글조글한 것은 물론 입술인 데까지도 깊은 주름이 내리덮였다. 그런데도 뭐가 그리 좋은지 입과 입을 부딪치면서 빽빽하고 소리를 내며 쉴새 없이 "I love you"를 내뱉는다.

-「뽀뽀시대」 중

그런데 마주 앉아서 샌드위치를 물어뜯기 전에도 두 놈은 또 거위처럼 앞으로 목을 빼들고 뽀뽀하는 것을 잊지 않았다.

-「뽀뽀시대」 중

이 수필작품의 극적반전은 “뽀뽀는 사랑해서 하는 것”보다는 “사랑을 확인하기 위해서 하는 것”이 되고, 나아가 “사랑을 잃어버릴 가봐 불안해서 하는 것”이 되는데, 결미에서 “사랑을 제일 많이 표현하고 사랑을 제일 많이 확인하는 사람들이 이혼도 제일 많이 하더라.”는 “아주아주 황당한 이론을 발견하기에 이른다.” 그러나 그것은 실제로 하나도 황당하지 않으며 아주 상식적인 이론이지만, 이 이론의 가치와 개념은 기존의 경전문화가 정의하고 있는 최고 가치와 문화의 개념을 가벼운 풍자와 함께 조롱하는 방법으로 가차 없이 뒤집어버린 것이다. 이렇게 혼성모방의 역설적 서술을 통하여 사랑하는 사람이면 누구나 다 하게 되는 ‘뽀뽀’라는 행위의 정당성을 보편화시키게 되는데, 이것은 두말할 것도 없이 상징을 통한 작가의 마음이 겉으로는 지어 우스운 듯이 느슨하게 풀려있는 것 같지만 실제로는 상당하게 팽창되어 있음을 뜻한다. 이것은 바로 포스트모더니즘에서의 보편내재성(immensity)이 유순호의 수필작품들에서 드러나고 있는 가장 좋은 설명이 되기도 한다.

5. 나가며

미국에서 서구문학을 배우고 있는 유순호의 수필작품들에서 보이고 있는 새로운 시대정신, 안식소 또는 패러다임의 개념들은 이론으로 정의하기는 쉽지만 그러한 정의를 만들어내기 위한 구체적인 언어들과 형상화된 대상들, 그리고 개성적 표현의 특이성은 결코 간단치만은 않다. 특히 타의 추종을 불허하는 유순호만의 개성적인 문체의 확립과 표현에서의 새로운 예술미가 잘 어우러져 있기 때문에, 여기에 그의 탈경전적 탈장르화의 제재와 혼성모방의 포퓰리즘을 가미하면 과거 과학 기술과 계몽사상에 근거한 인본적이고 이성적인 삶의 양식이 지배하던 시대에 진행되었던 문학양상과는 판이한 대조를 이루고 있다. 과학과 이성으로 특징지어졌던 근대의 문학양상을 탈피하면서 도주하지 않고 마주서서 파괴하는 것이 포스트모던이다.

이 같은 양상을 보여주고 있는 유순호의 수필문학 형태는 작은 범위에서 문단 내지 문학세계의 기성권력에 대하여 반항하는 것이 될 수 있지만, 큰 범위에서 우리는 근대의 문학형태에 대한 비판과 극복에 대한 시도라고 해야 할 것이다. 포스트모더니즘 자체가 원래 하나의 운동이듯이 말이다.

때문에 운동하는 문학으로써의 유순호의 수필작품들은 작가 개인의 체험적, 기록적 자조문학인 것이 아니라 소설가다운 상상력이야말로 작품의 母胎역을 하고 있다. 그러는 과정에서 그만의 함축적이고 비유적인 기법이 충일하고, 수필에 투영시키는 상상력과 직관력, 연상력이 뛰어나게 표현되곤 한다. 서구문학의 눈에 한국수필이 고등학교 수준의 작문정도 밖에 되지 못한다는 지적을 부정하지 못하고 있는 현실에서 유순호의 수필문학이 도전하고 있는 서구문학의 치열성이나 미학성, 그리고 주제에서 소재로의 전이라든가 사물의 형상화를 의미화로 연결하여가는 서구수필의 풍격은 말 그대로 포스트모더니즘의 최고봉에 달하여 있다고 말할 수 있다.

이 최고봉을 바라고 가는 길에서 지금까지의 유순호의 다수 수필작품들이 보여주고 있는 특징들은 꼭 정상에 오르려는 목적보다는 소설가 출신의 작가로서 소설문학을 수필문학에 혼용하여 새로운 풍격의 수필혁명을 꾀하고 있는 것임에 틀림없다. 그리고 그 혁명의 앞장에서 달리고 있다는 자체를 더 소중히 여기는 것 같다. 이런 혁명자체가 실험성이 짙은 한 문학형태에 불과하지만, 그러나 어느 사람들이 다 가는 길로 가기보다는 더 힘이 들더라도 자기가 진정으로 가고 싶은 자기만의 길을 원한다는 데서 우리는 그 나름의 자기식 자유로움과 만나게 된다.

이 자유로움 앞에서 우리는 당혹하며 여러 가지 반응을 하고 있다. 특히 경전적 문화의 기존 가치관으로 유순호의 수필작품들과 대면하다가는 그 작품들의 날카로운 분석과 해박함이 때로 난해하고 생소한 느낌마저 들 수밖에 없다.

그러나 유순호 수필문학에서 읽혀지고 있는 포스트모더니즘은 여전히 바야흐로 시작일 뿐이다. 아직도 효용론은 불분명한바 독자에게 어떤 영향을 주려고 하는 것이며, 궁극적으로 지향하는 바가 무엇인지 명랑하지 않다. 여러 가지 미적 쾌락으로 재미, 긴장감, 해방감, 만족감, 충격 등을 주고 있는 것도 사실이며, 나아가 상당한 교시 적 기능도 행하고 있는 바다. 이러한 면에서 유순호의 수필문학은 여디 수필대가들의 수필작품들에서와 같이 우리가 쉽게 읽을 수 있는 문학적인 진리만은 아니다. 더 나아가 문학이 사회 비판적 기능으로 확대 변형되고 있는 것은 퍽 희망적이다. 그리하여 시대의 기존가치 또는 기존체제를 비판할 수 있을 뿐만 아니라 어떤 이념의 실천을 위해서 유효한 기능도 능력껏 발휘할 수 있어야 하는 것이다.